煤炭高等教育“十四五”规划教材

应急管理概论

主　编　刘　音　陆继锋
副主编　俞　凯　吴立荣　黄冬梅　刘　震

应急管理出版社
·北　京·

内 容 提 要

本书系统介绍了应急管理的发展历程和概念，应急管理体系，应急管理体制、机制及法制，应急资源保障体系，风险与应急管理方法、技术等方面的内容。同时还结合相关案例进行了详细分析。

本书可供高等学校安全工程专业、应急管理工程专业的学生作为教材使用，也可供从事安全工程和应急管理的技术人员或管理人员阅读参考。

目　次

第1篇　基础知识篇

第2篇　应急实务篇

第3篇　方法技术篇

第 1 篇

基 础 知 识 篇

1 绪 论

学习目标：

（1）掌握我国应急管理实践与体系变迁的知识。

（2）了解国外应急管理实践探索改革与体系变革历程。

（3）了解中外应急管理学科专业发展与人才培养状况。

应急管理是一种基本的社会实践活动，它是历史发展的产物。应急管理体系是应对突发事件的网络或系统，包括环境文化、理念意识、体制机制、法规制度、应急预案、能力技术等内容。应急管理体系构建和完善过程，都是从一次次现实灾难中吸取经验教训的过程，也是促进理论和实践由完善逐渐趋向于成熟的过程。对标国外应急管理有益做法和相关经验，回顾我国应急管理体系变迁历程，是实现我国应急管理体系和能力现代化的重要向度。同时，任何一个学科专业诞生和发展都源于实践活动，都有其特定渊源和历史根基。应急管理及其学科专业发展源于实践，也要重视实践中的问题和需求；更需要关注应急管理历史变迁，追溯应急管理起源和发展脉络，也要注意结合当前形势需要及其未来变化趋势，在变革中把握应急管理规律，为应急管理变革和应急管理人才培养提供有益借鉴。

1.1 中国应急管理实践与体系变迁

尽管中国先民对灾害风险的认识相对浅显，没有将其作为一门学问开展专门的、系统的研究，但这并不意味着没有相关的实践探索。其实，我国古代就有专门的防灾减灾和赈灾救灾活动，且已经呈现出制度化发展特征，建有完备的“灾前预防—应急救灾—灾后重建”政策体系。新中国成立后，我国在应急救灾中积累了大量经验，奠定了当下应急管理体系根基。2003 年“非典”疫情之后，我国应急管理体系建设可谓是加速推进，成效斐然。及至当下，我国应急管理体系已相对完善，但仍然需要继续在改革中进一步完善。

1.1.1 古代应急管理实践探索

受地理位置、气候条件等客观因素的制约和影响，我国自古就多灾多难，天灾人祸交织，给人们的生产生活带来诸多挑战，影响着不同时期的社会稳定和经济发展。应对危机和突发事件就成为社会发展主轴，也是历代政府所重视的基本任务之一。

1.1.1.1 古代应急安全形势

远古时期的自然灾害情况尽管无史料可查，但一些传说和考古证据证实，古代先民深受自然灾害的侵扰，应对自然灾害成为其生产生活的重要组成内容。远古时期的先民在狩猎中，就用木棒、石器同野兽作斗争。后来种植业兴起，同自然灾害的斗争就成了重要内容。相传五千年前，黄河流域“洪水横流，泛滥于天下。草木畅茂，禽兽繁殖，五谷不登，禽兽逼人。兽蹄鸟迹之道，交于中国”。面对这种状况，尧召开部落联盟会议商量治水抗灾对策，“水来土掩，造堤筑坝”成为重要的应急对策。历史书上大禹治水的故事就是在描述应对自然灾害的活动事迹。相传，大禹以“三过家门而不入”的斗争精神历经十余年把洪水引入大海，获得抗灾的胜利。夏、周两朝，人们继续在驱赶野兽、抗击天灾和应对纷争中垦殖、建房以生存和生活。春秋战国时期，洪水内涝和日益严重的干旱等灾害开始困扰人们的生产生活。无论是春秋时期的以排除积水为主要功能的沟洫还是秦朝的灌溉渠道，都是应急抗灾活动留下的最好证明。一些著名的灌溉渠道工程，如都江堰、郑国渠等都诞生于应急抗灾活动中。此外，还要应对风雾雹霜、疠（疫病）、虫等灾害。但在春秋战国之前，由于人类处于从狩猎向农耕种植业的转变之中，对灾害等突发事件的发生仍然缺乏敏感性，从某种程度上说是体验多于经验，面对灾害仍然处于直观认识状态；春秋战国后期，人们已经开始对自然灾害有了初步认识并有了一定的应对经验。

两汉时期，农业获得了较大发展。从两汉后期到三国时期，封建割据盛行，尤其是三国时期战争杀伐不断，劳动力锐减，自然生态环境也受到较大破坏。到了两晋南北朝时期，自然灾害种类开始不断增多，旱、水、虫、饥、雹、风、疫（或牛疫）、地震等给人们的生产生活带来困扰。据史料记载，在西汉至南北朝 785 年当中，共发生水灾 162 次、旱灾 179 次、风灾 50 次、蝗灾 87 次（其中螟灾 7 次）、饥馑 56 次、雹灾 52 次、霜灾 24 次、雪灾 15 次、冰灾 1 次、地震 241 次、人疫 46 次、牛疫 5 次。此阶段，水旱灾害交替，蝗灾肆虐，饥荒不断，瘟疫又开始流行，地震、风灾和雹灾也开始出现，极大考验了政府和民众的应急防灾能力。该阶段应急防灾从对象来看，除应对天灾导致的突发事件外，以战争为主要内容的人祸也是应急管理的重要内容，抗击瘟疫等流行性疾病为主要内容的公共卫生应急也开始考验统治者执政和平民生产生活的能力。

隋唐五代十国时期，我国也是自然灾害频发，灾害种类又开始增多。一是水旱灾害多发。史料记载，该阶段平均 2 年左右有一次大的水旱灾害，发生频率较以前有了明显增多。例如，唐太宗在位 23 年间几乎每年都有一次水旱灾害。二是蝗灾、虫（鼠、兔）灾害明显增多。此类灾害与环境交织，范围越来越大，危害较大，治理难度明显增加。三是雹灾、霜冻和风灾较以前有所加重。不但雹灾、霜冻和风灾面广且严重，该时期还有了“海啸”灾害记载。史料记载，唐玄宗天宝十载（公元 751 年）：“八月，海溢。”当属我国最早的海啸记录。唐代宗大历十年七月，“杭州大风，海溢，溺州民五千余家，死者四百人。苏、湖、越等州亦同。”这是唐朝杭州湾等海面发生海啸最严重的一次。四是瘟疫灾害仍然较为严重。史料记载，隋炀帝大业八年就因大旱而发生一次疫灾，造成“人多死，山东尤甚；百姓流亡。”唐王朝在贞观十六年到十八年连续三年发生瘟疫，而且流行数州。唐宪宗元和元年夏，更是“浙东大疫，死者大半。”后周显德元年，南唐保大十二年（公元 954 年），因大旱引起饥馑而瘟疫流行。可见，该阶段自然灾害种类在增多且影响加大，政府抗灾赈灾压力明显增加。

宋、元、明、清时期同样面临诸多灾害考验，其主要特点：一是自然灾害频率加大。宋朝有 297 年发生较大自然灾害，占其统治年数的 93.1%；仅 22 年风调雨顺，占其统治年数的6.9%。元世祖至元二十七年，一年内就发生了旱、水、雹、风、霜、地震、饥馑等7种自然灾害；明朝仅有9年无灾；清王朝可谓年年有灾，并且与元朝一样，多且并发，灾情面广，危害程度也越来越大。二是地震间隔缩短且损失巨大。据载，宋、元、明、清时期共发生地震225次，平均每4.2年一次。其中：宋朝发生地震41次，元朝发生地震31次，明朝地震54次，清朝大小地震99次。明朝还发生了我国地震史上最大和最惨烈的地震：明世宗嘉靖三十四年（1555年）十二月，山西、陕西、河南同时发生地震，山西蒲州及陕西渭州、华州等处尤甚，压死军民八十三万人。其次是明万历三十三年（1605年）五月广西陆川地震，声若山崩，震塌城垣、房屋，压死居民男妇无算。同年，湖广、山东、宁海等处，广东琼、雷等郡，广西桂、平等郡均发生地震，官民死者甚多。由此也可以看出，该阶段应急防灾和抗灾救灾的压力可谓是在不断加大，巨灾应对开始成为应急管理的重要内容。

综上所述，中华民族在历史上所经历的自然灾害种类之多、破坏强度之大超过任何一个民族。然而，中华民族文明却一直延续不断，这得益于先民注重在抵御自然灾害中所得出的经验运用，也和历朝统治者注重施行赈灾救灾等应急管理政策和措施有关。

1.1.1.2 古代应急管理探索

古代历代统治者注重施行荒政和救济灾民，以安抚民心、稳定社会秩序，最终巩固自身统治地位。无论是修堤筑坝还是开闸泄洪，无论是察灾情、观民意还是免赋税、赈粮钱，都是重要的应急管理举措，也是积极有效应对突发事件的有为之举，且在实践中促进了抗灾、救灾和赈灾能力提升，留下了宝贵经验。

一是民本和社会化参与的应急管理思想。首先是民本思想。民本思想发端于商周交替之时，形成于春秋时期。无论是《管子·牧民》中所强调的“政之所兴，在顺民心；政之所废，在逆民心”，还是孔子提出的“节用而爱人，使民以时”，抑或孟子的“民为贵，社稷次之，君为轻”仁政思想，其实都是强调以人为本。这种民本思想在抗灾减灾和赈灾为主要内容的古代应急管理中发挥着重要作用。历代统治者以“一民饥，曰我饥，一民寒，曰我寒”作为自我标榜。在民本思想引领下，在漫长的历史发展过程中形成了内容丰富的应急减灾思想。其次是社会化参与。应急减灾工作需要耗费大量人力、物力和财力，需要动员一切社会力量的参与。在我国古代灾害救治中，一直闪现着社会化参与思想。例如，“老吾老以及人之老，幼吾幼以及人之幼”“不独亲其亲，不独子其子”等儒家思想在古代应急救灾中发挥着重要作用，促进了以群众互助、他助和社会救助为特征的社会化参与。在这种思想的影响下，遇到灾害都有来自社会各方面的人力、物力和财力捐助，最大化开展社会资源整合和动员以及民间合作之风，成为古代应急管理的一大特色。

二是搭建起了以农为本的防灾减灾体系。中国是一个农业大国，自古以来就有以农治国的传统。古代中国用“本”的概念来表述农业在国民经济中的地位和作用。从战国时期开始，统治者和思想家为巩固和发展封建经济，明确了以农为本的思想，农业是人类的衣食之源，“农事害”是“饥之本”。在农本思想的影响下，历朝历代重视积极出台救济灾荒的法令制度和相关政策。在统治阶级看来，灾荒将加剧社会动荡，激化阶级矛盾，会对封建政权的维持构成严重威胁，故自先秦以来历朝均较重视荒政，采取诸如平粜、常平仓、移民、减税、发放钱粮等赈救措施。从某种意义上而言，荒政是赈济灾民以维持政权统治的政策。古代政府基于荒政所采取的积极措施，不但规定了各层级政府应当履行的职责，而且明确了救荒仓储制度、救荒赈济措施以及灾后恢复生产的政策体系，可谓是“有预备于未荒之前者；有急救于猝荒之际者；有广救于大荒之时者；有力行于偏荒之地者；有补救于已荒之后者。”总而言之，结合农业发展需要，以治理水旱灾害为主，兼顾风雾霜害、病害、虫害等防治，属于古代应急管理的重要组成部分，也有效缓解了灾害对先民生产生活的冲击和影响。

三是重视施行仓储备荒等应急物资储备。天灾难以避免，人祸危及生存，然而民以食为天。在中国传统社会，仓储制度通常被认为是“天下之大命”。《周礼·大司徒》载：“县都之委积，以待凶荒。”古代先民在与自然灾害斗争的长期实践中，仓储备荒应运而生，逐渐形成了一套系统的救灾制度。仓储备荒有两大用处，一是备战，二是备荒。其实，古代重视仓储备荒，既有危机意识，又重视在天灾人祸来临时加强应急保障能力建设。《左传·襄公·襄公十一年》中就提到：“居安思危，思则有备，有备无患。”意思就是在告诫人们：当我们处于安全环境时要考虑到可能出现的危险，考虑到危险就会有所准备，事先有了准备就可以避免祸患。总体而言，历代统治者在仓储备荒方面都不遗余力，无论是汉代的常平仓，还是隋唐的义仓，抑或宋代的社仓，都是在打造赈灾救灾的物资储备体系，有力地减轻了重大自然灾害不确定性所带来的破坏，在挽救生命、控制灾情和灾害突发事件相关影响方面发挥了重要作用。

四是建立灾情报送和预警预报相关制度。古代建立了严格的灾情上报制度，逾期、谎报等都要受到重罚；例如，以“堪灾”为主要内容的灾情评估制度，以备救灾之需。面对洪涝灾害频发问题，古代尤为重视洪水预报和报警，古人称之为“汛情奏报”，又称“报汛”。据史料记载，我国在先秦时期就已形成报汛制度。《秦律·田律》记载了秦国规定：“稼已生后而雨，亦辄言雨少多”。即在庄稼生长期下雨，要及时报告降雨量。东汉时期还要求地方政府从立春便开始报汛，据《后汉书·礼仪志·请雨》载：“自立春至立夏尽立秋，郡国上雨泽。”北宋则规定，在整个汛期，地方主政官员、主管官员必须坚守岗位，随时报汛。黄河、汴河等河流两岸府州长官，须兼任本地的“河堤使”，责任到人，对水位涨落随时上报。出现汛情，除奏报上级和朝廷便于协调指挥外，还要及时告知灾区民众转移避险。古代官府还设置了报汛驿站，“报汛”又叫“水报”，与战时的“兵报”一样重要。根据汛情发展情况，古人会采取“羊报”“马报”“狗报”“步报”等多种报警手段。

1.1.2 近代应急管理实践探索

近现代中国，可谓多灾多难，天灾人祸交织。以民国时期为例，自然灾害的发生频度与清代相比呈上升趋势（表1-1）。应急与抗灾依然是这一阶段的重要主题。民国时期的应急救灾形势与历史相似，成灾机制复杂，灾种多样。水旱灾害、战争，加之政权不稳、医疗条件落后，应急管理面临重大考验。

1.1.2.1 近代应急安全形势

该时期可谓是天灾人祸交织，应急安全形势极为严峻：

(1) 疫灾较多，损失危害巨大。从灾害种类来看，洪灾、水灾和旱灾等自然灾害较多，

表1-1 民国时期与清代自然灾害的发生频度比较表 %

灾害种类	死亡人数等级	民国时期灾害频度	清代灾害频度
地震	死亡1000人以上	6.8	2.2
	死亡1万人以上	36.0	9.2
	死亡10万人以上	191.2	38.1
台风风暴潮	死亡1000人以上	6.1	7.0
	死亡1万人以上	25.9	14.2
	死亡10万人以上	110.1	28.8
水灾	死亡1000人以上	3.5	0.7
	死亡1万人以上	9.4	2.4
	死亡10万人以上	25.1	8.8
旱灾	死亡1000人以上	1.7	2.5
	死亡1万人以上	14.0	5.0
	死亡10万人以上	118.1	10.1

注：表中数据根据高文学主编的《中国自然灾害史（总论）》(地震出版社1997年版，第488页）整理而得。

天花、鼠疫、霍乱、伤寒、赤痢、疟疾等疫情多发，极具传染性。从后果来看，造成人员重大伤亡最多的是水灾，其次是疫灾，然后就是旱灾、地震、飓风和冷害。从灾害造成的死亡人数来看，旱灾明显处于诸灾之首，洪灾次之，疫灾则占第三位。其中，1931年水灾堪称百年未遇。这说明民国时期，自然灾害始终威胁着人们的生命财产安全。民国时期疫灾形成由自然灾害和气候异常所致，且灾害和瘟疫相互作用。例如，1930年春，陕西关中、榆林等地区在经历数年旱荒之后，爆发了一场波及57县的大瘟疫。

(2) 战争频仍，天灾人祸交织。民国时期，国事蜩螗，政治斗争常常诉诸武力，军阀互征，政局纷乱，战争频繁。战争是重要突发事件，不但会直接造成人口死亡，也会导致其他连锁突发事件的发生。据不完全统计，仅北洋军阀统治期间，大大小小战争不下百次。战争又会导致瘟疫，冲击生产生活秩序，加速难民形成，间接造成政府应对灾荒能力下降，也使得应急安全管理工作难以得到足够重视。

(3) 外侵内乱，人祸大于天灾。近代中国，外部面临帝国主义入侵。特别是1929年资本主义经济危机爆发后，帝国主义国家的商品倾销严重打击了中国脆弱的农业经济，这使农民收入减少，农村金融向外出，以致财源枯竭，无力应灾。内部政治腐朽，社会动荡，政府和各地军阀或对水利设施漠不关心，或因为战争的需要而有意破坏，至于挪用水利事业经费的事情更是屡见不鲜。军阀的恣意妄行破坏，各河道管理机构也相继解体，河务无人负责，残堤缺口到处可见，致使水灾频发。

1.1.2.2 近代应急管理探索

1. 民国政府的应急防灾措施

民国政府在应急处置方面也采取了一些积极措施，并取得了一定成效。

1）公共卫生应急管理水平得到提升

（1）完善体制机制。民国政府成立后，北京国民政府内务部曾设卫生司，南京国民政府于1928年设立了卫生部，专司流行病预防、传染病调查研究、环境卫生检验检疫等职责，开启中国卫生行政专管机关之始。此外，中央设有防疫处、海港检疫处、卫生部医疗防疫队等专门防疫机构，地方也陆续设立卫生防疫机构，发挥公共卫生应急管理相关职能。

（2）重视法制建设。围绕法制建设，政府颁布了《传染病预防条例》（1916年）和《传染病预防条例实施细则》（1928年）等法规，为卫生应急工作搭建了基本规则框架。

（3）培养专门人才。政府在大学设置医学专科或创办医学专门学校，重视医护人员培养，并重视发挥红十字会等组织的参与，推动疫病预防服务社会化。

但上述努力受财力所限和情势复杂影响，仍然无法满足社会实际需要，整体公共卫生应急能力仍处于较低水平。

2）应对自然灾害应急得到重视

中华民国临时中央政府曾设内务部，内务部设民政司掌理贫民赈恤、罹灾救济等应急事项。此外，还先后设立赈务处（1921—1922年）、办理义赈奖券处（1920—1922年）、内务部赈务处（1923年）、交通部赈灾委员会（1924年）等临时机构，以及全国防灾委员会（1921—1926年）、督办赈务公署（1924年）等全国专门机构。1928年4月，南京国民政府内政部下设民政司、警政司和卫生司等机构。其中，民政司负责贫民救济、残疾老弱救济、勘报灾歉及蠲缓、田赋审核、地方罹灾、调查赈济、防灾备荒、慈善团体考核、慈善事业奖励、地方筹募赈捐审核及游民教养等事项，卫生司等职责主要涉及水灾防御救济和传染病预防等。此外，还设有直隶于国民政府的赈务处（1928年）和直隶于行政院的赈灾委员会（1929年），负责灾区赈济及慈善事宜。各省市也设相应分级机构。这意味着，赈灾救灾等应急事务已经纳入政府行政体系。鉴于灾情严重，南京国民政府于1931年设立了国民政府救济水灾委员会，全权主持救灾事宜，机构不以政府人员为限，而是“广聘中外人士，共董其事”，以弥补“非有专门负责机关，不足以资救济”，注重社会力量参与灾害应急。除此之外，国民政府还颁布了专门法律，如《勘报灾歉条例》（1915年）、《救灾准备金法》（1930年）和《社会救济法》（1943年），这说明应急救灾正在走向制度化轨道，在近代应急管理立法史上具有较大意义。

2. 共产党根据地的应急防灾

除前面提到的外部形势外，根据地的应急安全形势更为复杂和严峻：一方面，军阀的极度榨取和地主豪绅的残酷剥削，加重了民众负担，使农民既无力改良生产又没有防灾度荒的能力；另一方面，根据地战争频繁，兵祸连接，既有军阀混战，又有国民党的“剿共”战争，不仅直接破坏农业，而且严重摧残和毁灭劳动力。面对这种形势，中国共产党领导根据地群众进行了应急防灾的相关探索。

1）井冈山革命根据地的应急防灾

（1）重视灾前积极预防。灾前预防最主要的是发展经济，增加社会财富。中国共产党在井冈山根据地确定了厚财薄支、积极预防的方针。毛泽东在中央苏区明确指出：经济建设的中心是发展农业生产。为此，苏维埃政府采取了各种办法，确保雇农与贫农能够从分得的土地上得到实际利益，以防灾备荒。同时，也采取了一些措施：其一，解决群众生产生活困难。帮助农民解决生产中的劳动力、种子、耕畜、农具等实际困难。例如，在种子问题上，苏维埃政府采取了借贷和免费发放的办法。其二，兴修水利，植树造林。无论是灾后重建还是在平时的农业生产中，各地苏维埃政府都大力提倡筑堤修坝、开挖水渠；同时，为了涵养水源和防治水土流失，中央苏区政府积极倡导植树造林。其三，开垦荒地，增加粮食产量。为鼓励和规范群众积极开荒，临时中央政府颁布了《开垦荒地荒田办法》和《开垦规则》，极大地激发了人们开垦荒地的热情。

（2）高度重视粮食安全。中国共产党在根据地继承了古代“调粟”的救荒思想，在根据地普遍成立了专门粮食机构。1930 年最先在闽西根据地设立了粮食调剂局。1933 年春，中央苏区政府借鉴这一做法设立了粮食调剂总局，地方设立粮食调剂局或分局、支局，调剂根据地内部粮食流通，防灾度荒，保障军需民食。为进一步加强对粮食工作统筹管理，中央政府后来成立了中央粮食部，将粮食调剂局划归该部领导。有的革命根据地虽然没有成立粮食调剂局，但却有类似的机关。例如，鄂豫皖区苏维埃政府设立粮食委员会，各县设平粜局办理平粜事宜，其成员主要由饥民和困难的红军家属组成，资金来源于苏维埃财政开支，或从合作社、银行和群众中借取一部分，平粜结束后即如数归还。为严防粮食投机，平粜局颁发粜粮证。另外，为确保根据地粮食安全，1932 年 12 月，临时中央政府要求各地禁止粮食出口。

（3）直接救济和生产自救相结合。灾荒发生后，各苏维埃政府结合根据地实际情况，力所能及地救治灾民，以解决群众燃眉之急。在井冈山革命根据地建立初期，由于敌人的袭扰、破坏，造成当地群众疟疾流行，生活必需品奇缺，湘赣边区政府拨银圆救济老百姓。在鄂豫皖苏区，政府除帮助灾民解决生产工具外，还设立了救济委员会，借粮食救济灾民。1932 年，鄂豫皖苏区发生灾荒时，政府要求各乡苏维埃募集粮食，设立粥厂，救济没饭吃的工友农友。同时，群众慈善组织也发挥了扶贫济困积极作用。土地革命战争初期，一些根据地建立了济难会，设法救助难民灾民，安置老弱病残妇女。1932 年，各根据地在党的领导下成立革命互济会代替济难会，一切革命群众均有资格加入，其主要任务是救济被难的革命战士及其家属，提高群众革命的情绪和斗争的勇气；组织广大的革命群众和同情于革命的群众，在革命斗争中互相管理和救济等，经费主要来源于会费和捐款。1932 年，为救治来自灾区的两三万灾民，湘赣省革命互济会除拨款救济外，还发动了三次大募捐运动，帮助灾民渡过了暂时困难。中国共产党还探讨成立生产合作社。

2）陕甘宁根据地的应急防灾

抗战时期也是陕甘宁边区自然灾害的频发期，危及群众生产生活，严重影响根据地社会稳定。为此，灾荒救助作为党的一项重要社会政策和民生政策加以施行。例如，《中国共产党抗日救国十大纲领》中把“赈济灾荒”作为改善人民生活的主要内容。为消弭灾荒带来的基层社会动荡，党领导人民在加强政权建设的同时采取各种措施解决民生问题，积极赈济与建立备荒制度是解决民生的主要内容：

（1）建立健全边区的灾荒救助体制。边区赈灾机关是由苏维埃时期的陕甘革命苏区互济会演变而来的。根据地建立的互济会是苏维埃政府内务部的附属机构，其性质是以救济被难红军战士及其家属为宗旨，但也从事民间灾荒救济。1938年9月2日，边区政府成立赈济委员会。1940年3月，边区党委和政府决定："为了加强赈济工作之领导及推行，各县应即组织赈济委员会，委员五至七人，以县委书记、县长、县互济会主任、后援会主任、保安队长及当地驻军长官组成之。县委书记或县长为主任委员，切实负责领导与推动赈务之进行。"随之各县陆续成立赈济委员会，主要负责边区灾荒救助工作。除赈济委员会外，在大灾之年还设立临时机关负责救灾。

（2）完善边区灾荒救助政策。为做好赈济工作，中央和边区政府先后下发《关于赈济工作的决定》《关于赈济灾难民的指示信》等政策，赈济政策突出以下两点：其一，重视赈济方法和程序。开展灾情和灾民难民调查统计工作，以按人数多寡及需要救济的程度，分别给以适当的救济。在赈款、赈粮发放程序上，经过调查、群众讨论并确定数量后，经过赈济委员会的审查核准，将赈款、赈粮发到灾民手中。每次赈济完成后，应作详细的工作总结，并采取多渠道积极的赈济措施，帮助灾民进行生产。其二，讲求赈济救助公平公正。赈灾救助注重"发动群众参加这一运动，每一次要救济者，必须经过群众的讨论""要注意纠正过去一般化、平均分配的救济方式和干部的私情观念及营私舞弊等，真正是做到公平合理"，反对敷衍塞责，反对贪污，反对私情观念，必须使受救济的贫苦人民得到实惠，使人民与政府更加亲密起来，以提高民众对政府的信任。

（3）实施多种赈济方式。边区的赈济主要包括救济春荒、急赈、民间互济与调剂、允许民间借贷等多种方式。救济春荒是边区赈济工作中最主要的组成部分。例如：为了保证春耕生产，边区拨款对三边分区、关中分区、安塞、神府、延川、安定等进行赈济；拨公粮公草给春耕群众；发放农贷给群众用于购置种子、耕牛、驴马、农具等。发生水灾、雹灾和旱灾后，边区政府拨款进行急赈；曲子、环县、神府、靖边发生饥荒后，边区民政厅拨粮拨款进行救济。1942年水灾后，边区成立的救灾临时委员会发起救灾募捐活动，得到各机关团体的热烈响应，边区机关、商会系统、公营商店、民众剧团纷纷募捐衣物和钱粮。通过各种募捐活动，在边区形成了全民关注与救济灾荒的社会风气。同时，政府还动员富裕户拿出存粮救济周围的灾民，帮助灾民度荒；发动群众互济，允许民间借贷。边区政府不拘一格的赈济方式，不但帮助困难民众度过饥荒，而且对发展农业生产具有重要的意义。

任何事物成长都需要汲取各种有益养分，应急管理体系建设和发展同样需要借鉴先前的有益的经验。近代及以前的相关探索，打造了极富营养的应急管理资源宝库，留下了诸多优良传统和经验，值得我们去考据、探索、研究和借鉴吸收。鉴古可以明今，鉴古可以知远，历史给予我们的启示不仅有助于当前的应急实践，更有助于明确应急管理改革创新的方向。

1.1.3 当代应急管理体系的构建

新中国成立之初，应急管理基本延续了战时和革命根据地的体制，但也开始探索构建应对灾害的应急管理体系。由于当时实施的是计划经济体制，集权化管理、突出行政权威和部门分割、单灾种管理是该阶段应急管理的主要特点。新中国成立初期到改革开放之前，应急管理实行党政双重领导，若遇到重大突发事件，应急响应也是依靠自上而下的计划指令予以信息传递和沟通协调，地方能动性未能得到充分发挥。这种体制适应了当时形势需要，有优势也有不足：一方面，集权特点和权威色彩的应急管理体制，政治优势明显，组织力和政治动员力比较强，有利于减少资源和力量分散，可以集中力量快速控制灾害和影响；另一方面，这种平时分割、各自为政的应急体制的协调性、协同性差，应急资源分散，制约应急管理水平的提升。

改革开放后，随着应急安全形势的变化，我国应急管理体系出现了一些变革。尤其是进入 20 世纪 90 年代以来，随着西方公共管理相关理念和实践经验的传入，加之出现的一系列重大突发事件所带来的考验，政府不断积累相关经验，推动了应急管理改革和创新，应急管理水平得到了较大提升。尤其是 2003 年以后，具有当代意义的应急管理体系开始逐渐建立。

1. 2003 年：拉开帷幕

进入 21 世纪以来，国际国内形势发生了较大变化，在经济社会飞速发展的同时，整个人类社会面临更多的风险和不确定性因素的考验。其中，有两件重大突发事件直接或间接影响了我国应急管理体系变革：2001 年，人类社会遭遇了新世纪第一个重大突发事件——“9·11”恐怖袭击事件，造成了重大人员伤亡和财产损失，推动了美国应急管理重大变革。2001 年 9 月至 2004 年 10 月期间，美国应急管理体系建设可谓加速推进。例如：2001 年，通过《应急和恢复法》，白宫成立国土安全办公室并制定国土安全战略规划。2002 年，完成国土安全战略规划并提出建立国土安全部，国会通过《国土安全法案》。2003 年，国土安全部（DHS）正式成立并将联邦应急管理署（FEMA）整合到该部；在联邦政府应急指挥中心基础上设立国土安全运行中心（HSOC）作为日常值班机构；国土安全部发布了国土安全规划；美国总统签署命令要求国土安全部负责完成国家突发事件管理系统（NIMS）和国家应急预案（NRP）。2004 年 10 月，NIMS 和 NRP 发布。与此同时，“9·11”恐怖袭击事件也刺激了整个人类社会，引起了各国政府对应急管理的重视。

真正推动我国进一步重视应急管理的是“非典”事件。2003 年春，SARS 病毒开展出现。起初，由于人们对 SARS 病毒的无知和恐惧以及缺乏应急处置经验，初期应急处置较为被动。随着事件的演进，中央在危急时刻作出决断，及时公开信息，动员全民共战“非典”，取得了胜利。“非典”以后，以突发公共卫生事件为主要内容的应急管理体系建设拉开了帷幕。2003 年 4 月 14 日，温家宝总理提出要建设突发公共卫生事件反应机制。在随后召开的抗击“非典”表彰大会上，党中央、国务院首次明确提出：政府除常态管理之外要高度重视非常态管理。2003 年 10 月，十六届三中全会首次以党的决定形式明确提出：建立健全各种预警和应急机制，提高政府应对突发事件和风险的能力。2003 年 11 月，国务院成立了应急预案工作小组，以推动突发公共卫生事件应急预案编制工作。自此，以预案、体制、机制和法制（亦即通常提到的“一案三制”）为主要内容的应急管理体系建设开始加速推进。

2. 2004—2005 年：构筑平台

1）搭建预案平台

2004 年，我国开展了以预案编制为主要内容的平台建设。2004 年 1 月，国务院召开了各部门制定和完善应急预案工作会议；3月25日，国务院办公厅在郑州召开了部分省（市）及大城市制定、完善应急预案工作座谈会，明确提出要制定突发公众事件应急预案；4月6日，国务院办公厅下发《国务院有关部门和单位制定和修订突发公共事件应急预案框架指南》，为国务院有关部门和单位制定应急预案提供参照；5月22日，国务院办公厅下发《省（区、市）人民政府突发公共事件总体应急预案框架指南》，要求各省（区、市）制定突发公共事件总体应急预案并于9月底前报国务院办公厅备案。2004年9月，十六届四中全会通过的《中共中央关于加强党的执政能力建设的决定》提出：提高保障公共安全和处置突发事件能力。同年12月，国务院在天津召开了《国家突发公共事件总体应急预案》(简称《总体预案》）座谈会。

2）推进“一案三制”

（1）推动预案建设。2005年1月26日，温家宝总理主持召开国务院常务会议，听取国家突发公共事件应急预案编制工作汇报，审议并原则通过了《总体预案》。《总体预案》是全国应急预案体系总纲，分总则、组织体系、运行机制、应急保障、监督管理和附则6章。同年3月14日，十届全国人大三次会议审议通过的政府工作报告指出：我们组织制定了国家突发公共事件总体应急预案，以及应对自然灾害、事故灾难、公共卫生和社会安全等方面的105个专项和部门应急预案；各省（区、市）也完成了省级总体应急预案的编制工作。这意味着，全国应急预案框架体系初步建立，以应急预案为主要内容的平台建设得到加强。

（2）加强体制建设。2005年7月22—23日，国务院召开了第一次全国应急管理工作会议，提出：加强应急管理工作，是维护国家安全、社会稳定和人民群众利益的重要保障，是履行政府社会管理和公共服务职能的重要内容。会议要求各级政府要以“一案三制”为重点，全面加强应急管理工作。为进一步加强应急管理工作，根据《国务院关于实施国家突发公共事件总体应急预案的决定》和中编办《关于增设国务院办公厅国务院应急管理办公室的批复》，国务院办公厅设置了国务院应急管理办公室（国务院总值班室），承担国务院应急管理的日常工作和国务院总值班工作，履行值守应急、信息汇总和综合协调职能，发挥运转枢纽作用。

（3）完善军队参与机制。军队是应对和处置突发事件的主力军，在现代应急管理中的地位不可替代。为发挥中国人民解放军在抢险救灾等应急管理中的作用，保护人民生命和财产安全，根据《国防法》等有关规定，6月7日，国务院、中央军事委员会公布《军队参加抢险救灾条例》并于2005年7月1日起施行，对于有效应对灾害性突发事件，充分发挥军队在抢险救灾中的作用，保护国家经济建设成果和人民生命财产安全，维护社会稳定，具有重要意义。

3. 2006—2007年：能力建设

1）统筹规划能力

2006年3月14日，十届全国人大四次会议表决通过的《关于国民经济和社会发展第十一个五年规划纲要的决议》，将应急管理作为专门专节（第十篇　推进社会主义和谐社会建设→第四十一章　加强公共安全建设→第五节　强化应急体系建设），应急管理首次写入国民经济和社会发展规划纲要。国民经济和社会发展规划纲要是国家对一定时期内国民经济主要活动、事业和社会发展所作的最高规划和安排，是指导经济社会发展的纲领性文件，具有战略意义和统筹规划功能。应急管理进入国民经济和社会发展规划纲要，明确作为一项战略加以推动，大大加强了应急管理的统筹规划能力。

2）全面建设能力

2006 年 6 月 15 日，国务院下发《国务院关于全面加强应急管理工作的意见》，提出：加强应急管理，是关系国家经济社会发展全局和人民群众生命财产安全的大事，是全面落实科学发展观、构建社会主义和谐社会的重要内容，是各级政府坚持以人为本、执政为民、全面履行政府职能的重要体现。这是国务院继 2005 年 4 月颁布实施《总体预案》后下发的又一个重要指导文件，也是落实《总体预案》的具体政策和措施，更可谓是应急管理全面建设能力的重要规划。2006 年 10 月，党的十六届六中全会提出：有效应对自然灾害、事故灾难、公共卫生事件、社会安全事件，提高危机管理和抗风险能力。党中央全会作出此项规定更是凸显了全面建设能力的加强。

3）应急法治能力

2007 年 8 月 30 日，十届全国人大常委会第二十九次会议通过了《突发事件应对法》，并于 2007 年 11 月 1 日起施行。《突发事件应对法》的公布施行，是我国法制建设的一件大事，标志着突发事件应对和应急管理工作全面进入法制化轨道。2007 年 11 月，中央召开贯彻实施《突发事件应对法》电视电话会议，指出：《突发事件应对法》是民主法制建设的一件大事，对提高依法应对突发事件能力具有重大而又深刻的影响。作为应急管理工作法制武器，《突发事件应对法》奠定了我国应急管理法制基础，大大提升了应急管理法治能力。

4）决策咨询能力

为充分发挥专家和智库作用，科学应对和处置各类突发公共事件，全面提高我国应急管理科学决策与咨询能力，国务院于 2006 年 12 月 31 日成立了应急管理专家组。专家组的基本职责是通过加强调研和理论研究，为应急管理建立健全应急管理体系而建言献策，这对于推动应急管理工作科学民主决策和科学决策起到了重要作用。2007 年 3 月 15 日，十届全国人大五次会议审议通过的政府工作报告指出：把实行科学民主决策、推进依法行政、加强行政监督作为政府工作的三项基本原则。这表明，应急管理决策咨询能力得到加强。

5）基层应急能力

为加强基层应急管理工作，2007 年 5 月 19 日，我国召开了全国基层应急管理工作座谈会；7 月 23 日，国务院办公厅下发《国务院办公厅关于加强基层应急管理工作的意见》，对全面加强基层应急管理工作目标、重点任务和主要措施等内容进行了明确，以提高基层预防能力、突发公共事件处置应对能力及应急保障能力。这是针对基层应急管理工作的第一个专门文件，在加强基层应急管理建设方面具有十分重要的意义。同时，2007 年 10 月党的十七大报告中也提出健全基层社会管理体制和完善突发事件应急管理机制，基层应急管理能力提升上升到了新高度。

6）企业应急能力

2006 年 9 月 23 日，中央企业应急管理和预案编制工作现场会在南京市召开。会议提出：各级各类企业要增强社会责任意识和公共安全意识，高度重视并切实做好企业应急管理工作；要将应急管理贯穿于企业管理的各个方面，切实增强企业应急管理能力。同时，会议还提出力争到2007年底，形成覆盖全面的企业应急预案体系、健全的企业应急保障体系，建立上下贯通、部门联动、地企衔接、协调有力的企业应急管理机制，企业应急管理工作提升到了一个新的水平。

4. 2008—2009年：考验洗礼

1）重大突发事件考验

2008年，可谓是中国多灾之年，自然灾害多发且灾害损失较重。例如，特大低温雨雪冰冻灾害、汶川地震、新疆和宁夏严重干旱、华南和中南地区发生严重洪涝、台风“黑格比”以及严重秋涝、四川攀枝花—会理6.1级地震、四川严重暴雨洪涝和泥石流灾害等。尤其是2008年初的南方低温雨雪冰冻灾害，降温幅度之大多年少有、降水之多历史同期罕见、持续时间之长多年未遇、灾害损失之重远超常年。2008年5月的汶川地震，是新中国成立以来破坏性最强、波及范围最广、灾害损失最重和抢险救灾难度最大的一次地震灾害，经济损失之大为历史罕见。在党中央领导下，我国组织开展了历史上救援速度最快、动员范围最广、投入力量最大的抗震救灾斗争，最大限度地挽救了受灾群众生命，最大限度地减少了灾害造成的损失。在这场波澜壮阔的抗震救灾斗争中，积累了重大突发事件处置和应急管理的宝贵经验。

2）重大活动实践考验

2008年和2009年，我国举行了两次规模空前的大活动：

（1）2008年的夏季奥运会。2008年8月8—24日，第29届夏季奥林匹克运动会（北京奥运会）在首都北京如期举办。其实，早在2008年上半年，奥运会场馆就开始了手球国际邀请赛、举重中国公开赛、轮椅篮球国际邀请赛等各项赛事活动；3月份就开始了奥运圣火传递工作。在整个赛事活动前后，在政府周密组织和公众广泛参与下，北京奥运会安保工作全面展开，编织起隐形安全“天网”，确保了奥运会绝对安全和赛事圆满成功。

（2）新中国成立60周年庆祝活动。2009年10月1日上午，首都各界庆祝中华人民共和国成立60周年大会在北京天安门广场隆重举行，20万军民以盛大的阅兵仪式和群众游行参加庆祝活动。这次大会被誉为“全世界最大生日派对”。为圆满完成这场盛大庆典活动，整个活动从气象预报、煤油气电供给、人力财力保障和媒体舆情应对等方面做了大量艰苦卓绝的工作，保证了活动圆满举办。

两次大型活动是对应急管理风险评估、应急预防、应急准备的一次重要检验。

5. 2010—2017年：内涵提升

1）干部教育培训

干部应急管理教育培训进入法治化轨道。《突发事件应对法》第二十五条：“县级以上人民政府应当建立健全突发事件应急管理培训制度，对人民政府及其有关部门负有处置突发事件职责的工作人员定期进行培训。”2010年以来，从中央到地方都开始重视中高级和基层干部应急管理教育和培训。中编办于2010年4月批复成立了国家行政学院应急管理培训中心，履行国家应急管理人员培训基地职能。为借鉴欧盟国家应急管理尤其是应急教育培训方面的成功经验，国家行政学院于2012年6月成立了中欧应急管理学院。2017

年，《国家突发事件应急体系建设“十三五”规划》提出依托国家行政学院应急管理培训中心（中欧应急管理学院），在充分利用现有培训设施和资源基础上，结合培训疗养机构改革，加强校区建设，完善必要的教育、培训基础设施，配备教学科研设备，充实师资力量，开发系列课程，形成具有国际影响的应急管理教育、高端智库和国际合作交流平台。在地方，一些省（区、市）地方行政学院也设立了专门的应急管理教育培训机构。由此可见，干部应急教育培训成了各级党委、政府的重要工作，在提高干部应急与安全管理素质方面起到了重要作用。

2）专业人才培养

为适应应急管理工作需要，加强应急专业人才培养，2010 年，教育部成立了应急管理咨询专家组，作为教育部应急管理工作决策咨询机构并受教育部委托开展有关工作，其主要职责除开展应急管理重大理论和实践问题调查研究、参与教育突发事件处置指导和支持外，还承担着为应急管理学科专业设置、人才培养、教材建设、教育应急平台建设提供专业指导和技术支持的工作。在高校层面，暨南大学在 2008 年汶川地震后就开始在行政管理专业设置应急管理方向，培养应急管理方面人才；2009 年成立了专门的应急管理学院，开展以公共管理为基础、应急管理为特色的人才培养探索。2010 年，河南理工大学设立了应急管理学院，在加强应急管理研究和实践同时，探索应急管理高层次复合型人才培养和教育培训模式改革。无论是教育行政部门还是高校，都开始了应急管理专业人才培养实践和探索，为应急管理工作开展提供了专业人力支持。

3）应急管理研究

从 2010 年开始，我国开始打造应急管理学会、协会等智库，以深化应急管理研究。2012 年，中国公共安全科学技术学会成立，开展应急与公共安全相关科学技术研究、学科建设、人才培养和管理服务工作。2014 年 9 月，中国应急管理学会成立。该学会属于国家一级社团组织，是由国内外从事应急管理理论研究、教学培训、咨询服务的专家学者、实践人员，以及相关专业机构、企业事业单位、非政府组织等自愿组成的全国性、学术性、公益性法人社会团体。中国应急管理学会的成立是应急管理理论研究和智库建设的重要里程碑。中国应急管理学会下设了社区安全专业委员会、公共安全标准化专业委员会、舆情专委会等二级学会，定期组织召开应急管理国际论坛或创新论坛。一些企事业单位也开始注重应急管理相关研究。例如，河南理工大学于 2008 年 5 月成立了应急管理研究所，西北工业大学于 2010 年 10 月成立了应急管理研究所等。通过上述努力，应急管理理论研究得到大大加强，为应急管理内涵提升提供了理论支撑和智力支持。

6. 2018—2020 年：脱胎换骨

1）应急管理体制的重大变革

2018 年 4 月 16 日，根据《深化党和国家机构改革方案》，新组建的中华人民共和国应急管理部正式挂牌。应急管理部将分散在多个机构部门的自然灾害应对、事故灾难应对等职能加以整合。具体为：整合了原国家安全监管总局的职责，国务院办公厅的应急管理职责，公安部的消防管理职责，民政部的救灾职责，原国土资源部的地质灾害防治、水利部的水旱灾害防治、农业部的草原防火、国家林业局的森林防火相关职责，中国地震局的震灾应急救援职责以及国家防汛抗旱总指挥部、国家减灾委员会、国务院抗震救灾指挥部、国家森林防火指挥部的职责。这些职能的整合可以概括为“四大、五小、九合一”，亦即新成立的应急管理部整合了原国家安全监管总局的安全生产、国务院办公厅的应急管理、公安部的消防管理、地震局的抗震救灾“四大块”职责，以及民政部的救灾赈灾、原国土资源部的地质灾害防治、水利部的水旱灾害防治、国家林业局的森林防火及农业部的草原防火“五小块”，总共九项职能于一体。这次整合本着“打基础、谋长远、强弱项、补短板”原则，旨在通过机构改革构建统一领导、权责一致、权威高效的应急管理体系，实现了应急管理体制上的重大变革。

2）应急管理体系和能力现代化

2013年11月，十八届三中全会通过了《中共中央关于全面深化改革若干重大问题的决定》，提出全面深化改革的总目标是完善和发展中国特色社会主义制度，推进国家治理体系和治理能力现代化。2018年2月，十九届三中全会明确了深化党和国家机构改革的指导思想和目标，拉开了新一轮党和国家机构改革的帷幕，着力推进国家治理体系和治理能力现代化。2019年10月，十九届四中全会审议通过了《中共中央关于坚持和完善中国特色社会主义制度 推进国家治理体系和治理能力现代化若干重大问题的决定》。2019年11月29日，中央政治局首次就我国应急管理体系和能力建设进行集体学习。习近平总书记在主持学习时强调：应急管理是国家治理体系和治理能力的重要组成部分，承担防范化解重大安全风险、及时应对处置各类灾害事故的重要职责，担负保护人民群众生命财产安全和维护社会稳定的重要使命。要发挥我国应急管理体系的特色和优势，借鉴国外应急管理有益做法，积极推进我国应急管理体系和能力现代化。这次会议直接吹响了应急管理迈向现代化的号角，应急管理体系和能力的现代化开始了新的征程。

3）新冠疫情的冲击与考验

2019年底和2020年初的新冠疫情是新中国成立以来发生的传播速度最快、感染范围最广、防控难度最大的一次重大突发公共卫生事件。如果说2003年的“非典”疫情拉开了中国应急管理体系建设的帷幕，那么这次新冠疫情就是对我国应急管理体系和能力现代化的一次大考。在这场战斗中，习近平总书记亲自指挥、亲自部署，中共中央政治局和常委会多次研究部署疫情防控工作，举国上下众志成城，坚决打响新冠疫情的全面战、阻击战，充分体现出中国效率和中国制度优势。但也暴露出一些短板和不足，如在疫情早发现、早报告、早研判、早隔离、早治疗和集中救治措施等方面存在一些问题；一些地方和部门缺乏应对突发事件的准备和能力，处理和管理危机能力不强；极少数党员干部作风不实，在紧急情况下工作不力、举措不当；突发事件的舆论引导机制有待健全等。新冠疫情是对我国应急管理体系和能力的全面考验，打开了进一步完善应急管理体系的“机会之窗”。如何聚焦疫情应对中暴露出来的短板和不足，切实推动应急管理体系和能力现代化成为摆在我们面前的又一重要使命。

在中国共产党第十九次全国代表大会上，习近平总书记郑重宣示：“经过长期努力，中国特色社会主义进入了新时代，这是我国发展新的历史方位。”这一宣示，概括了中华民族的伟大飞跃，坚定了中国共产党的时代使命。这一宣示，明确了旗帜，更预示了未来。我国各项事业开始了新征程。新时代应急管理工作应该表现出新气象。在此背景下，我们有必要站在新征程起点上，围绕应急管理当下工作和未来改革，系统学习和研究一些基本理论和知识，适应新时代新要求，创造新篇章新辉煌。

中国共产党第二十次全国代表大会提出：坚持安全第一、预防为主，建立大安全大应急框架，完善公共安全体系，推动公共安全治理模式向事前预防转型。推进安全生产风险专项整治，加强重点行业、重点领域安全监管。提高防灾减灾救灾和重大突发公共事件处置保障能力，加强国家区域应急力量建设。这为新时代应急管理工作指明了方向，我们有必要梳理和完善相关的基本理论。

1.2　国外应急管理实践探索

自16世纪以来，人类经历了5次科技革命，包括两次科学革命和三次技术革命。科技革命带来了新工具、新方法，促进了人类生产生活方式变革，也大大加强了人类应对灾害、处置突发事件、应对危机的管理能力。与整个人类社会变革同步，世界应急与安全管理经历了自然社会状态下的应急管理阶段、工业社会状态下的应急管理阶段和信息化社会状态下的应急管理阶段。当今世界，各国人民在享受经济增长、科技进步等文明成果的同时，面临的挑战和风险也在增多。传统威胁和非传统威胁相互交织，军备竞争、地区冲突及其他热点问题此起彼伏，再加上人类无序开发利用自然和不合理的生产方式，对自然生态系统产生巨大负面影响，生态环境承载能力下降快，极端天气气候事件多发频发，重大自然灾害、严重传染性疾病以及工业化进程中伴随的事故灾难居高不下，给各国人民生命财产造成了惨重的损失，甚至引发了部分国家和地区社会动荡。尤其是2019年以来的新冠疫情所带来的巨大风险，已俨然成为当前世界各国政府的重大挑战。为了有效应对突发事件，近年来，许多国家把应急管理作为重要的政府职能不断予以加强，探索建立适合本国特点的应急管理体系，有一些值得我们借鉴的经验。

1.2.1　注重改革体制机制，加强队伍建设

1. 重视体制建设，优化管理机构

从体制建设上而言，一些国家注重建立应对危机的强力应急管理机构，整体出现由分到合、由弱到强、由虚到实的变革趋势。有些国家为了加强应急管理的统一指挥和协同有序，在中央政府层面设立了专职指挥机构或专门的决策、指挥或协调机构。例如：

日本政府中央成立了由内阁总理大臣（首相）召集相关部门和提供公共服务单位（如银行、红十字会、广播协会、电信电话株式会社等）负责人共同参与的中央防灾会议，作为应急管理最高决策机构，该机构由首相直接领导；此外，内阁设防灾大臣（防灾担当相），内阁府设防灾局；日本地方政府也成立了应急管理机构，平时防灾救灾，战时负责人防。

英国中央政府负责应对全国性的重大突发公共事件，明确首相是应急管理最高行政首长，建立内阁紧急应变小组、公共紧急事务委员会等机构，发挥应急管理决策和协调作用，并成立内阁办公室紧急事务秘书处，承担应急管理办事机构的职能和紧急状态下的跨部门、跨机构应急行动。

美国于“9·11”恐怖袭击事件后，整合了22个联邦机构职能，新组建了国土安全部，并将原有的内阁级防灾部门——联邦应急管理署并入其中。2006年，FEMA继续作为国土安全部的组成单位，但却被赋予了新的职能和权限，规定在紧急状态下可以提升为

内阁部门，其长官直接对总统负责，强化了其作为全国综合性应急管理机构的职能。

2. 重视队伍建设，打造应急救援力量

拥有一定规模和技术装备优势的专业救援力量，是处置突发事件和提高应急管理水平的重要保障。一些国家重视应急队伍建设，打造了具有一定规模和技术装备优势的专业应急救援力量。例如：

日本专业化救援队伍由消防、警察、自卫队和医疗机构等基本力量构成。其中，日本消防队伍是应急救援的最主要力量，担负着灾害信息收集整理和公开发布、医疗救助以及伤员急救等重要职能。中央层面，日本消防厅成立了由8个专业化部队构成的灾害紧急消防救援队，各地消防署也设有相应的消防救援队，负责开展各类事故灾难的抢险救援工作。日本要求其消防队员除参加救援活动外，70%以上的时间用于救援训练，每年都举行全国性消防救援技术比赛。值得注意的是，日本法律规定消防队应承担医疗救援职能，其医疗救援次数几乎占到80%以上的出动任务。

俄罗斯紧急状态部拥有联邦层面消防部队、民防部队、搜救队、水下设施救援队和小型船只事故救援队在内的等多支应急救援专业力量，制定有详细的应对条例并配备了直升机、运输机、特种汽车、液压气压装置等救援设备，仅该部直属的应急救援队伍就有50万余人。为提高救援队伍素质，俄罗斯建立了专业人员培训考核体系；为培养应急管理领导和专业骨干，紧急状态部下设立民航学院、国家消防学院等多所院校和教育机构。

1.2.2 健全应急法规制度，构建预案体系

1. 重视法制建设，完善应急安全法规

常态管理需要法制，非常态下的应急管理更需要法制。加强制度设计，注重发挥法律法规对非常态下应急管理和突发事件的规范作用，是各国突发事件应急管理共同遵循的重要原则。一些国家相继制定了规范各类突发事件应对行为的法律制度，呈现出应急法律专门化、体系化的特点。例如：

日本特别重视应急减灾的法制建设，19世纪80年代就启动了应急立法进程，是全球应急立法最早最全的国家之一。《灾害对策基本法》是日本最主要的灾害应急管理法律，它规定了国家、中央政府、社会团体、全体公民等不同主体的防灾和救灾责任，还明确了各方的救灾义务。同时，以该法为龙头和基础，又颁布了《灾害预防和防灾规划相关法》《灾害应急法》《灾害重建与恢复法》《灾害管理组织法》等法律法规，组成了应急防灾减灾法规体系。

德国的应急管理法规制度健全且各法协调有序。德国构建了以《德意志联邦共和国基本法》为基础，以《民事保护法》《灾难保护法》等单行法为核心的应急管理法规体系，其单行法聚焦特定的突发事件类型。《德意志联邦共和国基本法》将紧急状态划分为4个层次：战争状态、战争状态前的临战状态、内部紧急状态和民事紧急状态（包括自然灾害和特大不幸事故）。德国各州都有完备的关于民事保护和灾难救援的法律法规，根据灾情的严重程度和波及范围制定了《火灾保护法》《救援法》《危险防疫法》等部分应急法规，并在县、市和乡镇层面实施。

2. 完善应急预案体系，制定应急计划制度

一些国家注重发挥应急预案在应急管理中的统筹指导作用，结合本国特点构建了适应

应急管理需要的预案体系，为应急管理活动开展提供了基本规范。

英国是最早制定突发事件应急预案的国家。英国《国内紧急状态法》规定：制定应急管理规划、预案是各级政府和应急服务部的核心职责之一，要建立严格的风险评估程序，根据评估的风险级别制定相应的应急预案，并对预案应包括的内容作出了详尽的规范。英国建立了以总体应急预案为核心、专项应急预案为支撑的应急预案体系。

美国于2004年发布了适用于联邦范围的具有总体应急预案性质的《全国应急响应计划》(2008年将其升级为《国家响应总体框架》)，适用于联邦管辖范围内的各类突发事件。美国在《应急准备指南：地方政府应急预案修订指南》(CPG101) 中提出：持续改进机制是应急预案系统的重要组成部分，要对预案不断进行评估和改进，明确预案制定标准。美国的应急管理体系呈现出纵横交错的网络结构：纵向上，从联邦到州、地方以及民间组织、企业甚至家庭都制定了应急预案；横向上，预案体系涵盖了不同部门和不同类型的突发事件。

1.2.3 注重应急关口前移，重视舆情引导

1. 重视早期监测预警，注重应急关口前移

一些国家将监测预警视为应急系统的“耳目”，注重发挥其对政府履行应急管理职责、保障公民生命财产安全等方面的重要作用。例如：

德国拥有先进的监测预警技术系统，在州和地方的内政部门都设有信息监测中心实施全天候检测。其实，德国在“冷战”时期就建立了综合的民防预警系统。当下，德国针对不同类型的灾害和突发事件建立了预警机制。位于波茨坦市的地理研究中心通过分布在全球的监测点和先进的技术手段，及时向政府提供各种自然灾害预警信息，曾多次在第一时间成功预测了全球范围内灾难。

澳大利亚各级政府运用危险源探测监测与精确定位技术、动态预测与快速预警技术，完善全方位、全天候的社会预警体系，能够监控全国范围内的重大危险源、重要保护目标的实时信息，及时识别事故灾难征兆，并根据事态进展及时发布预警信息，使政府能够及时做好预防和应对工作。

日本针对常见灾害建立了覆盖全面的灾情监测和信息网络，能针对地震、海啸等灾害提供准确实时的信息；日本在自然灾害尤其是地震方面的预警全球超前和领先，拥有完善的灾害预警系统，可采用多种方式迅速及时传递灾害信息和预警预报。

2. 发挥新闻媒体作用，重视舆论舆情工作

及时、公开、客观的信息发布和新闻报道是突发事件处置和应急管理工作的重要组成部分。在突发事件面前，完全的新闻自由和保守的信息封锁，都会引起不必要的社会恐慌，导致事态升级恶化。同时，在现代信息社会，单纯的信息发布已经难以满足舆论引导的需要，必须建立起涵盖信息发布、媒体宣传发布、舆情监控等信息公开全过程的，集输出正面信息、放大正面声音、强化正面舆论等功能于一体的信息公开工作机制，充分发挥应急新闻报道对稳定公众心理的积极作用。例如：

俄罗斯将对媒体进行规范和引导视为应急管理的重要环节。一旦进入紧急状态，政府指令立即通过各种媒体传播给民众，及时发布相关的信息，并依法加强对社会媒体的管理，防止有害、虚假信息传播。

英国政府非常重视在第一时间准确发布突发公共事件信息，从事件开始就注重掌握信息传播主动权。在事件处置及善后期间，随时向公众通报进展情况，重视政府与媒体协作。同时，英国媒体强调自律和守法；从中小学就在普及应急安全知识的同时实施媒介素质教育，教导学生提高理解和判断大众传媒信息，培养媒体批判力，学会和媒体打交道。

日本《灾害对策基本法》对媒体的应急管理参与作出了明确规定，并为发挥其在舆论舆情引导的职责提供了法律依据。日本放送协会（又称日本广播协会，NHK）和日本电信电话株式会社（NTT）在应急管理中发挥着重要作用。

1.2.4 重视应急社会动员，加强知识普及

1. 重视应急社会动员，加强应急资源整合

近年来，在构建和完善应急管理体系实践中，一些国家和国际组织逐渐认识到，有效应对突发事件仅靠政府单一的力量是不够的，只有广泛动员社会力量参与应急管理，才能全面提升社会危机应对能力、最大限度降低危害影响。在提高社会公众自救互救意识和能力方面，有些国家在法律中强调了政府应急管理责任的有限性原则，明确了基层居民的自救互救义务。例如：

日本的减灾和应急管理建立在政府、社会团体和全体公众的共同努力的基础上，尤其强调各主体的应急参与责任。日本《灾害对策基本法》明确规定：要重视公共机构、独立法人、邮政、银行、红十字会、广播协会等单位在动员应急管理社会参与中的作用；日本《东京都震灾对策条例》强调："自己的生命自己保护""我们的城市我们保护"，这一口号蕴含了动员公众自救的理念。日本公用事业机关、企业、非政府组织等都发挥着社会动员和资源整合的作用。

新加坡应急管理的最大特色就是全民动员。新加坡构建了社区民防系统，社会民防组织在社会动员中发挥着重要作用。同时，新加坡动员志愿者、社会团体和私人部门积极参与应急管理活动，尤其是作为最主要社会团体的新加坡人民协会，在凝聚社会力量中发挥着重要作用。新加坡实施应急保障全民动员计划，其应急资源保障体系也体现了社会动员特点，有效整合了应急资源。

俄罗斯社会动员最大的亮点是注重平战结合体制的转换和相关动员功能开发。俄罗斯推行"应急应战一体化"，将战争动员体制和国家应急体制有机融合起来，统筹"应急""应战"为一体。俄罗斯还注重发挥宗教团体、红十字会等非政府组织在应急处置和救援中的独特而又重要的作用。

2. 重视应急知识普及，提高全民应急素质

一些国家重视普及应急防灾知识，以提高居民应急安全素质和自救互救技能，奠定应急管理工作的群众基础。例如：

日本政府明确了政府主体主导，学校、新闻媒体、社会组织和企业参与的应急防灾知识普及的格局。日本《灾害应对法》对各主体参与应急防灾知识普及作出了明确的规定。同时，面向社区居民、学生编写教材，制定和绘制应急防灾指南和各种卡片，利用各种节日普及应急防灾知识，并定期组织应急防灾演习和演练；依托博物馆、展览馆、巨灾纪念馆、应急防灾教育基地以及市民应急安全体验教育中心开展防灾减灾科普宣教和应急训练。日本在应急防灾知识普及中注重信息技术和互联网等新技术的运用。

韩国注重依托应急管理体制完善应急防灾知识普及组织网络，教育部会针对儿童安全教育问题，主持讨论防范各种风险的学校安全教育方案。韩国学校应急防灾知识宣教综合考量和兼顾到学生面临的诸多意外情况和突发事件特点，并将这些知识结合学科和内容融入不同的学科中，主要内容包括教学科目学习中的安全、娱乐活动中的安全、野游或修学旅行中的安全、休息时间中的安全、工作时间的安全、校内外游戏或运动中的安全、自然灾害等紧急时刻的安全、家庭生活中的安全、事故发生时要遵守的事项、事故的原因、交通安全等。韩国学校根据不同阶段编制应急防灾知识普及教材，并用多种方式开展应急防灾知识普及教育。韩国政府重视发挥广播、电视等媒介在应急防灾知识普及中的作用，各大电视台也将应急防灾知识制作成公益广告，面向公众发布。同时，重视社会组织和企业参与应急防灾知识普及。

1.2.5　重视国际交流合作，借鉴他国经验

加强交流合作是各国应急管理体系建设中的重要举措，也是应急管理综合性特征在全球化时代的重要表现。全球化背景下，人类已经成为一个命运共同体。在巨灾面前加强国际交流合作，有效整合国内国外两种力量可以减少灾害影响和损失。从各国实践来看，加强交流合作是普遍做法。例如：

日本重视加强与国际应急管理组织合作，积极承担和组织召开联合国应急防灾等国际会议，全力参与国际组织的防灾减灾合作；同时重视与亚洲地区的区域防灾合作，日本与亚洲数十个国家构建了亚洲防灾合作网络，重视与中、日、韩政府间合作，共享防灾信息，开展人才培训。

新加坡非常重视与国际其他国家开展国土安全和应急技术的国际合作，及时分享相关的信息并获取一定的支持；同时，积极参加与东南亚联盟地区论坛和亚太经合组织，并同意联合国的反恐怖主义公约和反恐战略工作。

法国政府建立了面向欧盟的地区常态合作机制，并与周边多个国家签订了应急防灾和救援处置的双边应急协议。同时，法国政府重视涉外应急管理工作，与欧洲、非洲、拉丁美洲等区域的数十个国家签订了教育培训、交换专家和协同行动等合作协定。法国安全专业技术技能受到了其他国家的高度评价，享有较好的国际声誉。

俄罗斯联邦政府也十分重视应急管理领域的国际合作：一方面，重视开展应急管理领域国际学术交流，积极举办国际性应急救灾学术会议，开展跨国学术研究攻关；同时，俄罗斯紧急状况部十分重视应急管理领域的国际合作和政府间合作，积极倡导成立应急管理的国际联合机构。如俄罗斯建议联合国成立国际紧急情况部，以便在国际领域行使应急管理的协调功能，并从 2005 年开始就在欧盟范围内倡导建立紧急状况救援协会。另一方面，俄罗斯将推进国际紧急人道主义援助一体化作为紧急状况部基本合作职能，并与周边国家签署跨界合作协议。同时，俄罗斯联邦政府也积极与中国政府共同应对自然灾害和突发事件，在上海合作组织内开展反恐和联合救灾等应急工作。

英国的应急管理国际合作主要是开展国际性的重大事故应急救援的援助工作，向受灾国提供援助；同时，参加了一系列的有利于各国共同应对重大突发事件的国际会议，探寻共识，输出应急主张，并主动开展应急防务展览等国际或区域活动。

加强应急管理改革及提高应急能力是事关国家经济社会发展全局和保障人民群众生命

财产安全的大事。应急管理改革最重要的是要结合应急与安全形势，在继承我国优秀传统经验的同时借鉴国外经验，以全面深化改革为契机，积极稳妥地加以推进，以提高我国应急管理水平，促进社会稳定和谐，切实维护最广大人民的根本利益。

1.3 应急管理学科专业发展与人才培养

尽管应急管理活动存在已久，但应急管理作为一个学科专业发展是近年来的新生活动。学科专业发展源自实践需要，也必将服务于应急管理现实需要。近年来，随着人类风险的不断增多，突发事件多发易发频发，给公众安全和社会稳定带来威胁和挑战，应急管理相关研究和人才培养才开始出现，且这门学科的重要性愈发明显。

1.3.1 应急管理学科的界定、研究对象和方法

1. 应急管理学科的界定

霍特默（Hotemer）认为应急管理学科是一门应用科学、技术、计划和管理等多方面知识来处理或管理可以造成民众伤亡、财产损失或者严重影响到社会的正常生活秩序的突发事件，以减少这些突发事件所造成冲击的学科。该定义强调了应急管理学科研究对象是突发事件。也有国外学者提出：应急管理学科是一门处理风险和防止风险的学科，涉及备灾、减灾、应对和恢复4个步骤，主要功能包括规划、培训、模拟（演练）以及各种协调活动。从特性上看，应急管理学科专业属性和特征表现为两方面：

（1）应急管理学科是关于应急管理的知识体系。从发展趋势来看，当代和未来的应急管理已经融入了人工智能、信息技术、知识管理、虚拟仿真等人类全新技术。这意味着，应急管理学科主要涉及的知识体系为管理支持类知识体系（计划管理、组织管理、管理策略等）、技术支持类知识体系（通信技术、计算机技术、地理信息技术等）、方法支持类知识体系（风险管理、危机管理等）和其他支持类知识体系（法律知识、灾害知识、公共关系等）。总之，应急管理学科就是由上述知识体系构成的应急管理知识体系，在应急管理理论研究和实践探索中发挥着重要的支撑作用。

（2）应急管理学科是一门交叉性的学科。突发事件尤其是非常规的突发事件应急处置与管理必然涉及决策科学、信息科学、行为心理等多个学科领域，面临着共同特殊边界条件，如极端环境条件、时间和资源紧张、信息匮乏或过剩、心理压力巨大、目标利益冲突、系统结构复杂变化、社会经济文化特征明显等。这决定了应急管理学科的交叉性特点，必然涉及信息科学、管理科学、心理科学、组织行为学等学科知识领域。同时，应急管理学科的跨学科和交叉学科还体现在，它既包括企业管理与组织危机管理内容，又包括风险管理、安全管理等学科内容；既有政治学、社会学等学科理论，又有心理学、法学等学科知识。

综上所述，应急管理学科是研究突发事件定义特征，以及突发事件孕育、演变和发展规律的学科，它是庞大的应急管理知识体系，具有跨学科、多学科交叉特点。应急管理学科发展的目的是探索应急管理理论体系，其使命是服务于应急管理的人才培养、科学研究和社会服务，推动并实现应急管理治理体系和治理能力现代化。

2. 应急管理学科的发展动力

如果说一部人类文明进步史就是一部应对危机的历史，那么应急管理学科发展的历史

就是应对和处置突发事件中不断积累经验和知识的历史。人们就是在应对突发事件的过程中积累了经验，逐渐借助相关知识去探索和丰富相关理论体系的。每次重大突发事件的出现都是对应急管理水平的挑战，同时也是应急管理学科改进和发展的契机。突发事件应对、备灾减灾抗灾和危机风险应对等现实需求是推动应急管理学科发展的根本动力。然而，应急管理学科的发展是多因素共同推动的结果。其中，理论的发展和职业的需求是最重要的两个推动力。

（1）应急管理理论的发展推动了应急管理学科的诞生和发展。自应急管理问世以来，在学术界专家学者努力下，应急管理理论研究得到了丰富和发展，先后形成了应急管理生命周期理论、应急管理过程论、应急管理“四阶段”论和应急管理“五阶段”论以及集成化突发事件全面应急管理理论等，为应急管理发展提供了理论支撑。

关于应急管理理论与学科发展，有学者认为经历了三个阶段：

第一阶段，单灾种管理阶段。主要是研究突发事件并进行分类，再结合事件分类研究如何成立相关部门进行管理。但各部门各负其责，相互之间没有直接和必然的联系，基本上是各自为政。

第二阶段，综合灾种管理阶段。主要是研究如何通过技术手段实施各应急管理部门的协同作战。值得注意的是，该阶段各部门仍然保持原有的管理方式，仅仅是增加了各部门之间的合作与协作。

第三阶段，全面应急管理阶段。亦即研究如何通过建立和完善公共安全应急管理体系，全面整合社会力量和各种资源，通过应急管理战略、政策和计划的统一，实施统一的组织安排和资源支持。该阶段打破了分散应急管理，逐渐出现应急管理的一体化发展。应急管理学科是一个知识体系，理论的发展推动了学科的进步，学科的进步也进一步丰富了应急管理的理论体系。

（2）应急管理职业的出现倒逼了应急管理学科进步和发展。任何一个职业都具有以下基本特征：一是职业有成员资格标准，可以把不合格者排除在外，这些资格标准通常就是体现在教育学习要求中，任何成熟的职业都有公认标准；二是有“一致的”和不断演进的知识体系，这个知识体系一般以科学为基础，重点是知识的体系化和系统性；三是构建职业的伦理标准，这些标准可能不同于大众标准，伦理标准鼓励服从，体现敬业并规定了对违背标准的惩罚措施。若要实现成员资格认证、组织化的知识体系和伦理标准三个基本特征，就要创造、改变和应用知识体系，按照职业要求开展教育学习并促进其社会化，并不断完善相应的伦理标准。所谓职业实质无非是对工作的结构化和制度化安排，它是由岗位组成的，任何一种职业都需要由岗位做支撑。从应急管理实践来看，的确存在应急管理这种岗位甚至职业。从某种意义上而言，应急管理是一种职业，或者说是一个正在发展的职业。职业的发展必然需要有相应的学科专业做依托，以提供系统化的知识以及获取知识的方法。但从事应急管理这种职业是极为特殊的，特殊之处就在于其是基于特殊需求且要具备特殊专长，这就更离不开应急管理学科专业的发展，这就是说，应急管理职业和岗位的需求反向推动着应急管理学科专业的进步。

3. 应急管理学科的研究对象

对于应急管理学科的研究对象，学术界尚未达成完全一致的共识。有学者认为，应急管理学科的研究对象主要包括应急管理理论与方法、应急管理组织与政策、应急管理技术与工具、应急平台等。其中：应急管理理论与方法主要包括突发事件形成与演化机理、应急管理全周期相关理论与方法等，应急管理组织与政策主要是各层面各层级应急管理组织机构建设、应急管理相关政策法规等，应急管理技术与工具主要包括应急管理通信技术、计算技术以及相关的工具等，应急平台主要是研究由各种理论方法、技术工具等构成的集成应急管理平台等。

范维澄院士提出，突发事件是安全与应急管理学科的重要关注对象，具体需要了解突发事件的内涵、外延与类型，突发事件的孕育、发生、发展及突变演化规律，突发事件作用的类型、强度和时空分布特征。安全与应急管理通过研究突发事件，最终为预防突发事件发生、阻断突发事件多极突变成灾过程、减弱突发事件作用等提供支撑，并为突发事件监测监控和预测预警、掌握应急处置的正确方法和恰当时机提供科学的基础。

应急管理基础研究对象是一些主要关键问题，主要有：应急管理体系复杂性的科学问题、应急心理与行为的科学问题、突发公共事件的信息获取及分析的科学问题、多因素风险评估与多尺度预测预警的科学问题和复杂条件下应急决策的科学问题等五大关键问题的创新内涵与发展战略。

综上所述，我们认为应急管理学科的研究对象主要包括：应急管理体制机制创新研究，应急管理法律法规体系研究，应急预案修订完善与演练研究，应急监测预警与风险防控研究，应急保障能力研究，应急宣传教育与培训，应急管理信息技术管理研究等。

4. 应急管理学科的研究方法

1）实地调查法

实地调查又称田野调查或现场研究。一切社会科学研究，包括自然科学研究，都离不开实地调查。实地调查一般要用到访问访谈、实地观察和实验体验等方法。

(1) 访问访谈法就是结合拟调查事项，以当面面谈、电话访问、书面报告、会议调查、邮件信函调查、网络调查等方式向被调查者提出询问，以获得所需资料的方法。

(2) 实地观察法就是指调查者在现场从侧面对被调查者情况进行观察、记录，以收集信息的一种方法。比较常用的实地观察法有直接观察调查法和实际痕迹测量法等。

(3) 实验体验法是指在控制条件下，对所研究对象从一个或多个因素进行控制，以测定这些因素间的关系，其目的是理清事件因果关系。应急管理学科的研究离不开实地调查。

对此，应急管理学者王宏伟教授就提出：应急管理不是纯粹的“书斋里的学问”，同样需要调研，需要深入实地了解应急管理实际问题。任何突发事件的处置，都需要深入现场调研核查，并需要开展访谈、观察和实验测量，通过客观真实的数据界定清楚事故的前因后果，减少事故损失甚至杜绝事故的发生。

2）多学科交叉法

随着经济社会不断发展，各种学科都不再局限于单纯某一领域研究，而是都呈现出跨学科、跨领域研究趋势，唯有开展多学科交叉研究才能适应时代发展需求和实践需要。应急管理是一个复杂性、系统性的大学科体系，更需要多学科交叉：

(1) 突发事件本身具有复杂性、衍生性和多变性等特点，突发事件处置需要面临极端环境条件、时间和资源紧张、信息匮乏或过剩、心理压力巨大、目标利益冲突、系统结构复杂变化、社会经济文化特征明显等多重考验。

（2）应急管理本身是一个开放的复杂巨系统，具有多主体、多因素、多尺度、多变性特性，不仅包括风险评估、监测监控、预测预警、决策指挥、救援处置、恢复重建等多个环节，还广泛涉及人的心理和行为，包含大量深刻的复杂性科学问题。

上述状况决定了应急管理学科需要具备兼收并蓄的包容性和开放性品格，通过从邻近学科大量吸收有益养分，推动和丰富知识积累，最终获得学科发展。应急管理相关问题研究，既需要企业管理与组织危机管理等内容支持，也包括风险管理、安全管理等知识内容；既需要政治学、社会学等学科理论，也需要心理学、法学等学科知识，同时还要涉及信息科学、管理科学、心理科学、组织行为学等学科知识领域。总之，应急管理相关问题研究，必须融合理、工、医、文、管多个学科优势进行交叉性探索，需要广大高等院校、科研院所科研力量来共同推进，才能推动这个学科进步和知识体系的完善与创新。因此，多学科交叉是本学科重要的研究方法。

3）比较研究法

比较研究法就是根据一定标准，对两个或两个以上有联系的事物进行考察，寻找其异同，探求普遍规律与特殊规律的方法。以时空为划分维度，可分为横向比较与纵向比较。所谓横向比较，就是对空间上同时并存的事物的既定形态进行比较；而纵向比较即时间上的比较，就是比较同一事物在不同时期的形态，从而认识事物发展变化过程，揭示事物发展规律。

学术研究是一项具有协作性和累积性的事业，任何现有研究成果都是在前人研究的基础上，历经日积月累而发展起来的；同时，现有研究又为后人研究开辟了道路，这需要通过纵向梳理探寻学科知识的“变”与“不变”。现有研究也通常是在互相借鉴中才能取得创新，通过横向比较相互补充、相得益彰，探寻不同成果之间的“同”与“不同”。这就是经常使用的比较研究思维和方法。

比较研究法在应急管理学科研究中运用广泛且具有极高的运用价值。对于应急管理中存在一些比较复杂的问题和现象，往往既要进行纵向比较，又要进行横向比较，这样才能比较全面地把握应急管理现象、本质及发展规律。其实，无论是应急管理实践还是研究，都需要从侧重对单个突发事件分析，逐渐转向横向比较研究、纵向比较研究。就横向比较而言，主要是分析同一类型事件在不同时空的分布情况，从而实施有效的应急策略；就纵向比较而言，主要是借助历史数据资料分析特定区域的突发事件种类、频率等。

4）案例分析法

案例分析法（case analysis method）又称个案研究法，是由哈佛大学于1880年开发完成的，后被哈佛商学院用于培养高级经理和管理精英的教育实践，逐渐发展为今天的“案例分析法”。严格意义上而言，案例分析法是实地研究的一种。借助这种研究方法，研究者选择一个或几个场景为对象，系统地收集数据和资料，进行深入研究，用以探讨某一现象在实际生活环境下的状况。该方法适合于当现象与实际环境边界不清而且不容易区分，或者研究者无法设计准确、直接又具系统性控制的变量时，回答“如何改变”“为什么变成这样”及“结果如何”等基本问题。

对于应急管理相关研究和实践而言，案例分析法尤为重要。这主要是因为，突发事件一方面具有一定规律性，另一方面，巨大的突发事件基本上无法还原或再现。并且，每一次事故之后，都要有专家进行全面而又专业的调查研究，得出相应结论。任何一次突发事件的发生，都是一次宝贵的学习机会。也就是说，应急管理实践中的案例，也是重要的学习案例。对于应急管理学科而言，按照特定的类型和等级对突发事件进行案例分析有利于掌握和揭示应急管理的规律，吸取相关经验和教训。因此，案例分析法是应急管理学科的重要研究方法。

1.3.2 西方应急管理学科专业发展与人才培养

一般而言，衡量和观察一个学科专业发展状况，有两个重要指标：人才培养和理论研究。前者就是围绕现实需要开展育人活动，为学科专业发展和实践创新培养专业队伍，输送人力尤其是专业化人才；后者就是围绕经济社会发展需要开展特定领域理论研究，为学科专业发展提供系统、深入和全面的理论支撑。西方发达国家在应急管理学科专业发展方面起步较早，也有很多可以借鉴的经验。

1. 西方应急管理的相关研究

西方应急管理研究和学科发展主要是从危机管理研究开始的。“危机管理”这一概念是在“二战”后提出的，随后危机管理理论得到丰富并开始逐渐发展成为一门学科。危机管理学科的产生，一方面是现实需求的推动，另一方面是管理学、经济学、社会学、政治学、统计学、外交决策理论等多个学科共同孕育的产物。20 世纪 60 年代以后，由于经济社会的发展以及国际关系的复杂化，各国政府纷纷设立危机管理研究机构，一些政府危机管理、企业危机管理、国际重大危机事件管理方面的著作不断问世，使得危机管理理论研究得到快速发展并初步构建了理论知识体系。随着研究方法的不断更新，建立全新的危机分析框架成为可能，这也推动了应急管理学科的发展。

进入 20 世纪 80 年代，西方发达国家开始更加重视应急管理科学发展，开展了相关研究，成果开始涌现。例如：1985 年，《公共管理行政评论》(PRA) 杂志就出版了一本专刊《应急管理：公共管理面临的新挑战》，标志着公共管理学科学者开始介入应急管理相关研究。自 20 世纪 80 年代以来，欧盟框架计划第五期至第七期均设有公共安全和应急管理相关研究计划：第五期（FP5）——人为与自然灾害的安全与应急管理，第六期（FP6）——开放型应急管理系统、面向风险管理的开放型空间数据系统、欧洲应急管理信息体系，第七期（FP7）——把安全作为独立的领域等。

在应急管理学科专业发展中，高校发挥了重要作用。在此过程中，高校积极开展了应急管理相关研究，相关成果转化后提高了应急管理水平，也极大地促进了应急管理学科专业发展。到了 20 世纪 90 年代，应急管理领域更倾向于关注自然的或者技术致灾因子管理方面的探索。进入 21 世纪，尤其是“9·11”恐怖袭击事件后，针对社会安全和恐怖威胁的应急管理及相关研究开始升温，应急管理也逐渐从被动应对向主动预防，从分散、碎片化向综合、整体性转变。近年来，不断出现的全球性重大突发事件，如 2020 年全球肆虐的新冠疫情也势必推动着人类思考重大公共卫生突发事件应对问题，这也势必成为应急管理学科专业发展的又一个窗口。

2. 西方应急管理人才的培养

西方发达国家重视应急管理人才培养的相关研究。以美国为例，从20世纪70年代开始，美国联邦应急管理署就开始在高校设置应急管理方面的课程。FEMA在马里兰州设有应急培训中心（National Emergency Training Center，NETC），管理各州应急培训机构和学校。NETC通过开设高级应急管理课程，提升培训人员应急管理专业水平，成为重要的人才培养基地。NETC的培训形式既有短期集中授课，也有远程教学，体现出“理论与实践结合，专业与技能并重”的特点。NETC下设两个学院，分别是美国国家应急管理学院（EMI）和国家消防学院（NFS）。两个学院在同一个校园，开展人才培养工作。FEMA还会帮助全国的高校开设相关课程，并开展研究生教育。

美国相关高校还聚焦应急管理和自然灾害开展相关研究。如科罗拉州大学布尔德分校的自然灾害研究中心，从1976年起就开展自然灾害相关社会科学研究和政策分析，在整个美国甚至全球都具有较大的影响力。该中心收集和分享关于备灾、响应、恢复和减缓的各类研究和经验，且尤其关注特大型灾害事故的研究结果与灾害减缓与灾害持续性之间的关联。美国华盛顿大学的危机、灾难和风险管理研究所从1994年起，在工程管理和系统工程系的支持下，提供研究生级别的学习和研究。该校研究生围绕应急管理重大问题开展在校研究，并经常在应急管理杂志上发表相关的研究发现，有力地促进了应急管理专业人才的培养。

西方发达国家在开展相关研究的同时，重视专业化和体系化的人才培养。以美国为例，应急管理署重视推动应急管理相关专业和学位教育。此外，美国设有国土安全专业博士点、硕士点、学士点、辅修学士点、副学士点等学位体系以及一些证书项目。例如，美国的佐治亚州立大学、北达科他州立大学、乔治·华盛顿大学、路易斯安那大学、俄克拉荷马州立大学、得克萨斯农工大学、德拉瓦尔大学等一批高校都可以授予应急与安全管理博士学位。

1.3.3 我国应急管理学科专业发展与人才培养

一般而言，任何学科专业的形成至少应具备三个基本条件：一是社会有专业需求，社会个体借助专业化学习和成长能够找到专门的工作岗位并在岗位中获得薪资和更为专业化的发展；二是已经聚焦学科开展相关研究，形成了研究团队且有大量成果涌现；三是围绕育人活动形成了师资团队，构建起了人才培养平台。就我国应急管理学科专业和人才培养而言，已经基本具备了上述条件。

1. 重视应急管理学科的相关研究

2003年“非典”疫情以后，我国开始重视应急管理体系建设，应急管理相关研究得到重视，创办了一些应急管理刊物，成立了一些专门的研究机构，对我国的应急管理学科专业发展甚至人才培养工作起到了积极促进作用。

1）启动了安全与应急管理计划或项目

我国一些重大研究计划和项目的实施推动了应急管理学科的建设和发展，尤其是《国家中长期科学和技术发展规划纲要（2006—2020年）》明确将公共安全和应急管理作为重点研究领域；《国家自然科学基金“十一五”发展规划》将社会系统与重大工程系统的危机/灾害控制纳入优先发展领域；国务院办公厅《“十一五”期间国家突发公共事件应急体系建设规划》《国家突发事件应急体系建设“十二五”规划》《国家突发事件应急体系建设“十三五”规划》《“十四五”国家应急体系规划》《国家综合防灾减灾规划（2011—2015年）》和《关于加快应急产业发展的意见》等相关文件，都强调要加强应急管理相关研究。在国家一些重大项目和地方各级各类基金项目中也将应急管理作为优先资助计划，启动专项研究。国家自然科学基金委员会于2009年就启动了“非常规突发事件应急管理研究”重大计划等。2019年国家自然科学基金委员会管理科学部启动应急管理项目研究，2020年国家社科基金启动国家应急管理体系建设研究专项等。上述研究计划突出了多学科之间的交叉，支持围绕重点领域和方向开展跨域研究。

2）成立了一批安全与应急管理科研机构

相关高校和科研院所已经成为重要的人才培养基地。例如，清华大学的公共安全研究院、中国安全生产科学研究院、原国家安全监管总局的生产安全重点实验室、民政部和教育部联合成立的减灾与应急管理研究院、中国科学技术大学的火灾科学国家重点实验室、华中科技大学的非传统安全研究中心、武汉理工大学的中国应急管理研究中心、暨南大学的应急管理学院、北京市与清华大学联合成立的北京城市综合应急科学重点实验室等。这些科研机构或侧重于基础研究，或侧重于科技集成创新，或侧重于应急产业发展，可谓各有所长、各具特色。2020年12月30日，应急管理部、教育部按照“优势互补、共建共享、服务国家、国际一流”的原则，共建国家安全科学与工程研究院。研究院以解决重大科技和行业共性关键技术难题为导向，聚焦国家重大战略需求，围绕国际科学前沿，真正实现开放创新、优势科研资源融合，提高应急管理自主创新能力，打造安全科学与工程领域高端智库、科技研发基地，创新团队培育基地、高端人才培养基地，为国家应急管理与安全生产事业提供有力支撑，推进应急管理体系和能力现代化。

3）围绕安全与应急管理创办期刊和报纸

尽管应急管理是进入21世纪尤其是2003年才引起高度重视的，但是我国自20世纪80年代以来就围绕自然灾害防治、环境污染等创办了一些刊物，如《自然灾害学报》《环境污染与防治》《中国减灾》《中国安全科学学报》等。这些刊物自创刊以来，吸引了一大批学者开展自然灾害和事故灾难等方面的相关科学研究，主要涉及城市减灾与城市管理、灾难事故与处置、综合减灾等。近年来，聚焦应急管理的期刊和报纸相继出现，主要有《中国应急管理》《职业卫生与应急救援》《中国应急管理科学》《中国应急救援》《中华卫生应急电子杂志》《中国应急管理报》等。这些学术期刊和报纸，为应急管理相关的学者转化成果起到了重要的作用，并为逐步构建应急管理的知识体系，凝聚了一批学者的研究方向，为应急管理人才培养和理论知识创新发挥了重要作用。

4）成立了应急与安全管理方面的学会机构

一些安全与应急管理方面的学会也在整合研究方向、锻炼师资团队和开展育人活动中发挥着重要的作用。例如，2005年10月，我国成立了中国优选法统筹法与经济数学研究会应急管理专业委员会，推动了国内应急管理理论研究和应用。其中，公共安全科学技术学会（2012年）、中国应急管理学会（2014年）等专业学会的设立更是具有标志性意义。在设立学会搭建平台的同时，我国也依托这些学会组织了一系列的国际、国家级的应急管理创新论坛，积极强化应急管理研究的相关协作。我国公共安全与应急管理学者组成的团队与西方发达国家的学者开展竞争与合作，与世卫组织在应急系统标准设计等方面开展了密切合作，一些应急平台等方面的相关成果应用于多个国家，取得了良好的国际声誉，极大提高了我国在安全与应急管理的国际声望。

2. 应急管理学科专业建设与人才培养

我国是世界上自然灾害最为严重的国家之一，灾害种类多，分布地域广，发生频率高，造成损失重。同时，我国各类事故隐患和安全风险交织叠加、易发多发，影响公共安全的因素日益增多。随着新冠疫情席卷全球，应急与安全在国家重大战略需求中的地位愈发凸显。在新冠疫情背景下，我国应急管理专业人才稀缺的短板进一步显现。加强安全与应急管理学科专业建设和培养专业人才既是紧迫任务，又是长期任务。

1）围绕应急管理学科专业建设和人才培养的前期探索

2003 年的“非典”疫情，在开启了中国应急管理改革帷幕的同时也促进了应急管理专业人才的培养。2007 年颁布的《突发事件应对法》对人才培养和应急教育作出了专门规定。例如：第三十条规定，各级各类学校应当把应急知识教育纳入教学内容，对学生进行应急知识教育，培养学生的安全意识和自救与互救能力；第三十六条提出，国家鼓励、扶持具备相应条件的教学科研机构培养应急管理专门人才。此后，我国在党校和行政学院等设立专门的应急管理干部教育教学、研究机构，并将应急管理列为干部教育的专门课程。很多高校、科研院所或开设相关课程，或设立相关专业或专业方向，或成立相关院系机构等强化人才培养工作。暨南大学于 2009 年 4 月成立了全国首个应急管理学院，与公共管理学科融合发展，成为全国第一家开办应急管理教育的高校；2010 年 3 月，河南理工大学也成立了应急管理学院，将应急管理划归为公共安全管理专业。在应急管理研究生人才培养方面，中国科技大学自 2003 年起开展了应急管理的理论与应用研究，并于 2004 年起招收突发事件应急管理方向的项目管理工程硕士和工程管理专业硕士，为国家和社会培养了大量专业应急管理高端人才。2011 年 3 月，国务院学位委员会、教育部发布的《学位授予和人才培养学科目录（2011 年）》将安全科学与工程列为研究生教育一级学科，将安全与应急管理列为二级学科。一些大学也在管理科学与工程、安全工程与科学、公共管理学科下设置相应的硕士点，开展更高层次的人才培养。一些高校也开展了应急管理博士研究生的培养。例如，南京大学在 2012 年依托公共管理一级学科博士点设置了社会风险与公共危机管理二级学科博士点，是国内首批在博士生层次开展应急管理高层次人才培养的单位之一。在职业教育方面，2015 年，教育部发布新修订的《普通高等学校高等职业教育（专科）专业目录及专业简介（2015 年）》（教职成〔2015〕10 号），在林业类中下设森林防火指挥与通讯专业，在安全类中下设救援技术专业（含安全应急管理专业方向），在水上运输类中下设水上救捞技术专业，在公安管理类中下设防火管理、森林消防专业，在公安指挥类中下设消防指挥、抢险救援专业，主要对应职业类别为消防和应急救援人员。

2）新时代应急与安全管理学科专业建设和人才培养

2017 年 10 月，中国共产党第十九次全国代表大会作出了中国特色社会主义进入新时代的重要论断。这意味着包括应急管理体系和能力建设在内的一切事业都进入了新时代。2018 年，我国新组建了应急管理部，我国应急管理以此为节点进入了“脱胎换骨”的新时代。在此背景下，国内高校陆续加快了应急管理学院的建设步伐。2018—2019 年，教育部支持南京信息工程大学、华北科技学院增设防灾减灾科学与工程专业，支持太原理工大学、防灾科技学院等6所高校增设应急技术与管理专业，支持武汉理工大学增设应急管理专业。为培养职业应用型应急人才，2019年，在《中等职业学校专业目录（2010年修订)》基础上，中等职业学校增设了安全技术管理、应急管理与减灾技术等中职专业；全国高职院校也开设了应急管理相关专业点。为培养应急安全管理复合型人才，为高校毕业生创造更多的再学习机会，教育部鼓励和支持高校在国家急需的公共卫生与预防医学、应急技术与管理等相关领域增设第二学士学位专业。2020年，教育部支持中国科学技术大学、中国民航大学等16所高校开展安全工程专业第二学士学位教育，支持沈阳航空航天大学开展消防工程专业第二学士学位教育，支持河南理工大学、西安科技大学开展应急技术与管理专业第二学士学位教育。

为深入贯彻落实习近平总书记关于健全国家应急管理体系、加强应急管理学科建设的重要指示精神，2020年2月，教育部发布《普通高等学校本科专业目录（2020年版)》，将应急技术与管理、应急管理纳入本科专业目录，武汉理工大学获批设立我国首个应急管理本科专业。2020年4月，国务院学位办发布《关于推动部分学位授予单位加强应急管理学科建设的通知》，在部分高校启动“应急管理”二级学科建设和人才培养试点工作。自此，应急管理学科与行政管理、社会医学与卫生事业管理、教育经济与管理、社会保障、土地资源管理成为公共管理的二级学科。与此同时，教育部会同应急管理部制定了关于加强应急管理学科建设的相关通知，部署北京大学、清华大学等20所代表性高校先试先行，结合自身学科特色优势，聚焦2~3个应急管理领域或方向，重点发力，重点突破，高水平开展应急管理学科建设。同时，支持其他单位按程序自主设置应急管理二级学科，加强应急管理领域科学研究和专业化人才培养，为推进应急管理体系和能力现代化提供智力和人才支持。2020年6月，全国公共管理专业学位研究生教育指导委员会下发《关于加强应急管理专业方向建设的通知》(教指委〔2020〕7号)，要求在MPA教育培养基础上，加强应急管理专业方向建设。2021年1月，中国科学院大学应急管理科学与工程学院揭牌成立，旨在着力于培养应急与安全领域急需的战略管理人才和科技领军人才。2021年初，教育部下发《教育部关于公布2020年度普通高等学校本科专业备案和审批结果的通知》(教高函〔2021〕1号)，一大批高校获批设立应急管理和应急技术与管理专业。其中：获批设立应急管理专业的高校有河海大学、中国地质大学（武汉）、暨南大学、华北科技学院、防灾科技学院、河北科技大学、沈阳化工大学、沈阳建筑大学、盐城工学院、南京师范大学、江西理工大学、云南经济管理学院、青海师范大学、石河子大学、西北大学、济南大学、齐鲁师范学院、潍坊医学院等，获批设立应急技术与管理专业的高校有中国矿业大学（北京）、中国地质大学（武汉）、石家庄铁道大学、太原科技大学、山西财经大学、长春工学院、黑龙江科技大学、盐城工学院、安徽理工大学、滁州学院、湖南科技大学、重庆科技学院、西南科技大学、西华大学、贵州师范大学、新疆工学院等。

但是，各高校应急管理人才培养所依托的既有专业、学科、院系等各不相同，这是应急管理学科专业发展初期的必然现象。对于应急管理学科专业发展和人才培养而言，不同学科专业的介入有利于推动创新，但是不利于学科专业发展形成合力。如何整合现有资源，培养复合型、创新型应急管理人才，走出应急管理人才短缺困境仍然是举国上下需要关注的焦点，也是我们未来努力的方向。

思考与练习题

1. 简述中国应急管理体系变革的阶段与特点。
2. 国外应急管理实践的经验和启示是什么？
3. 简述应急管理学科的研究对象和研究方法。
4. 如何实现应急管理体系和能力的现代化？

2　突发事件和应急管理

学习目标：

（1）熟悉应急管理和突发事件的基本概念。

（2）掌握突发事件定义、分类与分级和主要成因等基本知识。

（3）了解应急管理内涵、对象、目标、阶段和任务等知识。

2.1　突发事件

突发事件是应急管理的对象，学习和掌握突发事件的定义、分类与分级和主要成因等基本知识是应急管理课程学习的重要内容。

2.1.1　突发事件的基本内涵

1. 突发事件的定义

国内外学者对“突发事件”这一概念提出了很多定义，至今已有100多种，这些定义因学者们的学科背景、考察角度和研究目的各有侧重而有所不同。国外关于突发事件早期研究主要源自军事领域，最早着眼于危机管控，多数学者认为突发事件是一种危机状态。在国外研究文献中通常用“危机（crisis）”一词来指代“突发事件（emergency）”。与之类似的概念还有“公共紧急状态”（public emergency）、“公共危机事件”（public crisis events）等。基于各自的研究视角，研究者或相关机构对突发事件提出了不同定义：有的强调突发事件的突发性，认为其可供决策者作出反应的时间极为有限，突出危急形势下决策的困难；有的认为突发事件会对一个社会系统的运行秩序、基本价值观和行为准则造成威胁，所产生的影响和后果具有高度的不确定性；有的强调突发事件的事态发展不易控制，损失难以估量；还有的则是从突发事件的潜在威胁考察突发事件的严重危害；等等。

在学术界探讨突发事件定义的同时，官方也在相关的政策或文件中给出了定义。例如：在英国，突发事件被定义为“对人的福祉、环境或者安全构成威胁或造成严重损失的情境或一系列事件”。欧洲人权法院认为，突发事件的公共紧急状态是影响国民、威胁社会的危险局势。美国联邦应急管理署对突发事件的定义大致为，由美国总统宣布的，在任何场合、任何情景下，在美国的任何地方发生的需联邦政府介入，提供补充性援助，以协助州和地方政府挽救生命，确保公共卫生及财产安全或减轻、转移灾难所带来威胁的重大事件。在术语使用上，突发事件有时还被表述为风险、灾害或灾难、危机、紧急状态等。但突发事件在内涵上不能完全等同于“风险”“灾害或灾难”“危机（crisis）”“紧急状态”。应当说，国外关于突发事件的诸多定义都有其合理成分，是从不同侧面描述了突发事件的特点。

在汉语中，突发事件是指“历史上或社会上发生的不平常的大事情”。“突发”二字意味着时间上的紧迫性和后果的严重性。我们所说的突发事件更接近于“紧急事件”，中国台湾学者詹中原就认为：“紧急事件”是指突然、意外发生，须立刻处理的事件，强调带给人相当大的惊讶及事先无预警性，是危机的一环，多隐喻危机的爆发期。鉴于2003年“非典”疫情造成了一定的影响，不论是政府层面还是学术领域，都对突发事件给予高度关注并提出了自己的观点。例如，范维澄院士提出：突发事件是可能对人、物或社会系统带来灾害性破坏的事件，通常表现为灾害三要素的灾害性作用。据此，突发事件应当诠释为：其一，由灾害要素超临界或被触发失控导致的事件；其二，具有较高强度的破坏性且破坏性已经或即将施加在承载体上。亦即：

（1）只有由灾害要素导致的事件才称其为突发事件，这类事件必然是具有破坏性的。一个突如其来的意外惊喜显然不存在灾害要素，因此也自然不是突发事件。

（2）存在承载体是突发事件必要条件。事实上，在世界各地每时每刻都在发生各种各样的具有破坏性的事件，但不能把这些事件都界定为公共安全领域的突发事件，只有那些发生在人类聚居区对人类生产生活或环境构成破坏的事件才从安全的角度加以关注。

（3）灾害要素的超临界或者被触发失控意味着破坏性的高强度。很显然，一个烛光、一个篝火都是火焰，都存在能量释放，但显然它们不是灾害，不属于突发事件。只有在能量超临界形成火灾时才属于突发事件。显然，突发事件的破坏性具有极高强度。

（4）从灾害要素角度分析，灾害要素被触发失控所导致的突发事件，其发生的确存在突然性。灾害要素超临界所导致的突发事件，通常在达到临界值前有较长累积时间。由逐渐累积直至导致突发事件，是一个量变到质变的过程。量变往往是缓慢的，而质变往往是瞬间或短期内发生的，因此对于突发的理解，不能简单解释为发生的突然，而应理解为灾害要素突破临界值是在较短时间内发生的，具有突发的特点。

《突发事件应对法》将突发事件定义界定为：突发事件是指突然发生，造成或者可能造成严重社会危害，需要采取应急处置措施予以应对的自然灾害、事故灾难、公共卫生事件和社会安全事件。广义来说，突发事件是指在一定区域内突然发生，对生命和财产构成严重威胁和广泛负面影响的事件和灾难；狭义而言，突发事件是指在组织或者个人原定计划或在其认识范围之外突然发生的，对其利益具有损伤性或潜在危害性的一切事件。而通常所理解的突发事件是广义上的突发事件。

2. 突发事件与相关概念的关系

突发事件概念及其内涵和基本外延在我国经历了一个逐渐演化过程。由于受不同时期政策话语和认知角度的影响，国内学术文献中曾先后出现“突发性事件”“突发公共事件”等含义相近的术语且往往不加区别地相互替换使用。虽然这些定义的表述方式有一定差异，但其核心内涵具有较高的一致性，即突发事件意味着其发生不以人们的意志为转移，导致正常的社会秩序遭受破坏性冲击，需要社会管理系统第一时间对其作出反应和进行必要的干预，以最大限度地减少其负面影响，使社会秩序恢复到正常状态。

风险、灾害灾难、危机等概念与突发事件的概念有着十分密切的联系。结合这几个概念可以更加清晰地了解突发事件的内涵：

从风险与突发事件的关系而言，从本质上看，风险有产生损失的可能性，是危险要素与脆弱性共同作用的结果。当风险超出一个系统的承受能力时就会演化为突发事件。

从灾害灾难与突发事件的关系而言，如果突发事件导致严重社会危害，那么突发事件就会演化为灾害灾难。但并非所有的突发事件都是灾害或灾难。例如，群体性上访是突发事件，但并不一定是灾害或灾难。

从危机与突发事件的关系来看，突发事件往往是可能诱发危机的“点”。“危机”与“突发事件”往往交织在一起：一个系统的危机因素积聚到一定程度后，可能会引爆某个突发事件，突发事件就成为危机开始的标志。在这种情况下，危机因素如果能够被遏制，突发事件就不会发生。与此同时，一个突发事件也可能引发一场危机，这时，突发事件是危机开始的诱因。一场危机中可能会出现多个突发事件。同时，突发事件也可能会对危机起到推波助澜的作用。

2.1.2 突发事件的基本特征

突发事件的基本特征是突发性、复杂性、公共性、危害性和扩散性。

1. 突发性

突发性是指突发事件的发生是不能或者难以预料或预测或预先感知的。突发事件往往是事物内在矛盾由量变到质变的飞跃过程，是由一定诱因导致的，诱因具有较大的偶然性和不易发现的隐蔽性，它以什么方式出现，在什么时间、什么地点出现，出现之后会有什么后果，是人们所无法把握的，这就是说突发事件发生的具体时间、实际规模、具体态势和影响深度，是难以预测的。当然，随着技术的进步和人类认识自然、认识社会能力和水平的提高，有些突发事件的“突发性”正在逐渐减弱。比如，人类对于某些自然灾害或疫病发生、发展成因机理已经有所认识和把握，会减少这种突发性。尽管如此，人们对于多数突发事件尤其是巨大的突发事件的发生仍然是难以把握的，即使对于那些能够监测预报的事件，也不可能准确预知其发生的确切时间、地点和规模。因此，“突发性”仍然是突发事件最为明显的特征之一。

2. 复杂性

突发事件是一个复杂的系统，其复杂性主要是指突发事件是突然发生的、不受人们主观意志决定的事件，其发生原因、扩散范围、衍生灾害、转化、后果危害等过程因子往往难以准确预知和全面掌控。特别是突发事件发生之后，由于难以在短时间内及时全面地获取其相关信息，相关管理主体在多数情况下对其所进行的决策又属于非程序化决策，缺少参照，管理人员或处置者应对行动、媒体的新闻报道以及公众舆论等因素都可能会对事态的后续发展造成影响。同时，突发事件的突发性和不确定性也决定了其复杂性。当然，有些常规事故就表面而言，并不复杂。若就事件成因、演变和后果的不可控性而言，其复杂性特征仍然比较明显。突发事件的复杂性特征一方面是应急管理的难点，另一方面也说明开展突发事件研究是非常必要的。例如，无论是21世纪初公共卫生事件“非典”疫情的爆发，还是当下的新冠疫情，这些事件的突发性及不可参照性，导致人类对其认知不够，不能有针对性地采取有效措施，从而加剧了事件的恶化，其危害程度、影响范围大大超出了初期的预计，这也体现了其复杂性特征。

3. 公共性

公共性是人在实践活动中所表现出来的一种社会属性，是在人的利己性与利他性的整合中所形成的人类生存的共在性，体现了人与人之间的相依性。此处公共性主要是指社会是一个有机的系统，子系统之间或事物之间紧密联系。任何突发事件都会对社会系统成员个体产生深刻而又长久的影响，或是对社会中的群体、区域产生影响。随着突发事件逐渐蔓延，影响范围扩大，事态越来越严重，甚至可能会对社会整体产生深刻而又长久的影响。同时，初始的突发事件可能会转化或者衍生出其他类型突发事件，初级灾害可能会诱发次生灾害，产生连锁反应，使事件本身不断扩大，且难以预测演变的结果。因此，当突发事件发生后，必须采用果断措施控制事态，避免产生次生、衍生灾害，避免对社会产生公共性的影响也是应急管理重要的目标。突发事件的公共性在环境类突发事件中更为明显。例如，化工厂爆炸污染物流入河流，会造成污染进而破坏环境，同时也可能会引起一系列社会安全事件，同样会对公共安全产生影响，其公共性特征就显而易见了。

4. 危害性

无论是什么性质和规模的突发事件，都必然会不同程度地给国家和民众造成政治、经济和精神上的破坏与损失。突发事件由于突然发生，人们来不及作出反应，无法及时有效地进行处置，从而导致不同程度的人身伤亡、财产损失、环境破坏或政治影响，扰乱了正常的生产生活和社会秩序，并且可能会对人的心理和精神造成伤害。总之，突发事件的危害性特征是非常明显的。一般而言，突发事件的危害性有两个方面：一是经济财产有损失，无论是直接的经济损失还是间接的经济损失，一般都可以用货币来直接衡量；二是威胁人们生命健康或人身安全，这个往往需要通过个人防护或政府提供的公共安全服务来减少损失。其实，随着网络信息社会的来临，诸如网络舆情事件所带来的负面影响，是无法用经济财产损失和生命健康受威胁能够衡量的，但其负面影响会产生相当大的危害甚至破坏。这说明，突发事件的危害性并不仅仅局限于生命健康有威胁和经济财产有损失，可能会产生新的更大的危害，这是当下和未来应急管理需要加以注意的。

5. 扩散性

扩散性是指突发事件可能诱发其他事件的发生，导致次生、衍生灾害的出现，从而形成事件链。在某些情况下，次生灾害所造成的破坏可能比原生事件更加严重。进一步细分，突发事件之间的演化关系可以分为转化、蔓延、衍生及耦合。转化是指不同类事件之间的演化关系，如室内火灾导致人群在逃亡时发生踩踏事件等；蔓延是指同类事件连续发生，如小规模的交通堵塞通常是交通拥挤的前兆；衍生是指针对某类事件的处理措施会导致其他事件的发生，如在2011年东日本大地震中，救援人员用海水为核岛降温防止爆炸，导致周边海水的放射性物质超标；耦合是指两个或两个以上事件的共同作用导致新事件的发生，如2008年初中国南方雪灾造成铁路电力中断，而此时恰逢春运高峰期，两个事件在时空上的叠加导致大量的旅客滞留在火车站，造成了不良社会影响。由此，不难发现，扩散性是突发事件的又一重要特征。

因此，基于突发事件的以上特征，特别是在经济全球化背景下，各种因素交织、互动，前所未有的新型突发事件不断出现，更加加剧了突发事件的突发性、复杂性、公共性、危害性和扩散性。突发事件一旦得不到有效的遏制，就有可能产生“涟漪效应”，产生次生、衍生灾害。因此，在突发事件的决策过程中，应急管理人员不仅要有丰富的实践经验，也要在经验决策基础上注重科学决策，还要充分地发挥应急管理人员的创新精神和创新能力。这些，都离不开应急管理基本知识和基本理论的学习和运用。

2.1.3 突发事件的主要成因

突发事件的成因可以借助事故致因理论加以分析。事故致因理论是研究事故发生原因的理论，从而由此找到事故发生的方法和对策。事故致因理论用来阐明事故的成因、始末过程和事故后果，以便对事故现象的发生、发展进行明确的分析。事故致因理论经过百年变迁，从最早单因素理论发展到系统理论大致经历了4个阶段。

1. 事故频发倾向理论

1919年，英国的格林伍德和伍兹统计分析发现，当发生事故概率不存在个体差异时，一定时间内事故发生次数服从泊松分布。一些工人由于存在精神或心理方面的问题，如果在生产操作过程中发生过一次事故，当再继续操作时，就有重复发生第二次、第三次事故的倾向，符合这种统计分布的主要是少数有精神或心理缺陷的工人，服从偏倚分布。当工厂中存在许多特别容易发生事故的人时，发生不同次数事故的人数服从非均等分布。

1939年，法默和查姆勃等人提出了事故频发倾向理论。亦即个别容易发生事故的稳定的个人内在倾向。事故频发倾向者的存在是工业事故发生的主要原因，即少数具有事故频发倾向的工人是事故频发倾向者，他们的存在是工业事故发生的原因。如果企业中减少了事故频发倾向者，就可以减少工业事故。尽管事故频发倾向论把工业事故的原因归因于少数事故频发倾向者的观点是错误的，然而从职业适合性的角度来看，关于事故频发倾向的认识也有一定可取之处。

2. 海因里希因果连锁理论

1931年，美国的海因里希在《工业事故预防》一书中，论述了事故发生的因果连锁理论。海因里希把工业伤害事故的发生发展过程描述为具有一定因果关系事件的连锁，即人员伤亡的发生是事故的结果，事故的发生原因是人的不安全行为或物的不安全状态，人的不安全行为或物的不安全状态是由于人的缺点造成的，人的缺点是由于不良环境诱发或者是由先天的遗传因素造成的。

海因里希将事故因果连锁过程概括为5个因素：遗传及社会环境，人的缺点，人的不安全行为或物的不安全状态，事故，伤害。海因里希用多米诺骨牌来形象地描述这种事故因果连锁关系（图2-1）：一张骨牌被碰倒了，则将发生连锁反应，其余的几张骨牌相继被碰倒。如果移去中间一张骨牌，则连锁被破坏，事故过程被中止。他认为，企业安全工作的中心就是防止人的不安全行为，消除机械的或物的不安全状态，中断事故连锁的进程而避免事故的发生。企业完全依靠工程技术上的改进来预防事故是不现实的，需要完善安全管理工作，才能防止事故发生。如果管理上出现缺欠，就会使得导致事故基本原因的出现。

3. 能量意外释放理论

1961年，吉布森提出事故是一种不正常的或不希望的能量释放，各种形式的能量是构成伤害的直接原因。因此，应该通过控制能量，或控制作为能量达及人体媒介的能量载体来预防伤害事故。

1966年，在吉布森的研究基础上，哈登完善了能量意外释放理论，提出人受伤害的原因只能是某种能量的转移，并提出能量逆流于人体造成伤害的分类方法，将伤害分为两

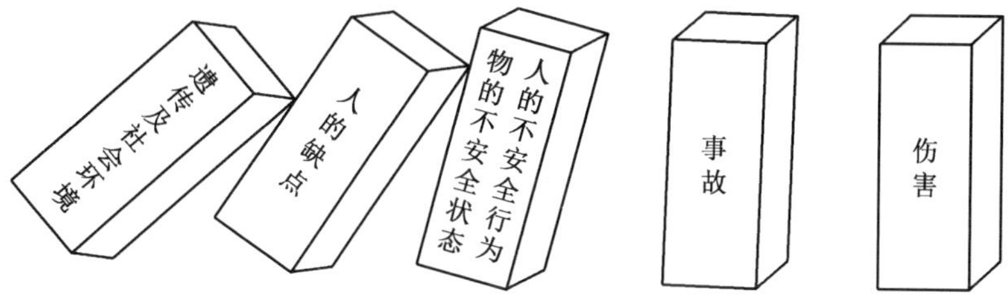

图2-1 多米诺骨牌效应

类：第一类伤害是由于施加了局部或全身性损伤阈值的能量引起的；第二类伤害是由影响了局部或全身性能量交换引起的，主要指中毒窒息和冻伤。哈登认为，在一定条件下，某种形式的能量能否产生伤害造成人员伤亡事故取决于能量的大小、接触能量的时间长短和频率以及力的集中程度。根据能量意外释放论，可以利用各种屏蔽来防止意外的能量转移，从而防止事故的发生。

4. 系统安全理论

20世纪50—60年代，美国在研制洲际导弹的过程中，系统安全理论应运而生。系统安全理论包括很多区别于传统安全理论的创新概念：

（1）在事故致因理论方面，改变了人们只注重操作人员的不安全行为，而忽略硬件故障在事故致因中作用的传统观念，开始考虑如何通过改善物的系统可靠性来提高复杂系统的安全性，从而避免事故。

（2）没有任何一种事物是绝对安全的，任何事物中都潜伏着危险因素，通常所说的安全或危险只不过是一种主观的判断。从这个角度而言，突发事件的“突发”也只是人的感觉或者主观判断而已。

（3）人们不可能根除一切危险源，可以减少来自现有危险源的危险性，应减少总的危险性而不是只彻底去消除几种选定的风险。

（4）由于人的认识能力有限，有时不能完全认识危险源及其风险，即使认识了现有的危险源，随着生产技术的发展，新技术、新工艺、新材料和新能源的出现，又会产生新的危险源。

因此，也可以这么断定，应急管理的目标就是控制危险源，努力把突发事件发生概率降到最低，即使万一发生时，也把伤害和损失控制在较轻的程度上。

综上所述，只有弄清楚突发事件的成因及演变，才能有效预防和应对突发事件，并减少突发事件再发生。突发事件多是违背人的意志而发生的意外事件，且突发事件都具有明显的因果性和规律性。因而，要想找出突发事件的原因，进而预防和控制突发事件，就必须在千变万化、各种各样的突发事件中发现共性的东西，把它抽象出来，即把感性的认识与积累的经验升华到理论水平，反过来指导实践，并在此基础上制定出应对突发事件的最有效方案。尽管事故致因理论不能解释所有类型的突发事件，但该理论对人的不安全行为、物的不安全状态、环境的不安全因素和管理技术缺陷的分析，是值得关注的。

2.1.4 突发事件的分类与分级

1. 突发事件的分类

1）突发事件类型“四分法”

《突发事件应对法》和《国家突发公共事件总体应急预案》，依据突发事件成因、性质、演化机理，将其分为四类：

（1）自然灾害。自然灾害主要是由不可抗拒的自然原因或者人为破坏导致生态环境失衡造成的，主要包括干旱、洪涝灾害，台风等气象灾害，滑坡、泥石流等地质灾害，以及森林、海洋、地震等灾害。

（2）事故灾难。事故灾难是发生在人们的生产生活中的意外事件，给人身和财产造成损失，迫使进行着的生产生活活动暂时或永久停止，主要包括安全事故（公共场所、工程建设领域），公共服务设施及设备事故（供气、供电、供水故障），交通事故（公路、铁路、民航运输事故），环境污染（水污染、大气污染、固体废物、核辐射）和生态破坏事故。

（3）公共卫生事件。公共卫生事件是指突然爆发，可能严重影响公共健康和生命安全的传染性疫情、食物或饮用水污染等事件，主要包括瘟疫，动、植物疫情，未查明原因的群体性疾病，传染病，职业伤害，食品卫生和安全等。“非典”疫情和新冠疫情就是典型的公共卫生突发事件。

（4）社会安全事件。社会安全事件是指威胁经济健康发展、国家安全、社会稳定的突发事件，主要包括大规模群体性事件，重特大恶性刑事案件，恐怖活动，市场经济安全事件（诈骗、洗钱、金融犯罪、经济犯罪），以及涉及外交和国家安全的突发事件，等等。

2）突发事件类型“两分法”

为了更加有效地应对突发事件，提高应急管理效能，也有学者结合经济社会所引起的突发事件所呈现出的特点将突发事件分为常规突发事件和非常规突发事件两类（表2-1）。

常规突发事件一般指应对难度较低的一类突发事件，它一般没有超出人们正常的经验范畴，发生概率比较高，可预测性强，处置起来比较简单，可以采用常规手段有效应对，通常仅仅只需要调动本土化资源即可有效应对。

非常规突发事件与常规突发事件的特点恰恰相反，它需要采用非常规的手段、调动区域内外资源才能有效处置，复杂性强的巨灾或极端事件，危害和损失一般是巨大的，事关公众福祉和社会秩序稳定。一般而言，非常规突发事件的规模会比较大，影响更为深远，可预见性较低，不确定性和不可控性更高，且有流动性、跨界性等特点。

工业社会及以前，社会具有低复杂程度和低不确定性，而后工业社会则具有高复杂性和高不确定性。工业社会及以前社会状态下多为常规突发事件，而后工业社会的突发事件往往多为非常规突发事件。在由工业社会向后工业社会转变的过程中，往往是常规突发事件和非常规突发事件并存。相对而言，应对常规突发事件的难度较低，与日常事务的特点也较为相似，在科层制政府机构与分工中，借助高效率的管理就可以加以应对。而非常规突发事件与日常事务处理相差甚大，需要应急管理人员打破常规、特事特办，且需要具备足够的灵活性。过度强调常规突发事件的应对和处置，可能会造成应急组织机构的僵化。就当下和未来的应急管理而言，非常规突发事件的处置是难点，处置水平也是检验应急管理效能的“试金石”。

表2-1 常规突发事件与非常规突发事件的界定与区分

区分度	常规突发事件	非常规突发事件
规模	规模一般，在时间、空间上可清晰界定	规模较大，在时间、空间上不可清晰界定
性质	一般紧急事件，常规灾害	巨灾，极端事件，复杂性突发事件
确定性	已知并可量化	很多方面属于未知且不可量化
复杂性	较低	较高
可预见性	较强	较弱
危害性	较小	较大（可能不可逆转）
处置手段	常规手段	非常规手段
可控程度	较高	较低
调动资源	区域内资源	区域内外资源

2. 突发事件的分级

突发事件究竟如何分级比较合适，需要按照“既要有效控制事态，又要应急措施适当”的原则，根据突发事件的严重程度、可控性、影响范围等因素，作出科学而又合理的划分。通常情况下，突发事件分为四级：Ⅰ级（特别重大）、Ⅱ级（重大）、Ⅲ级（较大）、Ⅳ级（一般）。究竟哪些突发事件属于特别重大、重大级别，哪些突发事件属于较大、一般级别，还需要制定详尽、可操作的分级标准。这方面需要考虑的因素十分复杂，需要针对各个类型或者具体领域的突发事件作出规定。《突发事件应对法》第三条规定，按照社会危害程度、影响范围等因素，自然灾害、事故灾难、公共卫生事件分为特别重大、重大、较大和一般四级。法律、行政法规或者国务院另有规定的，从其规定。

国务院发布的《国家突发公共卫生事件应急预案》《国家安全生产事故灾难应急预案》《国家地震应急预案》等各类专项应急预案对自然灾害、事故灾难、公共卫生事件、社会安全事件等级划分作了具体规定。以事故灾难类为例，特别重大和重大安全事故关于人员伤亡和经济损失的分级标准是：特别重大安全事故，即造成30人以上死亡（含失踪），或100人以上重伤，或直接经济损失1亿元以上的事故；重大安全事故，即造成10人以上、50人以下死亡（含失踪），或50人以上、100人以下重伤，或直接经济损失5000万元以上、1亿元以下的事故（表2-2）。

表2-2 突发事件的分类、等级、预警标识和分级标准

分 类	等级	预警标识	人 员 伤 亡	直接经济损失
特别重大突发事件	Ⅰ级	红色	30人以上死亡（含失踪），或100人以上重伤	1亿元以上
重大突发事件	Ⅱ级	橙色	10人以上、50人以下死亡（含失踪），或50人以上、100人以下重伤	5000万元以上、1亿元以下
较大突发事件	Ⅲ级	黄色	3人以上、10人以下死亡（含失踪），或10人以上、50人以下重伤	1000万元以上、5000万元以下
一般突发事件	Ⅳ级	蓝色	3人以下死亡（含失踪），或10人以下重伤	1000万元以下

这里还需要注意的是：突发事件的等级划分与突发事件预警级别、应急响应级别并非同一概念。后两者以前者为基础，属于应急管理措施，由相关的应急预案规定。

2.2 应急管理

当突发事件产生以后，需要采取相应的措施，这就需要采取应急管理措施。学习掌握应急管理的基本内涵、主体客体、对象范围、目标任务和阶段程序等基本知识点，有利于提高应急管理水平，最大化减少突发事件所带来的危害和损失。应急管理的基本知识是深入探究应急管理学科的重要基石。

2.2.1 中外应急管理的概念

1. 应急管理词源

作为国际通用的“应急管理”(emergency management) 一词，在其演变过程中曾与风险管理（risk mangement)、安全管理（safety mangerment）和危机管理（crisis management）等多个词语有着密切关联甚至互用的状况。其实，在20世纪70年代及以前，“应急管理”对应翻译为contingency management，contingency翻译成汉语为“可能发生的事；偶发（或不测、意外）事件”；到了20世纪80年代，“应急管理”开始翻译为emergency management，emergency即“突发事件；紧急情况”。而“应急管理”概念的普及和深入探讨是在人类进入21世纪之后，emergency management开始成为比较统一的称谓。例如，美国联邦应急管理署、澳大利亚紧急事态管理署在其官方表述中，“应急管理”用的都是emergency management。如果直译的话，这个词其实应当翻译为“紧急管理”或者“紧急情况管理”。但是，中文在引入这个概念的时候，却使用了一个动宾结构的词“应急”来对应emergency。这里的“应”是应对、响应之意，与后面的“管理”二字合用，两者都是动词，造成了一定的语义重复。但是无论如何，将“应急管理”对应为emergency management使用已历经多年，目前“应急管理”已经成为一个广泛接受和约定俗成的词语。

在汉语语境中，“应急”由两部分组成。首先，作为动词的“应”有两层认知：其一，“应”一般指人受到刺激而发生的活动和变化。例如，疫情爆发时，政府迅速通过媒体向公众告知疫情状况，并在第一时间流调溯源、展开科技攻关；同时，对流动人员进行

监控，对已发病患者进行隔离治疗，做好疫情防控。其二，“应”也有对待、应付、应对的意思。例如，古代黄河中游有一座龙门山，它堵塞了河水去路，导致河道变窄。奔腾东去的河水受到龙门山阻挡，常常溢出河道引发水灾。大禹到了那里，观察好地形，带领人们开凿龙门山，把这座大山凿开了一个大缺口。这样，河水就畅通无阻了。其次，“急”是指迫切、紧急、重要的事情。“急”是相对的，对于不同大小、类型、复杂程度的组织，“急”的内容有很大差异。接下来探讨“应急管理”这个概念。对于我国而言，“应急管理”这个词是一个舶来品，系英文 emergency management 的汉语翻译。据考证，应急管理这个词于 20 世纪 80 年代引入我国。1986 年，我国《国外核新闻》杂志发表了一篇文章——《美核管会开始使用新的应急管理中心》，在学术界较早地使用了应急管理这个词，但当时该词似乎并没有引起学术界的过多关注。1989 年 5 月 27 日，作为官方媒体的《人民日报》发表了一篇报道——《我国核安全工作进入法制化轨道——已发布 6 个核安全法规 24 个安全导则》，报道中提到一个词——“核事故应急管理”。从 20 世纪 80 年代到 20 世纪末，应急管理这个词的相关探讨并不多见。直到 2003 年，突如其来的“非典”疫情这一公共卫生突发事件爆发后，“应急管理”才成为家喻户晓和学术界研究的热门词汇，被社会公众所熟知以及被学术界所关注。

2. 应急管理定义

国外学者对应急管理的定义进行了界定。例如：著名的应急管理专家威廉·沃提出，应急管理就是风险管理，其目的是使社会能够承受环境、技术风险，应对环境、技术风险所导致的灾害。学者拉曼·帕特尔甚至认为应急管理包括危机管理和后果管理，其中危机管理关注危机识别，以及获得面对危机时所需要的资源，并合理运用各种措施来减轻危机损害；后果管理则更多着重于对突发事件提供一系列的救援措施，从而最大限度地降低公众生命和财产损失，尽快恢复政府关键部门功能，以及如何进行灾后评估。这一定义有利于大家理解应急管理和危机管理这两个定义之间的关系。詹姆士·米切尔认为，应急管理是指为应对即将出现或已经出现的灾害而采取的救援措施，不仅包括紧急灾害期间的行动，还包括灾前的备灾措施和灾后的救灾工作。

国外官方机构也对应急管理概念进行了界定。例如：美国联邦应急管理署认为应急管理是面对紧急事件时的准备、缓解、反应和恢复过程，并且强调应急管理是一个动态的过程，即应急管理并非“阶段”而是“过程”。具体而言，应急管理是通过组织分析、规划决策和对可用资源的分配，以实施对灾难影响的减除、准备、应对和恢复的过程，其目标是拯救生命、防止伤亡、保护财产和环境。澳大利亚紧急事态管理署将应急管理界定为是一个处理因紧急事件引起的社会风险的过程，它是识别、分析、评估和治理紧急事态的系统性方法；应急管理包含 5 个主要的行动，即建立背景、识别风险、分析风险、评估风险和治理风险。该定义将应急管理理解为一个完整的过程和系统的方法。

进入 21 世纪后，我国学术界也开始探讨应急管理的概念。例如，中国人民大学王宏伟教授提出：所谓的应急管理就是为了预防和应对自然灾害、事故灾难、公共卫生事件和社会安全事件，将政府、企业和第三部门力量有效组合起来而进行的减缓、准备、响应与恢复活动。这个概念较为清楚地指出了应急管理的主体、对象和基本内容，可以概括为“四三四”，亦即针对四类突发事件，调动三个主体力量而进行的四种活动。范维澄和闪淳昌等认为应急管理是针对自然灾害、事故灾难、公共卫生事件和社会安全事件等各类突发事件，涵盖预防与应急准备、监测与预警、应急处置与救援、恢复与重建等全方位、全过程的管理，其目的是预防和减少突发事件的发生，控制、减轻和消除突发事件引起的严重社会危害，保护人民群众生命财产安全，维护国家安全、公共安全、环境安全和社会秩序。也有学者指出：应急管理是指应用管理学的知识对应急行为人和事务进行管理，即在紧急状况发生或预测发生时，确切知道要针对性地去做什么，并注意采用最好、最经济的管理方法去应对。这里所说的紧急状况有可能正在发生，如高速公路上突降大雾，对行车造成了极大的安全隐患，需要紧急关闭高速公路；也有可能预测将要发生。中央党校（国家行政学院）李雪峰教授认为：所谓应急管理是指政府和其他管理主体对突发事件的预防与应急准备、监测与预警、应急处置与救援、事后恢复与重建等应对活动的管理，应急管理是公共安全管理的一个重要组成部分。

总之，应急管理是为了降低突发事件的危害，基于对造成突发事件的原因、突发事件发生发展过程以及所产生的负面影响的科学分析，有效集成社会各方资源，对突发事件进行有效的应对、控制和处理的一整套理论、方法和技术体系，是一个全方位、全过程的管理活动。应急管理的对象是自然灾害、事故灾难、公共卫生事件和社会安全事件四类突发事件；应急管理的主体包括政府、企业和第三部门力量，其过程主要由减缓、准备、响应与恢复4个环节构成，目的是降低突发事件所造成的危害和损失。

需要注意的是，任何概念的给定都如盲人摸象一样，都会结合自己的研究动机、学科背景、理解视角等给出相应的论述，仁者见仁，智者见智。再加上知识和技术的局限性，但期望给应急管理概念这个“大象”作出系统的、完整的，能够被所有学者和实践工作者一致公认的定义并不容易。对于这个概念的探讨尽管很漫长，只要持续不断地予以关注，终究还是能够得到一个固定的解释并被学术界所接受和认可。

2.2.2 应急管理的主要特征

1. 以突发事件应对为中心的管理

与一般管理相比较，应急管理是围绕突发事件展开的，并以消除或削弱突发事件负面影响为指向的管理。从这个角度而言，应急管理又往往被称为突发事件应急管理，这也体现了应急管理以突发事件为中心的特点。具体为：

（1）突发事件来临时需要采取紧急性措施。突发事件发生后，可供管理者利用的时间、信息等资源非常有限，事态发展的后果往往很难预料，这也说明了应急管理是非常规管理。应急管理需要紧紧围绕突发事件的应急处置和后续处置展开，需要采取紧急性措施。此时的一些管理原则、程序和方式不同于一般的管理，其管理权限、资源调动、管理手段、工作程序以及相应的组织结构等都需要以突发事件处置和应对为核心，采取非常规决策和非常规办法。一般而言，需要管理权力更加集中，决策和行政程序更加简化，一些行政行为会带有更大的强制性等。

（2）常态下的应急管理工作也需要围绕可能的突发事件展开。应急管理是以突发事件全过程应对为目标的管理。在突发事件发生前，应急管理工作要对突发事件风险隐患加以控制，要对可能发生的突发事件做好预案准备、人员与物资准备等。其实，对于任何常态下的管理，一般也要为预设突发事件的出现而作出相应的准备。总之，应急管理工作要围绕突发事件的全过程展开：事前，要尽量避免突发事件发生，做好处置准备；事中，要做好突发事件应急处置工作，控制事态减少损失；事后，要做好恢复重建等系列善后工作。应急管理各阶段工作彼此相互联系、相互衔接、相互支撑，聚焦突发事件而展开。从这个意义上而言，应急管理的规律其实就是研究突发事件的演变规律。

2. 具有鲜明的公共性和社会性

作为应急管理的对象，突发事件具有鲜明的公共性和社会性特征，主要表现为任何突发事件的发生、演变和损失都会对社会成员个体或社会整体带来影响。突发事件的这一特征也赋予了应急管理的公共性和社会性特征。

首先，就其公共性而言，由于突发事件一般是发生在公共领域的事件，威胁局部甚至全社会利益，会给部分甚至全体公众生命健康及财产安全造成巨大损失。这意味着，应急管理的目的就是要最大限度地避免和减少突发事件给公众造成生命健康和财产损失，维护公共利益，维护公共安全。

其次，应急管理主体以政府为主。政府本身就是国家公共行政权力的象征、承载体和实际行为体，政府行为一般以公共利益为服务目标，政府行为主要发生在公共领域。这意味着，政府的任何行为都具有公共性和社会性特征。其中，通过特定的管理活动确保公众安全是其履行公共服务职能的体现。政府通过法律法规和各种公共管理工具为一个国家或者地区的应急管理工作设定体系框架，既是应急管理活动的主要执行者，也是主要监督者。

最后，企业、非政府组织、社区等的应急管理从属于国家的应急管理体系。应急管理不仅包括政府应急管理，还包括企业和其他社会组织的应急管理。从某种意义上而言，一方面，任何机构的应急管理都要在政府应急管理制度框架下进行；另一方面，各类机构的应急管理工作往往要配合政府应急管理总体工作，是具有公共性的应急管理工作体系的一个组成部分。

3. 兼具宏观和微观双重属性的管理

任何管理活动，尤其是公共管理活动往往都从宏观和微观两个维度展开，这决定了其宏观和微观双重属性。应急管理同样也是宏观和微观兼具的管理活动，具有鲜明的双重属性。

（1）宏观层面的应急管理。宏观层面的应急管理包括应急管理法规政策和制度的制定，构建法规政策框架，如制定和完善应急管理法律、行政法规和应急管理规划等；应急管理法规政策的执行，也就是应急管理主体依法依规行使应急管理职能的过程。在这一过程中，还要开展相关评估、调整，发现问题要开展应急管理的改革，等等。

（2）微观层面的应急管理。微观层面的应急管理主要是针对具体的突发事件进行事前、事中、事后各个环节的管理。

其实，从应急管理的主体和对象而言，也存在宏观层面和微观层面的问题。应急管理可以是特定组织的应急管理，若是到了一定的级别或者具有较大危害性，就需要从更广层面上实施应急管理活动，其宏观属性就更为明显了。从其对象上来看，针对在一定区域内突然发生，对生命和财产构成严重威胁和广泛负面影响的事件和灾难的管理，可以称之为宏观应急管理；针对在组织或者个人原定计划或在其认识范围之外突然发生的，对其利益具有损伤性或潜在危害性的一切事件的管理，可以称之为微观应急管理。

2.2.3 应急管理目标与任务

应急管理的核心目标与任务就是防范和处置各类突发事件，提高公共安全水平，保障生命财产安全。具体而言包括以下方面。

1. 提高风险防范和治理水平

防范化解安全风险，推动应急管理关口前移才能真正提高应急管理水平。从某种意义上而言，防范化解和管控治理风险最经济，也最有效。这意味着，应急管理应该主动提升对现实中潜在风险和隐患的预估和判断，早发现、早报告、早控制。这就要求，政府应在突发事件发生之前，及时发现危机征兆，同时应结合实际需要建立起一整套行之有效的风险、隐患评估治理体系。通过这一体系，对地区潜在的危机因子进行监控、监测，评估危机可能产生的范围、程度、影响及发展趋势，及时向组织及个人发出警报，告知可能发生的基本情况，提醒组织及个人应采取积极行动；同时，要通过数据采集和整合运用，为政府应急管理提供参考和依据。总之，通过风险治理和管控做到底数清、情况明、方法对，真正把问题解决在萌芽之时、成灾之前。

2. 提高应急准备和保障水平

“居安思危，思则有备，有备无患。”应急准备是应急管理的关键性环节。所谓的应急准备就是针对可能出现的突发事件，为有效处置突发事件而采取的各种准备工作。做好应急准备工作，最重要的是坚持底线思维，结合应急管理的需要做好4种基本的准备：思想准备、技术准备、队伍准备和物质准备。就应急保障而言，最重要的是要强化“一案三制”建设。

所谓“一案”是指制定完善应急预案并做好相关的演练，这是应急管理的重要基础，是整个应急管理体系的核心内容之一。

所谓“三制”是指建立健全应急管理体制、机制和法制。应急管理体制主要是指为保障公共安全，有效预防、应对突发事件，减少或减缓突发事件的危害和负面影响而建立起来的有机组织机构；应急管理机制是指突发事件全过程中各种制度化、程序化的应急管理方法与措施及其运行方式；应急管理法制就是在深入总结群众实践经验的基础上，制定完善的法律、法规和规章，使应急管理工作有章可循、有法可依。

总之，应急管理应当坚持底线思维，做好充分的思想准备、技术准备、队伍准备和物质准备；以“一案三制”为核心，强化应急管理体系和应急管理能力建设。

3. 提高快速响应和处置水平

应急管理的重要任务和目的是确保在突发事件来临时有快速的应急响应和处置能力。

所谓应急响应就是在突发事件爆发后，应急管理主体进行处置、响应及救援的整个活动过程。这需要应急管理主体在突发事件发生之后，能及时、迅速、有效地对突发事件进行控制，使其不扩大、不升级、不蔓延，以积极的态度、正确的方法去赢得时间、减少损失，这是应急管理的重要任务。应急响应实施分级响应，应急管理关键是要把握各层级响应的启动条件，既要考虑不同类型的突发事件，又要考虑突发事件的等级划分，在充分考虑应急资源和能力的状况下快速加以响应。

应急管理除了参与应急响应还要从事突发事件的预防、准备、恢复和重建等方面的工作，通过提供充足的物资设备和各方面支持以确保应急处置人员到达现场并参加应急处置，以“解决问题”。

所谓应急处置是指突发事件发生后按照有关法规和相关决策，采取行动对其影响进行处理，消除由此带来的干扰和破坏。就应急处置而言，应按照贴近实战的要求，针对其性质、特点和危害程度，立即组织有关部门，调动应急救援队伍和社会力量，其重点是现场领导和指挥机制，实施应急联动处置以及做好媒体管控和媒体沟通。

因此，提高应急响应和处置水平是应急管理的重要任务。重点是对于突发事件的分级、分类处置原则要求必须建立快速灾情评估机制，迅速、准确地收集有关信息，通过应急信息平台来处理与分析相关信息，并依据分级方法确立所采取的响应方式，从而在相应层级上启动应急指挥和协调联动机制；同时，该信息平台也具有在政府内部以及政府与公众之间的沟通功能。在此基础上，需要建立应急指挥机制，将各相关机构和单位纳入统一规范的行动框架。

4. 提高事后恢复重建水平

突发事件的威胁和危害得到控制或者消除后，应急管理主体应当停止执行应急处置措施，并防止发生自然灾害、事故灾难、公共卫生事件的次生、衍生事件或者重新引发社会安全事件。此时，应急管理的任务就是事后恢复重建，亦即进入善后处理阶段。该阶段主要任务是实施物质重建、心理恢复、政府形象恢复等活动。

恢复重建既包括物质层面上的安抚，又包括心理层面上的安抚。在物质层面上，政府应积极调动相关部门通力合作，对突发事件中受灾群众的伤亡人员进行抚恤、补偿和赔偿，对伤员进行治疗和救助；在心理层面上，政府应对民众进行心理安抚，使组织和个人尽早从危机事件的阴影中走出来，进入正常的生活状态，消除社会中人们心理上的恐慌现象，提高民众生产自救的能力。突发事件发生后，政府在处理事件的过程中，或多或少会存在形象受损的可能性，通过突发事件善后处置和恢复重建，政府通过动员一切社会力量为人民群众谋取利益，帮助人民进行重建补偿和心理安抚，有利于恢复和提升政府形象。因此，事后恢复重建是应急管理的重要任务。

5. 提高危机学习和改进能力

危机学习就是指应急管理主体从单个或者多个突发事件中吸取教训，改变自身知识能力结构以应对未来灾害、危机和突发事件的一种学习活动，其是指对问题的反思和对经验的总结。其实，每次突发事件的处置并不意味着本次突发事件过程已经全部结束。事实上，还应致力于从突发事件的解决中吸取经验教训，不断提升应急管理主体应对突发事件的能力。其主要内容包括：一是认真自省，找出应急管理主体应对突发事件中存在的不足和缺点；二是制定整改措施，对于突发事件过程中发现的问题制定严格的整改措施，排查隐患，防微杜渐，确保不再发生类似的事件；三是改进工作作风，处理突发事件时既要有工作艺术，又要致力于扎实改进工作。在应急管理中，应急管理主体必须不断地进行学习和创新，才能实现知识的更新和能力的提升，这是应急管理水平提升的重要前提。

2.2.4 应急管理的阶段划分

应急管理是一个完整而又复杂的动态过程，既可概括为3个阶段，又可概括为4个阶段，也有学者认为应当分为5个阶段。

1. 应急管理“三阶段”

国内学术界通常根据突发事件发展的一般过程，将应急管理分为事前管理、事中管理和事后管理3个阶段。

（1）事前管理：预防和准备。最佳的应急管理是在突发事件爆发前，排除事件爆发的可能性，从根本上防止突发事件的形成和爆发。这就需要居安思危，树立超前的危机意识，将危机管理作为常态工作的有机组成部分，重视物资储备和应急救援队伍以及应急预案建设等。

（2）事中管理：动员与应急。突发事件一旦形成和爆发，就必须立刻进行动员并启动相应的应急管理，重点开展三方面工作：一是进行信息源的整合投入和控制，防止信息逆向流动而引发突发公共事件；二是进行智力资源的整合、投入和开发利用，保证应急管理的专业化；三是进行人力资源的整合投入，确保应急救援队伍的完备性。

（3）事后管理：恢复与学习。突发事件解决后，并不意味着领导者可以一劳永逸，其影响往往是深远的、长久的，需要较长的恢复期，需要开展包括心理危机干预在内的恢复重建工作；同时，每一次突发事件的经验和教训都是后续应急管理的鲜活教材和宝贵财富，需要对应急管理的整个流程进行认真总结和反思。

2. 应急管理“四阶段”

应急管理“四阶段”论同样将应急管理视为一个动态的管理，具体可划分为预防、准备、响应、恢复4个阶段。

（1）预防阶段。一方面，通过安全的管理手段，最大可能地有效预防事故的发生，从源头上防止突发事件的发生；另一方面，通过采取有效的措施和科学的手段来降低事故发生的概率，或者减轻其影响程度，侧面减少事故损失。预防阶段的工作重点旨在确认危险源并消除或减缓危险源对公共安全的威胁。总之，预防阶段的核心是“预防成事，减少影响”，既包括风险沟通、风险分析、风险管控、风险化解等一系列措施，又包括个人、组织和社会应急安全文化宣教和建设，提高应急与安全能力和素质等内容，最终通过有效预防，减少影响人的生命健康和经济财产的人为或自然致灾因子，减少突发事件发生的可能性或限制缩小事件的影响。

（2）准备阶段。应急准备的充分程度直接影响应急管理制度运转的绩效。对于可能出现的突发事件，要预先作出充足准备，待事件出现时能够第一时间有效地展开行动。应急准备既包括建立组织架构、落实应急管理职责、加强队伍建设、储备应急物资，又包括针对确认的危险源的潜在后果而预先设定准备周密详尽的具体预案与演练、可操作程序和管理措施等。值得注意的是，准备阶段的核心任务是发展和提升应对突发事件的各种能力。应急准备的目的在于通过一系列常规制度安排来尽可能地消解由危机造成的无序与混乱，确保生命财产安全。

（3）响应阶段。应急响应包括事故报警、人员疏散、急救医疗、各方救援等一系列行动，目的是尽可能抢救受害人员，保护被威胁人员，控制事态发展，进一步消除事故等。应急响应首先需要做到对事件先期处置，重点是加强与完善应急反应所需的各项机制，这对于减少事件负面影响有着至关重要的作用。应急响应的核心是采取行动以保障生命健康安全、减少经济财产损失、严防次生事故灾害。值得注意的是，应急响应未必是在事后，当突发事件不可避免时就要采取应急响应。

（4）恢复阶段。在事件发生后要做好恢复工作，首先把受事件影响的区域调整到安全状态，再逐步开展评估、调查追责以及反思等工作。同时，还要客观评价应急管理制度的绩效，进一步修订某些政策制度，以吸取经验和教训，做好下一步的预防工作。同时，要按照既定标准，短期恢复生活和基础设施，长期恢复生产常态。目的在于保障生产生活运行，建设具有恢复力和抗逆力的社会。从某种程度上而言，应急恢复也是一个新应急管理循环的开始。值得注意的是，应急恢复并非简单的复原，而应当是恢复到比事件发生之前还要高的水平。

3. 应急管理“五阶段”

有学者也提出：应急管理主要分为预防准备、监测监控、预测预警、救援处置、恢复重建5个阶段。

（1）预防准备。针对可能的突发事件的特点和规律、承灾载体的特征和布局，分析应急管理的需求，从体制、机制、法制、预案和设施、资源、队伍、保障等方面进行科学有效的预防准备。

（2）监测监控。基于对突发事件作用机理和规律、承灾载体脆弱性与鲁棒性的认识，确定合理有效的监测监控源头、范围、方式、方法等；对应急管理的组织、流程、设施、资源、队伍、基础保障等进行全面翔实的数据统计并及时更新；对应急管理流程进行跟踪记录。

（3）预测预警。基于对即将发生或已经发生的突发事件的当前态势的掌握和可能的发展趋势的分析，结合对承灾载体可能破坏及破坏程度的认识，对突发事件可能导致的综合性后果进行科学有效的分析预测和预警。对所需的应急管理组织机构、设施、资源力量等方面进行预先分析，对所采取的应急措施的程度、规模等是否恰当有效进行判断；基于全面综合的风险评估和应急管理能力评估，对应急管理能力的冗余度进行预测预警。

（4）救援处置。在应急过程中需要根据突发事件和承灾载体的综合灾情的实时发展与态势分析，及时调整应对方案和措施，从而使应急管理更加科学有效，保证应急过程中的组织、流程、设施、资源、队伍、基础保障等各方面的协同应对。

（5）恢复重建。对突发事件应对过程进行总结评估，对损耗的应急设施、资源、队伍、基础保障等进行补充修整，恢复应急能力。

综上所述，应急管理无论是分为“三阶段”“四阶段”还是“五阶段”，各阶段之间都是首尾相连、循环往复的，尽管这些阶段往往是交叉重叠的，但每个阶段的目标是相对独立的。各阶段相互关联，在动态运行中构成了应急管理科学而又完整的流程。

思考与练习题

1. 简述突发事件的定义与特点。
2. 简述突发事件的成因。
3. 简述应急管理的定义与阶段划分。
4. 简述应急管理的对象与目标。

第 2 篇

应急实务篇

3 应急管理体系

学习目标：

（1）掌握应急预防体系的基础理论知识。

（2）了解应急预防体系的构成，应急预案的编制过程。

（3）了解应急预防体系的宣传、培训和演练。

要健全风险防范化解机制，坚持从源头上防范化解重大安全风险，真正把问题解决在萌芽之时、成灾之前。

——2019 年 11 月 29 日，习近平在主持中共中央政治局第十九次集体学习时强调

3.1 风险防控体系

3.1.1 风险防控体系概述

风险是指面临伤害或损失的可能性及其后果的组合，通常具有不利性、不确定性、复杂性的三维特性。风险管理是针对风险发生的可能性及其后果，综合考虑法律、政治、社会、经济等因素，从工作准备、风险识别、风险评估到风险处置，并在各环节中进行风险沟通、风险监测与更新的动态管理。

风险管理是一项系统性、专业性、科学性和综合性很强的工作，是应急管理和危机管理实现预防为主、关口前移的重要基础和源头，对切实增强应急管理和危机管理工作的预见性、针对性、科学性和主动性，实现应急管理和危机管理工作的“关口前移”具有重要意义。只有坚持防患于未然，经常性地做好应对风险和突发事件的思想准备、预案准备、机制准备和工作准备，建立源头治理、动态监管、应急处置相结合的长效机制，才能增强应对突发事件和危机的能力。“五早”原则（即早发现、早研判、早报告、早处置、早解决）是多年来防范化解重大风险和应对突发事件的宝贵经验。

早发现就要强化风险意识，开展风险评估和隐患排查，把风险控制在隐患形成之前，把隐患消灭在事故之前。早发现就要依靠、动员和组织广大群众、企业职工和社会力量保安全、护稳定。需要注意的是，随着互联网特别是移动互联网发展，我们必须随时关注舆情。当一个重大风险和事件涉及正义、公正、关切、同情、安全等敏感价值点时，特别容易引起公众关注。中共中央办公厅和国务院办公厅发布的《关于建立健全重大决策社会稳定风险评估机制的指导意见（试行）》对风险评估作出明确规定，强调立足基本国情，一切从实际出发，确保取得成效；应评尽评，全面客观，查防并重，统筹兼顾；在程序上要充分听取意见，全面分析论证，确定风险等级，提出评估报告，评估结果运用，决策实施跟踪。

早研判就是关注风险的敏感性、严重性、关联性。各种风险往往不是孤立出现的，很

可能是相互交织并形成一个风险综合体。同时，还要重视变更风险。国内外形势的变化、经济结构的变革、党和国家的机构改革、自然界环境与气候的变化等都会带来新的风险。早研判要透过复杂现象把握本质，抓住要害、找准原因，果断决策。随着经济社会的发展，自然灾害、事故灾难、公共卫生事件和社会安全事件等各类风险和突发事件的关联性越来越强，往往互相影响，互相转化，导致次生、衍生事件发生或成为各种事件的耦合。

早报告就是要及时如实向上级报告，主动向有关地区和部门通报、向有关群众公告。不等不靠绝不是不报告。要提高信息报告的主动性、敏感性和时效性，努力畅通和拓宽信息获取渠道，强化首报意识；及时主动调度核实，密切跟踪事态发展；对于敏感信息以及热点、焦点事件，更要加强研判并及时报告。

早处置就是不能坐等上级救援，不能坐等别人支援，应当立足现有条件，千方百计控制事态，最大限度地减少伤亡和损失。风险控制和危机处置必须争分夺秒，和时间赛跑。多年来，各地在应对森林草原火灾时“打早、打小、打了”的做法就是早处置的好经验。

早解决就是要健全完善快速处置机制，牢牢掌握风险控制和事件处置的主动权。事发单位和事发地党委、政府必须坚持时间第一、现场第一、效果第一的原则，以发现要早、化解要快、处置妥当、防止蔓延为目标。对待群体性事件，党政领导能够第一时间到达现场，掌握情况，靠前指挥，面对面做好群众的疏导工作，及时有效控制局势。我国对公共卫生事件实施的早期预防、及时发现、快速反应、有效处置策略，以及“早发现、早报告、早隔离、早诊断、早治疗”原则，对保障人民群众的生命和健康发挥了重要作用。

坚持“五早”原则必须与依靠科技进步相结合。要加快科技安全预警监测体系建设，加大突发事件和灾害现场实况的获取能力和图像信息的传输力度，努力畅通和拓宽信息获取渠道，特别是提升基层政府第一时间获取信息的能力，跑好信息报告“最先一公里”；依靠科技加强对各种风险源的调查研判，加强对微博、微信、网络媒体等互联网信息的监测分析，提高动态监测和实时预警能力，推进风险防控工作科学化、精细化，对各种可能的风险及其原因要心中有数、对症下药、综合施策。要确保各级党委和政府的指挥部通信畅通，全面掌握最新情况，做到科学决策；要贯彻实施《国务院办公厅关于加快应急产业发展的意见》，提高应急处置与救援的水平；要提升现代信息技术与公共安全的融合度，在智慧城市建设中，加强城市监测预警和安全运行管理。智慧城市要以人民为中心，实施“互联网+衣食住行、生老病死、安居乐业”；要运用大数据技术开展风险评估、防灾减灾与安全生产规律性及关联性特征分析，提高城乡防灾减灾与安全水平；要推动自动驾驶、无人机、服务机器人、智能装备等在危险工序和环节，以及在突发事件现场和应对过程的广泛应用。人与科技、装备的最佳结合才能形成最有效的战斗力。

坚持“五早”原则不仅在预防与应急准备阶段执行，还要贯穿在应对突发事件的全过程。因为突发事件的演变与应对都是动态的，我们不能完全避免灾难，但我们可以减少灾难的损失。我们要努力做到发现在早、处置在小，切实增强防风险的预见性、主动性和针对性。要依靠科技进步，使风险评估更加科学，应急准备更加充分，监测预警更加精准，处置救援更加有效，防止小风险演变成大风险，防止单一风险演变成综合风险，防止局部风险演变成区域性或系统性风险，防止经济风险演变成政治风险，防止国际风险演变成国内风险。

3.1.2 风险防控体系是国家安全的重要部分

党的十八大以来，以习近平同志为核心的党中央高度重视国家安全工作，成立中央国家安全委员会，提出总体国家安全观，明确国家安全战略方针和总体部署，推动国家安全工作取得显著成效。

在党的十九大报告中，全党一致把坚持总体国家安全观列为新时代坚持和发展中国特色社会主义的十四条基本方略之一，即“坚持总体国家安全观。统筹发展和安全，增强忧患意识，做到居安思危，是我们党治国理政的一个重大原则。必须坚持国家利益至上，以人民安全为宗旨，以政治安全为根本，统筹外部安全和内部安全、国土安全和国民安全、传统安全和非传统安全、自身安全和共同安全，完善国家安全制度体系，加强国家安全能力建设，坚决维护国家主权、安全、发展利益。”从中，可以看到习近平总书记的总体国家安全观至少包含五点含义。

一是必须坚持国家利益至上。国家安全是安邦定国的重要基石，维护国家安全是全国各族人民根本利益所在。

二是必须以人民安全为宗旨。国家安全工作归根结底是保障人民利益，要坚持国家安全一切为了人民、一切依靠人民，为群众安居乐业提供坚强保障。

三是必须以政治安全为根本。党的领导是中国特色社会主义最本质的特征。必须坚持党的领导，牢固树立政治意识、大局意识、核心意识、看齐意识，在政治立场、政治方向、政治原则、政治道路上同以习近平同志为核心的党中央保持高度一致，自觉维护以习近平同志为核心的党中央权威和集中统一领导。

四是总体国家安全观是统领。国家安全领域十分广泛，必须构建集政治安全、国土安全、军事安全、经济安全、文化安全、社会安全、科技安全、信息安全、生态安全、资源安全、核安全等于一体的国家安全体系，统筹好外部安全和内部安全、国土安全和国民安全、传统安全和非传统安全、自身安全和共同安全等关系。

五是我们正在推进具有许多新的历史特点的伟大斗争、党的建设新的伟大工程、中国特色社会主义伟大事业，必须完善国家安全制度体系，加强国家安全能力建设，走出一条中国特色国家安全道路。

历史已经并将继续证明，没有国家主权、独立、生存和发展，人民的生命财产安全就无从谈起。同时，国家安全体系的各构成部分之间互相关联。在我国历史上，由于灾荒而导致农民起义甚至改朝换代的事件多次发生。民生连着民心，民心关系国运。老百姓有安全感，社会才有安定感，国家才能长治久安。

党的二十大报告指出：“创新医防协同、医防融合机制，健全公共卫生体系，提高重大疫情早发现能力，加强重大疫情防控救治体系和应急能力建设，有效遏制重大传染性疾病传播。”“强化国家安全工作协调机制，完善国家安全法治体系、战略体系、政策体系、风险监测预警体系、国家应急管理体系，完善重点领域安全保障体系和重要专项协调指挥体系，强化经济、重大基础设施、金融、网络、数据、生物、资源、核、太空、海洋等安全保障体系建设。”

当前，我国社会主要矛盾已经转化为人民日益增长的美好生活需要和不平衡不充分的发展之间的矛盾。“平安是老百姓解决温饱后的第一需求，是极重要的民生，也是最基本的发展环境。”建设平安中国关系人民生命财产安全，关系社会和谐稳定，是衡量执政党领导力、检验政府执行力、评判国家动员力、体现民族凝聚力的一个重要方面。

因此，国家安全与社会领域安全密切相关，防范化解重大风险，提高危机管理能力是落实总体国家安全观的重要方面。正如习近平总书记所强调的，公共安全连着千家万户，确保公共安全事关人民群众生命财产安全，事关改革发展稳定大局。要牢固树立安全发展理念，自觉把维护公共安全放在维护最广大人民根本利益中来认识，扎实做好公共安全工作，努力为人民安居乐业、社会安定有序、国家长治久安编织全方位、立体化的公共安全网。

3.1.3 风险防控体系是公共安全的重要组成部分

习近平总书记强调：“我们共产党人的忧患意识，就是忧党、忧国、忧民意识，这是一种责任，更是一种担当。”党的十八大以来，我国突发事件应急体系建设取得重要进展，防范和应对突发事件综合能力显著提升。但是，公共安全形势依然严峻复杂，面临风险隐患增多、诸多矛盾叠加的挑战。

我国是世界上自然灾害最严重的国家之一，灾害种类多，频度高，区域性、季节性强，灾害损失严重。2018 年全国灾情较过去 5 年均值明显偏轻，但还是造成 1.3 亿人次受灾，589 人死亡，46 人失踪，524.5 万人次紧急转移安置，直接经济损失 2644.6 亿元。从全球气候和自然灾害态势来看，我国面临地震、地质灾害、洪涝、干旱、极端天气事件、海洋灾害、森林草原火灾等一系列重特大自然灾害的风险挑战。我国安全生产形势虽然持续稳定好转，2018 年事故总量、较大事故和重特大事故实现了“三个下降”。安全生产还处在脆弱期、爬坡期和过坎期，道路交通、煤矿开采、危险化学品等重点行业领域重大事故频发，由于生产安全事故、污染物排放或者自然灾害等因素导致的突发环境污染事件多发，危及公众生命健康和财产安全，威胁生态环境，造成重大社会影响。仅 2019 年 3 月下旬，江苏盐城响水特大爆炸事故、湖南常长高速客车起火等 6 起较大以上事故，就造成 126 人死亡，617 人受伤，教训极其深刻。我国公共卫生和人民群众的健康水平不断提高。但是，鼠疫、霍乱等法定报告传染病时有发生，突发急性传染病在全球不断出现，境外输入传染病以及生物技术误用谬用风险不断增大，食品药品安全基础依然薄弱，公共卫生事件防控难度增大。在社会安全领域，社会利益关系错综复杂，诱发群体性事件因素较多，非法集资、借贷等涉众型因素增多，网络聚集效应明显，网络安全事件频发，反恐怖斗争形势严峻，因社会矛盾引发的个人极端犯罪、重大恶性敏感案件屡有发生，涉外安全风险日益增加，社会安全面临新的挑战。

当前，各类社会领域风险及其引发的自然灾害、事故灾难、公共卫生事件和社会安全事件呈现出一些新特点。一是总量大、伤亡大、损失大、影响大。致灾因子本身是局地性的，但灾害和影响是大范围的，甚至是全球性的。二是复杂性加剧，呈现出自然和人为致灾因素相互联系、传统安全和非传统安全因素相互作用、既有社会矛盾和新生社会矛盾相互交织等特点。三是新风险、新隐患增多，各类潜在危险源增多，防控难度变大。特别是随着网络新兴媒体快速发展，网上网下呼应，信息快速传播，加大了突发事件的处置难度。

习近平总书记多次强调，要“增强忧患意识，提高防控能力”“坚持底线思维”。他指出："分析国际国内形势，既要看到成绩和机遇，更要看到短板和不足、困难和挑战，看到形势发展变化给我们带来的风险，从最坏处着眼，做最充分的准备，朝好的方向努力，争取最好的结果。"

总之，随着工业化、信息化、城镇化、市场化、国际化快速推进，各种变革调整速度之快、范围之广、影响之深前所未有，公共安全面临着一些突出矛盾和问题。我国正处在公共安全事件易发、频发、多发期，维护公共安全任务重要而艰巨。必须居安思危，思则有备。有备可能无患，无备必有大患。

3.1.4 风险防控体系是应急响应的重要组成部分

"海恩法则"表明每一起严重事故的背后，必然有29起轻微事故和300起未遂先兆以及1000起事故隐患。我国的应急管理实现从被动应付向主动应对、从结果导向到原因导向的发展，大力推行风险管理的理念，不断地将应急管理的关口前移。这就要求我们预事在先，未雨绸缪，提高应对突发事件的能力和水平，做好应对突发事件的预防。

1. 预防体系概述

预测预警是突发事件预防的两大关键性环节。所谓的预测，就是在突发事件发生前预先进行监测。具体而言，它包括以下三个步骤：

（1）危险源排查。从突发事件演进的过程来看，危险源排查是应急管理在事发前最为基础的一个环节。危险源排查就是对可能引发风险的危险要素进行辨识。

（2）危险源监测。是指在突发事件发生前对各种可能引发突发事件的重点危险源及其表象进行实时、持续、动态的监视和测量，收集相关的数据和信息。

（3）风险评估。即根据对危险源检测的结果，结合脆弱性分析，确定风险的大小，并判别突发事件发生的可能性。

所谓"预警"，就是指"预先警告"。这个词最早源于军事领域，主要是指通过各种手段提前发现、分析和判断敌情，并将其威胁程度报告给指挥部，以提前采取措施应对的活动。后来，预警逐步被人们应用到政治、经济、社会、自然等多个领域，包括灾害管理领域。在应急管理中，预警主要是指危险要素尚没有转变为突发事件之前，将有关风险的信息及时告知潜在的受影响者，使其采取必要的行动，做好相应的准备。

突发事件的预测与预警是相辅相成、相互统一的关系。预测获得相关的信息并进行研判，而预警则将研判的结果也就是信息传递给特定的受众。一方面，科学的预测是精确预警的前提和基础；另一方面，只有通过有效的预警才能把预测得出的结论及时地传递给受众。

此外，预测预警的最终目的是使社会公众采取响应行动、减少突发事件的不利影响。因此，预测预警的完整流程是：对危险要素持续地进行监测并对预兆进行客观分析，作出科学的风险评估；如果风险评估的结果显示突发事件不会发生，则返回继续监测；如果风险评估的结果显示突发事件可能发生，则向社会公众发出警示信号；当社会公众采取有效的响应行动后，预测预警的流程结束。

总之，预测预警就是这样一系列活动：科学监测、数据加工及事件预报；将科学的信息转化成公众可以理解的警报；最大限度地广泛传播警报；促使社会公众及时采取响应行动。

2004年12月26日，由苏门答腊地震（里氏9.0～9.3级）引起的特大海啸横扫印度洋地区。印度洋海啸演进的时间表如下：

00:58（格林尼治标准时间）：9.3级地震发生；

01:00：海啸袭击了安达曼和尼科巴群岛，地震和海啸造成7500人死亡；

01:07：澳大利亚与太平洋海啸预警中心联系，称地震强度为8级；

01:14：太平洋海啸预警中心向太平洋地区的参加国（包括印度尼西亚和泰国）发出地震信息通报，称太平洋地区不会有海啸风险；

01:20：海啸袭击了印度尼西亚的亚齐省，造成25万人死亡或失踪；

01:28：太平洋海啸预警中心向整个太平洋地区发出预警；

02:04：太平洋海啸预警中心将地震强度修改为8.5级；

03:00：海啸袭击泰国普吉，造成5500人死亡或失踪；

03:20：海啸袭击斯里兰卡，造成3.1万人死亡；

03:50：海啸袭击印度东部，造成1.1万人死亡；

07:30：海啸袭击非洲东部，造成200人死亡。

从苏门答腊发生地震到泰国、斯里兰卡、印度、非洲东部受到影响，其时间间隔分别约为2 h、2 h 20 min、2 h 50 min和6.5 h。上述国家如果具备良好的海啸预测预警系统，海啸灾害是可以减轻甚至避免的。

2. 预测预警关节点

预测预警的关节点是对预测预警功能正常发挥至关重要的关键步骤。它们主要包括：获取丰富的实时数据以支撑预警；根据数据判断报警的临界点；采用受众容易接受的标准化预警术语；通过多种通信渠道，将警报发送给处于风险中的公众及有关应急响应者；教育、培训公众，使其有能力采取适当的行动；定期评估预测预警的效能。归纳起来，最为重要的关节点包括：

第一，危险要素的排查和监测要具备良好的技术基础。现代科学技术，特别是信息技术的快速发展为有效地开展危险要素监测奠定了坚实的基础。它们能对危险要素进行不间断的跟踪，并将有关的精确数据和信息传输给风险管理者。

第二，风险评估要求具备良好的风险分析能力。风险管理者根据技术设备提供的危险要素信息，结合社会系统的脆弱性分析，评估风险等级。

第三，警报传播要清晰、简洁、有效。如果正确的风险判断不能够及时传递给目标受众，则预测预警的意义为零。

1994年3月27日，美国亚拉巴马州发生的一场龙卷风夺去了正在教堂中做礼拜的20名信徒的生命。有关方面在悲剧发生前的12 min通过电子媒体发出了警报，但受害者无从接收。

第四，激发响应行动要能够促使社会公众迅速地采取适当的响应行动以规避风险。如果受众接收到警报，但是不理解警报的内容、不知晓警情的严重性、不采取所期望的响应行动，则预测预警的最终目的也没有达到。

以往，人们特别强调预测预警中的技术因素，突出科学知识与技术的重大作用，表现出很强的科技中心导向。但是，预测预警还具有不容忽视的制度和社会维度。如果警报的内容不容易为人所理解，如果人们的风险意识薄弱或决策产生偏差，人们就不会采取适当的行动，预测预警的最终目的也就无从实现。而且，先进的技术也是要为人服务的。所以，在建设预测预警机制时，一定要以人为核心，而不是以技术为核心。

3. 预测预警原则

突发事件预测预警能够将应急管理的关口前移，提高其管理效率。预测预警的准确性，对应急响应关节点至关重要，主要包括及时性、准确性、全面性等原则。

（1）及时性原则。突发事件预测预警机制功能实现的前提是：在突发事件发生之前，识别存在的各种威胁。在此基础上，采取适当的措施发出警报，提醒社会公众采取行动，避免突发事件的发生或者最大限度地减轻突发事件的影响。预测预警机制如果不能及时发现潜在的风险并传递相关的警情，也就不能为提前采取响应措施赢得宝贵的时间，其存在也就失去了意义和价值。

《国家突发公共事件总体应急预案》规定："各地区、各部门要针对各种可能发生的突发公共事件，完善预测预警机制，建立预测预警系统，开展风险分析，做到早发现、早报告、早处置。"这就体现了及时性的原则。

（2）准确性原则。准确性原则要求突发事件预测预警机制必须从客观实际出发，尊重历史和现实资料，分析突发事件相关因素之间的本质联系以及突发事件的演化、发展趋势，进行准确的预测和预警。警报一旦发出，公众采取应对措施，这产生了一定的成本。如果预警不准确，付出的成本就不会带来预期的收益。长此以往，社会公众对预测预警的信任度就会降低，进而导致人们对预警信息的熟视无睹，预测预警机制将名存实亡。

（3）全面性原则。全面性原则要求预警信息覆盖所有的利益相关者，而不能出现挂一漏万、顾此失彼的现象。在突发事件中，损失的降低程度通常与获得警报的人数成正比。为此，在预警信息的传播中，要调用多样化的信息传递渠道，不仅要运用现代化的信息手段，如电视、广播、互联网、手机等，也要兼顾传统的预警方式，如高音喇叭、鸣锣敲鼓、奔走相告等。同时，传播预警信息要特别关注弱势群体，如鳏寡孤独者、残疾人、语言不通的外国人、老人、妇女、儿童等。

能否落实突发事件预测预警机制构建的及时性原则、准确性原则、全面性原则，直接影响着预测预警的效果：

$$预测预警的效果 = 及时性 \times 准确性 \times 全面性$$

换言之，预测预警的效果与其及时性、准确性和全面性成正比。预测预警越及时、越准确、越全面，则预测预警的效果越好。

此外，突发事件预测预警机制的构建要特别处理好三对关系：

一是以人为本与依靠科学的关系。预测预警必须依靠科学，但更要以人为本。科学是手段，人的需要才是目的。在构建预测预警机制时，必须以公众的需求为转移，以最终效果为导向。预测预警多一些人性化的关怀，预警的效果将会更加突出。例如，《国家突发公共事件总体应急预案》规定："预警信息的发布、调整和解除可通过广播、电视、报刊、通信、信息网络、警报器、宣传车或组织人员逐户通知等方式进行，对老、幼、病、残、孕等特殊人群以及学校等特殊场所和警报盲区应当采取有针对性的公告方式。"

二是政府主导与公众参与的关系。在我国，政府在应急管理预测预警机制的构建和运行中发挥了不可替代的作用，但是，预测预警机制要为社会公众的参与预留一定的空间。社会公众的参与不仅可以分担政府在预测预警方面的负担，而且还可以促进人防与技防相结合的局面，提高预测预警的效率。

十六届五中全会通过的《中共中央关于制定国民经济和社会发展第十一个五年规划的建议》指出，要建立健全社会预警体系和应急救援、社会动员机制，提高处置突发性事件能力。我们认为，"社会预警"的内涵不仅包括对社会突发事件预警的含义，更包括全社会参与预警的含义。

三是常态与非常态的关系。非常状态下的精确预警是要以正常状态下的持续监测为基础的。不仅如此，预测预警的最终效果还要取决于公众是否接受了报警信息并采取了响应的行动。这与人们在正常状态下接受公共安全教育的程度、社会的准备与响应能力是断然不能分开的。因而，要处理好常态与非常态的关系，在平常状态下为迎接非常态的挑战做好全面的准备。

4. 预测预警措施

第一，建立科学的监测指标体系。指标体系是应急管理的一个重要测量手段和工具。它依据科学的方法，对突发事件的演进过程进行分析，找出各种测量突发事件的敏感因素，识别并确认社会风险、监测突发事件危险源、评价事件发生的可能性。

第二，综合分析监测信息。要本着全风险预测预警的原则，建立统一的预测预警信息平台，综合分析、研判气象、地震、水利、森林防火等部门的监测机构通过技术手段汇总的信息。

第三，规范风险管理流程。要认真完成风险监测、风险识别、风险评估、风险排序、风险控制和风险沟通等各个环节的工作（图3－1），特别是要同时兼顾危险要素与脆弱性两个方面，考察其交互作用的结果。

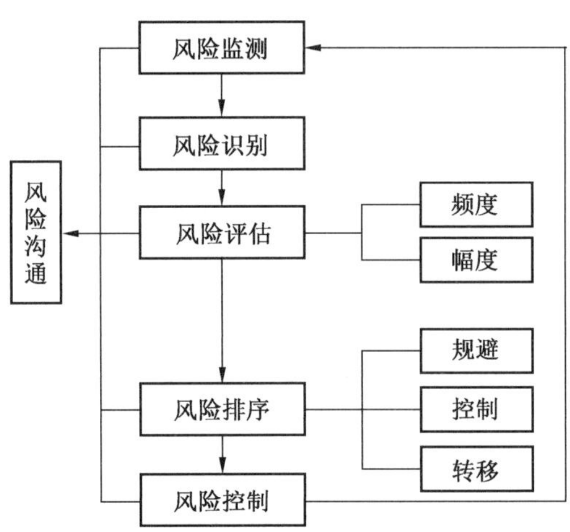

图3－1　风险管理流程

第四，加强预警信息传播。可将媒体、非政府组织、社会公众等力量都纳入风险管理中，实现多手段、多途径、多渠道传播预警信息，做到动态监测、综合分析、科学预警、有效报警。

第五，预测预警的重心下移，发挥社会基层单位特别是社区作用。社区是社会管理的最基层，在应急管理中同样发挥着不可替代的作用。社区应提高风险分析与预测能力，编制应急预案，并通过演练检验修正预案、完善准备、磨合机制、宣传教育、锻炼队伍。同时，成立社区应急领导组织及救援队伍，避免突发事件来临时群龙无首的状况。社区应对区内居民情况分门别类地进行登记，对其进行培训。此外，社区要考虑根据自身风险情况，配备一定的应急硬件设施。这样，社区就能够根据警报的信息及时、有效地作出响应。

5. 其他预防途径

风险是由危险要素和脆弱性共同决定的，为了做好突发事件的预防，一方面要做好危险源的排查与控制工作；另一方面也要降低社会系统的脆弱性，同时，要着眼未来可能发生的突发事件，提高全社会的恢复力。降低脆弱性、提高恢复力是做好突发事件预防的另外两种有效手段。这两种途径在实施措施上有很强的关联性，但侧重点不尽相同：前者主要是为了防止突发事件发生，减少灾害对社会公众造成威胁的概率；后者主要是为了在突发事件发生后提高从灾损中恢复的速度。

1）降低社会系统的脆弱性

为了确保社会公众的安全，必须减少社会公众所面临的各种风险。要尽可能排查、消除危险要素，即可能给社会公众的生命、健康与财产造成损失的条件，包括物理的危险要素、人的危险要素、信息的危险要素。例如，疏散处于灾害易发区的人口，城镇布局尽量避开地震断裂带等。

脆弱性是衡量社会在危险要素产生作用的条件下是否会遭受危害的指标。在城市里，它主要与以下因素相关：经济、社会的集中程度；城市系统的复杂性和相互关联性；城市的地理位置；城市的环境保护情况；城市的结构性缺陷，如建筑问题；政治和制度缺陷；等等。在乡村中，脆弱性相对较强，这表现为：农村经济、社会发展滞后，社会公众的防灾、减灾意识薄弱，建筑、设施的抗灾能力低。我们应结合社会主义新农村建设，改变农村的基本不设防的局面。

相对而言，危险要素比脆弱性更有不可控制性。因此，需要在以下两个方面开展突发事件的预防：一是规避风险，要对危险要素进行监督、分析、控制；二是寻求安全，降低社会系统的脆弱性。后者比前者更能凸显人的作为。如果能降低社会系统的脆弱性，就能避免许多突发事件带来的不必要的损失。

2005 年 6 月 10 日 14 时 30 分，黑龙江省宁安市沙兰镇沙兰河上游山区突降暴雨，瞬间形成洪峰，导致沙兰镇中心小学 117 人遇难，其中包括 105 名学生。

突发事件的预防必须从源头抓起，落实城市和农村的安全规划与安全建设。特别是在城市，安全状况与城市规划、建设两个环节有着割舍不断的关系。

2006 年 8 月，海淀区西三旗技校危改小区的居民出现腹泻、发热、头痛等症状，有 20 人曾到医院就诊。事件发生的原因是：穿过井窖东侧墙壁的污水管线出现渗漏，污水流入井内，污染了水源。

在城市规划和建设方面，要充分地考虑城市安全的需求。一方面，加强建筑的风险排查，并采取相应的防灾、减灾措施；另一方面，落实新建建筑物的安全规划。在城市未来的发展规划中，必须体现“预防第一”的思想，将公共安全作为其中的一项重要内容。与此同时，在对既有城市风险源进行排查的基础上，逐渐进行基础设施改造，消除潜在的隐患，使旧系统转型升级，实现新旧系统的衔接、兼容。例如，在北京通州新城的规划过程中，公共安全成为规划中十分引人注目的内容，应急避难场所等问题得到了充分的考虑。

目前，城市面临的风险很大程度上表现出很强的系统性。以城市的“生命线”系统为例，路网、水网、管线网等在地理分布上错综交织，在功能上又相互依赖、彼此支撑。一旦某个组件发生事故，就会产生传染效应和连锁反应，导致整个城市运行受到重大的影响，甚至造成城市系统的崩溃。例如，城市供电系统出现严重故障，就会造成交通指挥系统无法工作，人们的出行会遇到障碍，其他基础设施因工作人员匮乏而无法正常、高效运转。

由于部门分割的缺陷，城市运行管理部门相互之间缺少沟通，“破坏性建设”难以杜绝。例如，地下管线的安全运行对周围土壤的干燥程度有一定的要求。园林部门为了保证城市的绿化率，在一些管线的上方进行绿化灌溉，这不仅加快了地下管线的腐蚀速度，而且不利于管线主管单位进行检修，埋下了影响城市运行安全的隐患。

城市“生命线”系统涉及供水、供气、供电、交通、通信等方面，高技术性强，超常复杂、精致，又超常脆弱、易损。但是，高技术在给人们带来快捷与便利的同时，也带来了一系列的麻烦与“软肋”。例如，随着城市的发展，基础设施信息化程度越来越高。信息化程度的增强提高了工作效率，但也使基础设施更加脆弱。如果控制供水系统的计算机网络受到攻击，则可能会导致城市供水的中断。

为了加强城市安全、降低城市的脆弱性，必须对城市公共安全保障部门的权力进行整合，以满足城市公共安全对综合防灾的需求。

2）提高社会的恢复力

从机械意义上说，恢复力（resilience）意味着一种物质具有一定的张力，在重负之下不会折断或变形，具有一定的弹性。“从20世纪70年代起，这个概念被赋予了更多的含义，指承受压力的系统有能力恢复，回到最初的状态。”生态学家用这个概念描述系统在经过暂时的扰动之后又恢复平衡状态。

在国际上，一些从事生态学和生态经济学研究的科学家还组织了一个“恢复力联盟”（Resilience Alliance），认为恢复力是指一个社会快速、有效地对灾害进行响应、复原的能力，其含义包括以下几个方面：系统可以吸收扰动的水平，系统自组织的能力，系统建设、增强学习能力与适应能力的程度。

提高社会的恢复力的主要途径如下：

第一，实现人与自然、人与社会、人与人之间的关系和谐，减少引发突发事件的致灾因素。例如，在恢复重建中注意保护湿地、林地、草原等。

第二，在人类经济社会发展中，推行与自然合作而非征服自然的理念。在灾害易发区，避免开展重建工程，如不在行洪河道上建设房屋或基础设施，从源头上杜绝突发事件发生的危险。

第三，对于不能规避、不得不建在灾害易发区的建筑或基础设施，要实行更加严格的设计与建筑安全标准，严把建筑施工的质量关，增强其抗毁损的能力，并采取严密的防护性措施。

第四，增强应急响应能力，完善应急救援体系，在突发事件发生后有效应对，尽可能减轻灾害的影响。

第五，建立良好的应急保障体系，确保灾后恢复重建的人力、物力、财力等资源充裕。

总之，在突发事件预防的过程中，必须着眼于未来防灾减灾的需要，增强灾区的恢复力，增强灾区对未来灾害的控制力和承受力，降低灾区的脆弱性。

3.2 突发事件预案

3.2.1 应急预案体系

应急预案是应急管理工作中的一个核心内容，在国外通常称为应急计划（EOP），它规定了在紧急情况发生之前、发生过程中以及刚刚结束之后，谁要做什么，何时做，需要哪些资源以及相应的授权等。

预案管理是指通过对信息的分析，预测事物的发展趋势，识别可能带来的威胁，并对这些情况制定相应的预备性处置方案，一旦预测的情况发生，就可以按照预定的方案行动。同时，根据具体的事态发展及时调整行动方案，以控制事态的发展，将可能发生的损失率降至最低，维护整体利益和长远利益。每一个事先拟定的行动方案就是一个预案。具体地讲，预案管理的主要内容有预案的编制、预案的演练、预案的选择、预案的评估、实施过程中预案的动态调整、预案的修订等。

预案面对的是突发事件，这类事件有发生的可能，但不知何时会发生，而一旦发生会造成较严重的后果。预案管理的目的是通过事前的准备，发挥应急管理的预见和分析能力，预测事情的发展趋势，模拟事件的各种可能变化，制定消除其不利影响的方案，在人、财、物等方面做好准备，一旦事件向不利方向发展，则按预定的方案行动，以控制事态的发展。预案管理的基础是信息评估，通过对信息的收集和分析，发现隐患，同时评估应对突发事件的资源状况。

不同的预案由于各自所处的层次和适用范围不同，因而在内容的详略程度和侧重点上会有所不同，但都可以采用相似的基本结构。应急预案体系的构成如图 3－2 所示。

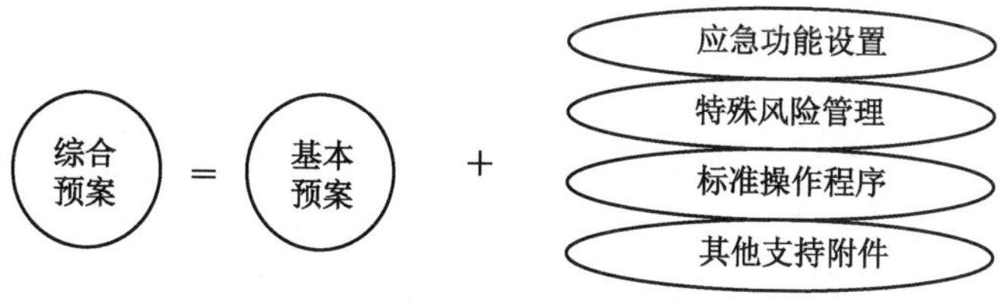

图 3－2　应急预案体系的构成

1. 基本预案

基本预案也称为“领导预案”，是应急预案的总体描述。其主要内容包括行政领导承诺、基本方针政策、主要职责分工、任务与目标、基本应急程序等。

2. 应急功能设置

应急功能设置分预案中要明确从应急准备到应急恢复全过程的每一个应急活动中各相关部门应承担的责任和目标，每个单位的应急功能要以分类条目和单位—功能矩阵表来表示，还要以部门之间签署的协议来具体落实。

3. 特殊风险管理

特殊风险管理是在公共安全风险评价的基础上，按照自然灾害、安全事故、突发事件和突发公共卫生事件分类，提出其中若干类不可接受风险。根据风险的特点，针对每一特殊风险中的应急活动，分别划分相关部门的主要负责、协助支持和有限介入三类具体的职责。

4. 标准操作程序

由于基本预案、应急功能设置并不说明各项应急功能的实施细节，各应急功能的主要责任部门必须组织制定相应的标准操作程序，为应急组织或个人提供履行应急预案中规定职责和任务的详细指导。

应急标准操作分预案主要是针对每一个应急活动执行部门，在进行某几项或某一项具体应急活动时所规定的操作标准。这种操作标准包括操作指令检查表和对检查表的说明，一旦启动应急预案，相关人员可按照操作指令表逐项落实行动。

5. 其他支持附件

其他支持附件主要包括应急救援的有关支持保障系统的描述及有关的附图表。

3.2.2 预案管理原则

我国的突发事件应急预案体系由国家总体应急预案、国家专项应急预案、国务院各部门制定的部门应急预案和各级人民政府制定的地方应急预案组成。按突发公共事件的发生过程、性质和机理可划分为自然灾害、事故灾难、公共卫生事件和社会安全事件。在应急预案管理上，要强调党中央、国务院的统一领导，通过健全集中、坚强有力的指挥机构，发挥我国的政治优势和组织优势，形成强大的社会动员体系；要坚持分级管理、分级响应、条块结合、属地管理为主的方针，要建立健全以各级党委、政府为主，有关部门和相关地区协调配合的领导责任制，把各级管理主体的责任落到实处。因此，应急预案管理的基本原则可以总结为统一规划、分类指导、归口管理、分级实施。

1. 统一规划

统一规划原则主要体现在建设应急预案体系的要求、应急预案制定和修订程序、应急预案的总体要求、应急预案培训制度和应急演练制度等方面。

2. 分类指导

分类指导原则主要体现在将应急预案体系划分为4个层次，并分别提出不同层次不同类型应急预案的基本管理要求，包括对不同类型应急预案制定不同的编制指南或框架，提出不同的修订、演练频次要求。

3. 归口管理

归口管理原则主要体现在对应急预案实行主体负责制，明确应急预案协调和监督职责由各级人民政府负责，各级人民政府应急管理办事机构承担应急预案管理的日常工作。

4. 分级实施

分级实施原则主要体现在按照应急预案体系层次，不同层级的应急预案制定主体和管理主体不同，管理要求上也有所差异。

3.2.3 预案分类内容

应急预案按照制定主体划分，分为政府及其部门应急预案、单位和基层组织应急预案两大类。

（1）政府及其部门应急预案由各级人民政府及其部门制定，包括总体应急预案、专项应急预案、部门应急预案等。

总体应急预案是应急预案体系的总纲，是政府组织应对突发事件的总体制度安排，由县级以上各级人民政府制定。总体应急预案主要规定突发事件应对的基本原则、组织体系、运行机制，以及应急保障的总体安排等，明确相关各方的职责和任务。

专项应急预案是政府为应对某一类型或某几种类型突发事件，或者针对重要目标物保护、重大活动保障、应急资源保障等重要专项工作而预先制定的涉及多个部门职责的工作方案，由有关部门牵头制定，报本级人民政府批准后印发实施。

部门应急预案是政府有关部门根据总体应急预案、专项应急预案和部门职责，为应对本部门（行业、领域）突发事件，或者针对重要目标物保护、重大活动保障、应急资源保障等涉及部门工作而预先制定的工作方案，由各级政府有关部门制定。

鼓励相邻的地方人民政府及其有关部门联合制定应对区域性、流域性突发事件的联合应急预案。

突发事件的专项和部门应急预案，不同层级的预案内容各有所侧重。国家层面专项和部门应急预案，侧重明确突发事件的应对原则、组织指挥机制、预警分级和事件分级标准、信息报告要求、分级响应及响应行动、应急保障措施等，重点规范国家层面应对行动，同时体现政策性和指导性；省级专项和部门应急预案，侧重明确突发事件的组织指挥机制、信息报告要求、分级响应及响应行动、队伍物资保障及调动程序、市县级政府职责等，重点规范省级层面应对行动，同时体现指导性；市县级专项和部门应急预案，侧重明确突发事件的组织指挥机制、风险评估、监测预警、信息报告、应急处置措施、队伍物资保障及调动程序等内容，重点规范市（地）级和县级层面应对行动，体现应急处置的主体职能；乡镇街道专项和部门应急预案，侧重明确突发事件的预警信息传播、组织先期处置和自救互救、信息收集报告、人员临时安置等内容，重点规范乡镇层面应对行动，体现先期处置特点。

重要基础设施、生命线工程等重要目标物保护的专项和部门应急预案，侧重明确风险隐患及防范措施、监测预警、信息报告、应急处置和紧急恢复等内容。

重大活动保障制定的专项和部门应急预案，侧重明确活动安全风险隐患及防范措施、监测预警、信息报告、应急处置、人员疏散撤离组织和路线等内容。

为突发事件应对工作提供队伍、物资、装备、资金等资源保障的专项和部门应急预案，侧重明确组织指挥机制、资源布局、不同种类和级别突发事件发生后的资源调用程序等内容。

联合应急预案侧重明确相邻、相近地方人民政府及其部门间信息通报、处置措施衔接、应急资源共享等应急联动机制。

（2）单位和基层组织应急预案由机关、企业、事业单位、社会团体和居委会、村委会等法人和基层组织制定，侧重明确应急响应责任人、风险隐患监测、信息报告、预警响应、应急处置、人员疏散撤离组织和路线、可调用或可请求援助的应急资源情况及如何实施等，体现自救互救、信息报告和先期处置特点。

大型企业集团可根据相关标准规范和实际工作需要，参照国际惯例，建立本集团应急预案体系。

3.2.4　预案编制过程

应急预案在国外也多属于法规文件，一经发布便具有法律效力，因此，为保证其科学性、合理性和实用性，应急预案具有较严格的编制过程。归纳起来，应急预案的编制过程可分为4个步骤，即成立预案编制小组，编制应急预案，应急预案的评审和发布，应急预案的实施。

1. 成立预案编制小组

成立预案编制小组是将城市各有关职能部门、各类专业技术有效结合起来的最佳方式，不仅可有效地保证应急预案的准确性和完整性，而且可为城市应急各方提供一个非常重要的协作与交流机会，有利于统一应急各方的不同观点和意见。

预案编制小组的成员一般应包括：市长或其代表，应急管理部门，下属区或县的行政负责人，消防、公安、环保、卫生、市政、医院、医疗急救、卫生防疫、邮电、交通和运输管理部门，技术专家，广播、电视等新闻媒体，法律顾问，有关企业，以及上级政府或应急机构代表等。预案编制小组的成员确定后，必须确定小组领导，明确编制计划，保证整个预案编制工作的组织实施。

2. 编制应急预案

（1）具体措施的制定。根据前面分析的结果，针对突发事件涉及具体的应对措施，这些措施可以采用标准操作，也可以采用建议形式。例如，发生危险化学品在公路上泄漏事件，标准操作可以是封闭相应路段、疏散附近居民等。整个应对过程建议使用网络计划的方法来表示。

（2）应急机构及其人员职责的确定。预案编制过程中，人员职责的确定是一个重要的环节。启动预案时，不同的环节或方面需要不同的人员去执行和实施。明确人员职责是成功实行应急救援活动的重要保证。制定法律、法规政策是确定人员职责的有效方法。

应急预案的编制应严格按照相应的应急预案编制框架或指南进行。如美国的《综合应急预案编制指南》及《危险物品应急计划编制指南》等各类专项应急预案编制指南对美国各级应急预案的规范化编制起到了重要的指导作用。我国近年来也在加强这方面的工作，国务院发布了《省（区、市）人民政府突发公共事件总体应急预案框架指南》、原国家安全生产监督管理总局发布了《生产经营单位生产安全事故应急预案编制导则》等行业标准。

3. 应急预案的评审和发布

为确保应急预案的科学性、合理性以及与实际情况的符合性，应急预案应该依据相关的法律、法规和标准进行评审，并取得有关部门和机构的认可，然后发布实施，并且报送上级政府有关部门和应急机构备案。

应急预案的评审包括内部评审和外部评审两类。内部评审是指编制小组成员内部实施的评审。应急预案管理部门应要求预案编制单位在预案初稿编写工作完成后，组织编写成员对其进行内部评审，以保证预案语言简洁通畅、内容完整。外部评审是由本城市或外埠同级机构、上级机构、社区公众及有关政府部门实施的评审。外部评审的主要作用是确保预案被城市各阶层接受。根据评审人员的不同，又可分为专家评审、同级评审、社区评审和政府评审。

城市重大事故应急预案经过政府评审后，应由城市最高行政官员签署发布，并报送上级政府有关部门和应急机构备案。

4. 应急预案的实施

实施应急预案是应急管理工作的重要环节。应急预案经批准发布后，应组织实施应急预案，包括：开展预案的宣传，进行预案的培训，落实和检查各有关部门的职责、程序和资源准备，组织预案的训练、演习，并定期评审和更新预案，使应急预案有机地融入公共安全保障日常工作之中，将应急预案所规定的要求落到实处。

3.2.5 更新修订演练

1. 应急预案更新

应急预案的实施过程是应急预案不断完善的过程。在应急预案的实施过程中，应急预案可能会暴露出存在的缺陷和问题，此外，随着社会、经济和环境的变化（图 3 –3），应急预案中包含的各种信息可能会发生变化，因此，必须对应急预案进行动态更新，才能保证应急预案的有效性。应急预案的动态更新包括应急预案的适时修改和定期修订。

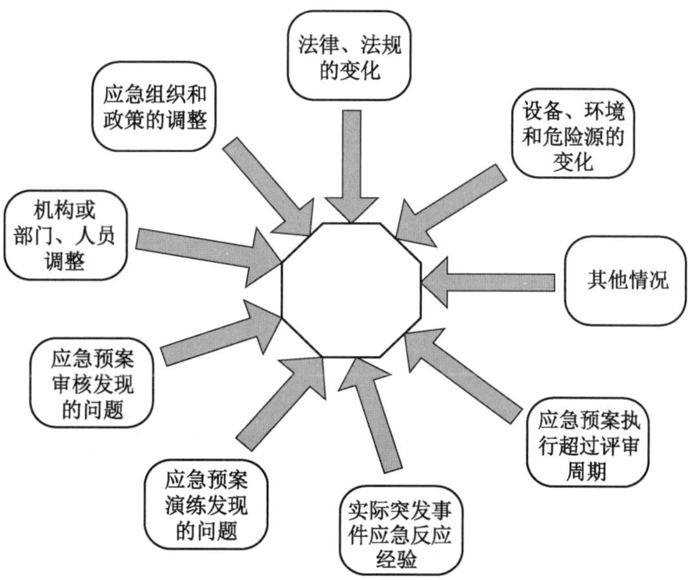

图 3 –3　应急预案需要动态更新的主要情形

2. 应急预案修订

应急预案的管理中应对应急预案的定期评审和修订时机作出规定，其目的是系统地重新评估和确认应急预案经历较长时间后的现时适应性。发达国家在这方面的做法值得我们借鉴，一般在相关的法律、法规中对预案评审有明确的时间规定。在我国，发布的一些法规、条例也对应急预案评审时机作了说明。如《使用有毒物品作业场所劳动保护条例》对高毒物品作业场所的应急预案评审时机作了规定，《国家核应急预案》规定国家核应急计划一般 3 ~5 年要进行复审，《国家核电厂应急计划与准备原则　场外应急计划与程序》（GB/T 17680. 4—1999）也规定应急计划至少 2 年要进行一次评审。

总体来说，应急预案评审的时机通常应遵循下述原则：

（1）遵循国家相关的法律、法规的规定定期评审。

（2）培训演练和应急救援过程中发现重大问题。

（3）国家相关的法律、法规、标准发生重大变化。

（4）应急预案相关的机构和人员发生重大职能调整。

（5）潜在的重大突发事件发生重大变化。

（6）应急预案的多次修改需要进行重新修订。

（7）其他应急修订的情形。

一般情况下，我国总体应急预案、专项应急预案和部门应急预案定期修订周期不应大于5 年；乡（镇）、街道等基层政权组织的应急行动方案的定期修订周期应不大于 2 年；企事业应急预案定期修订周期应遵守有关法律、行政法规规定，没有规定的，定期修订周期不大于 3 年。

应急预案的修订流程如图 3 -4 所示。在对应急预案进行全面系统的评估后，其修订过程应按照制定程序重新审核、审议、批准、备案和发布。

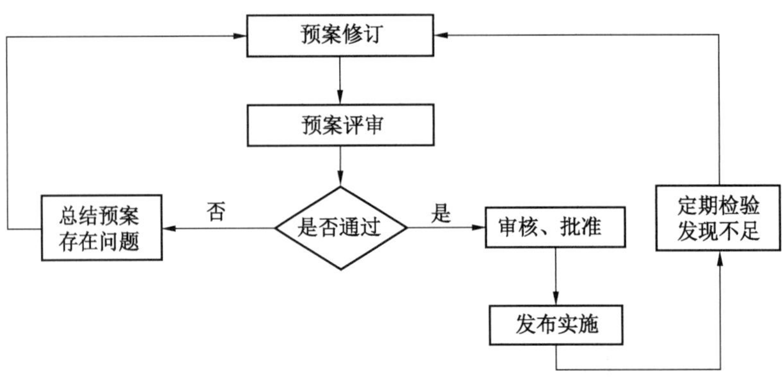

图 3 -4　应急预案修订、评审、发布的流程

3. 预案培训演练

1）应急预案培训

应急预案的宣传教育和培训工作是保证应急预案贯彻实施的重要手段，提高突发事件

防范能力的重要途径。通过应急预案的宣传教育和培训工作，使应急预案相关的职能部门及其人员提高危机意识和责任意识，明确应急工作程序，提高应急处理和协调能力。同时，通过应急预案的宣传培训提高公众的安全意识和基本的应急处理技能。此外，通过应急预案的宣传培训还能发现预案的缺陷和不足，并在实践中加以补充和改进。

各级人民政府和相关部门应把应急预案纳入应急知识宣传普及和培训活动中，尤其应把涉及群众生命安全保障部分作为重点，免费向社会提供简洁、易于理解的应急预案宣传材料。同时，地方各级应急管理部门和企事业单位要探索各种形式的应急预案宣传培训活动，使各类应急人员掌握、熟悉应急预案中与其承担职责和任务相关的内容，提高应急人员的技能。

应急预案的培训流程如图 3－5 所示。应急预案的培训一般分为三个阶段：制定应急预案培训计划、应急预案培训的实施、应急预案培训效果评价和改进。

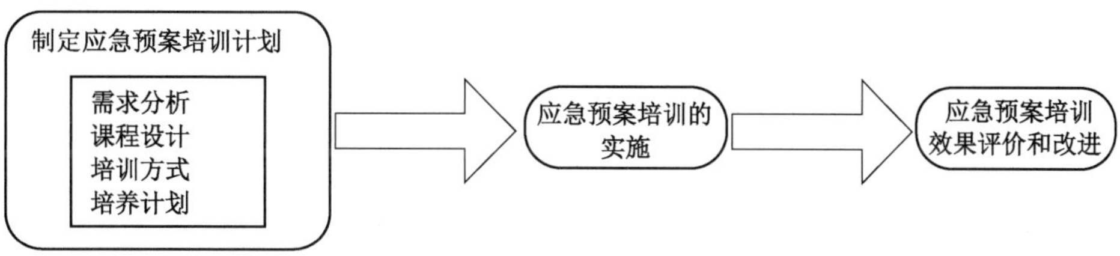

图 3－5　应急预案的培训流程

制定应急预案培训计划首先要进行需求分析，即针对不同的培训对象确定其培训的必要性和应急工作的任务，以明确培训目标和培训后受训人员的培训效果。不同的培训对象，应急预案培训的课程也要作相应的调整。应针对不同类别人员的需要和不同岗位的工作要求制定分类齐全的培训课程。培训方式有很多种，如课堂教学、现场演示、会议讲座、自学、演习等，其中最主要的培训方式是课堂教学。应急预案培训计划的步骤如图 3－6 所示。

应急预案培训的实施应该按照培训计划，认真组织、精心安排，充分利用各种方式开展高效的培训。

应急预案培训结束后要进行考核，考核方式可以选择考试、口头提问、实际操作等，以便对应急预案培训进行评价。通过考核情况和与考核人员的交流，对培训中的问题进行深入总结，然后不断改进，提高培训的工作质量，达到应急预案培训的目的。

应急培训的范围有 4 个方面：专业应急救援队伍的培训、政府应急主管部门的培训、企事业全员培训和社区居民培训。

（1）专业应急救援队伍的培训是这四类培训中专业性最强的，其重点是熟悉相关应急预案事故发生的特点，熟练掌握危险源辨识和突发事件应急救援的技能，提高在不同情况下实施救援和协同处置的能力。应急管理人员可以参加专业应急救援队伍的培训，帮助应急救援人员了解他们在应急预案中规定的协同响应工作的作用。

（2）政府应急主管部门的培训是应急预案的关键内容，是熟悉、掌握应急预案和相关

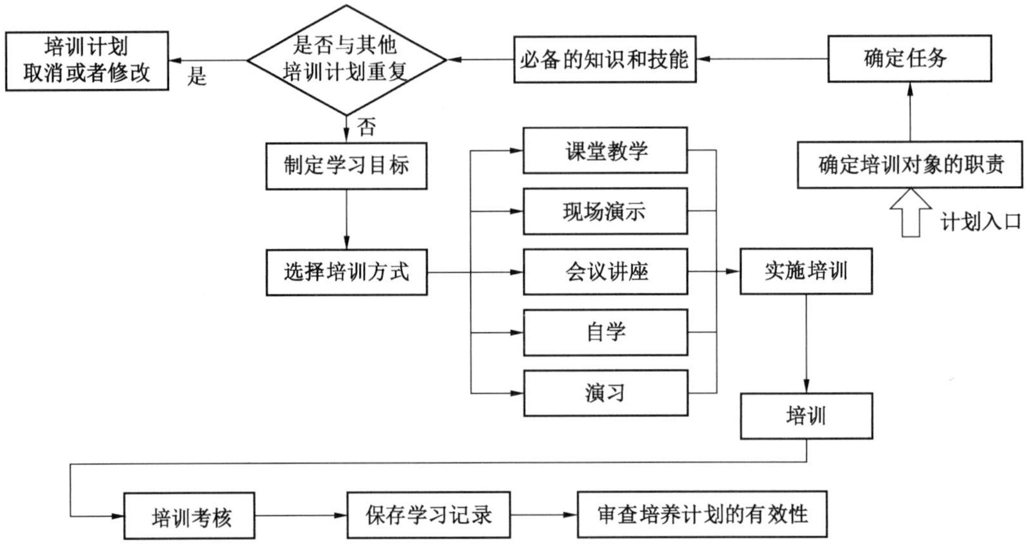

图3－6　应急预案培训计划的步骤

工作制度，提高为领导决策服务和开展应急管理工作的能力的有效途径。良好的培训能使相关部门更好地理解自身在突发公共事件中所负的职责。

（3）企事业全员培训是由企事业单位根据本单位的应急预案中的危险分析结果和应急需求，对员工进行有针对性、分层次的应急预案培训，确保员工明白自己的应急职责，并掌握必要的应急技能。

（4）社区居民培训的重点是对可能发生的突发事件采取响应行动和遵守应急指挥人员的命令。

以上四类培训中，专业应急救援队伍的培训和政府应急主管部门的培训对提高应对突发公共事件的能力是非常关键的，因此，应该为参与这两类培训的人员建立培训档案，记录他们的学习情况和考核结果，并根据学习和考核的情况给他们制定下一步的培训计划，为他们在应急救援中发挥更大的实战能力提供支持。

根据上面对应急预案培训范围的分析可知，培训的对象有很多类，因此培训内容也有所不同。对于基本的应急培训，只要求培训者了解和掌握识别危险的方法，如何采取必要的应急措施，如何启动报警系统，如何安全疏散人群等基本要求。根据参与培训人员的水平，可以把应急预案培训分为5个等级，每个级别通过培训后要达到的要求见表3－1。

表3－1　应急预案培训的分级和培训要求

应急培训人员水平分类	培　训　要　求
初级意识水平	能确认危险源； 了解所涉及的突发事件的潜在后果； 了解自身的作用和责任；

表3-1（续）

应急培训人员水平分类	培训要求
初级意识水平	能确认必要的应急资源； 能协助人群疏散工作； 了解突发事件安全区域的划分； 了解基本的突发事件控制技术
初级操作水平	掌握危险程度的分级； 掌握基本的危险和风险评价技术； 学会正确使用个人防护用品； 了解危险源的基本术语和特性； 掌握危险控制的基本操作； 掌握基本的危险源清除程序
突发事件专业水平	保证事故现场人员的安全，防止伤亡事故发生； 根据应急预案执行应急行动计划； 识别、确认和证实危险源； 了解应急救援岗位的功能和作用； 了解个人防护用品的选择和使用； 掌握危险识别和风险评价技术； 了解先进的危险源控制技术； 执行事故现场清除程序
突发事件专家水平	接受突发事件应急救援的所有专业培训； 理解并参与应急救援系统各岗位职责的分配； 掌握风险评价技术； 掌握危险源的有效控制操作； 参加一般程序的制定与执行； 参加特别程序的制定与执行； 参加应急行动结束程序的执行
应急指挥水平	协调和指导所有的应急行动； 负责执行一个综合性的应急救援预案； 对现场内外应急资源的合理调用；
应急指挥水平	提供管理和技术监督，协调后勤支持； 协调信息发布和政府官员参与的应急工作； 负责向国家、省、市、当地政府部门递交突发事件报告； 负责提供突发事件和应急工作的总结

表3－1中针对的是一般的应急预案培训，对于一些特殊危害的突发事件，如接触危险化学品、受限空间的营救、病原体感染、沸腾液体扩展蒸气爆炸引起的突发公共事件，则需要由专业机构开展具有针对性和专业性的应急预案培训。

2）应急预案演练

应急预案的演练是应急准备的一个重要环节。国外的应急管理体系中也非常强调应急预案的演练：在美国，地方应急预案委员会（LEPC）每年都要对各项应急预案的演练进行详细审查和评估；在英国，卫生安全署（HSE）对应急预案的演练进行严格监督；在澳大利亚，紧急事态管理署充分调动各个州的积极性和自主性，对应急预案的演练给予规范化的指导。在我国，应急预案的演练制度正在完善，应急预案的演练程序也在不断规范化。

（1）应急预案演练的目的是检验应急预案的可行性和应急反应的准备情况；发现应急预案中存在的问题，完善应急工作机制，提高应急反应能力；锻炼演练队伍，提高应急队伍的作战能力，熟练操作技能；提高危机意识和责任意识，加强防范突发事件的综合能力。开展应急预案演练应当满足以下基本要求：

① 应急演练必须遵守相关法律、法规、标准和应急预案规定。

② 领导重视、科学计划。各级人民政府和相关的应急管理职能部门的领导应该高度重视应急预案的演练，给予资金、人员等相应支持，并在必要时参与演练；此外，监督和指导相关部门对演练活动做到周全安排和精心策划。

③ 结合实际、突出重点。应急预案制定单位要负责制定应急演练的规划，确保在可能发生的事件中所有相关的单位都参与演练，确保应急预案中所有突发事件预防与应急准备、监测和预警、应急处置与救援、事后恢复与重建活动相关的安排得到检验，同时结合实际情况，对一些薄弱环节进行重点演练，以提高应急行动的整体效能。

④ 周密组织、统一指挥。应急预案的演练应严格按照应急预案的规定组织，并在统一指挥下实施。

⑤ 由浅入深、分步实施。应急预案演练应遵循由下而上、先分后合、分步实施的原则。

（2）突发公共事件是小概率事件，应急预案似乎从来没有实施过，这就必须通过演练来评估应急救援，因为应急预案演练都是尽可能地模拟突发事件的情况，所以，通过演练能测试应急预案中各项响应和应急管理系统，能保证所有要素都能全面地应对任何应急情况。通过演练能达到以下目标：

① 在突发事件发生前暴露应急预案和程序的缺点。

② 辨识出缺乏的资源（人力、设备和物资）。

③ 改善各种应急反应人员、部门和结构之间的协调水平。

④ 提高应急管理能力，获得社会认可。

⑤ 增强应急反应人员的熟练性和信心。

⑥ 明确应急预案有关人员的岗位和职责。

⑦ 强化企事业应急预案与政府部门、社区应急预案之间的合作和协调。

⑧ 提高整体应急反应能力。

（3）应急预案演练可采用多种演练方法，如美国环保署主要采用桌面演练和现场全面演练两种方法，美国海岸警卫队则主要采用类似于功能性演练和现场全面演练两种方法，美国联邦管理局采用的演练方法可分为桌面演练、功能演练和全面演练三种。考虑到我国突发公共事件的应急管理体制和应急工作的具体要求，下面分别介绍桌面演练、功能演练和全面演练。

① 桌面演练的参加人员一般为应急组织的代表或关键岗位人员，演练的内容主要是

根据应急预案及其标准运作程序，讨论紧急情况时应采取的行动。桌面演练的特点是对演练情景进行口头演练，一般是一种非正式活动，没有设定时间要求，通过演练人员检查和解决应急预案的问题以获得一些建设性的讨论结果。主要目的是在友好、较小压力的情况下，锻炼演练人员解决问题的能力，以及解决应急组织相互协调和职责划分问题。

桌面演练相对简单，只需展示有限的应急响应和内部协调活动，参与人员主要来自本地应急组织，事后大都采用口头评议形式收集演练人员建议，书面报告也比较简单，因此演练成本较低，主要为功能演练和全面演练作准备。

② 功能演练是指针对某项应急功能或其中某些应急响应活动而举行的演练活动。通常在应急指挥中心进行，并可以同时开展现场演练，调用有限的应急设备，主要目的是针对应急响应功能，检验应急响应人员以及应急管理体系的策划和响应能力。

从规模上来说，功能演练比桌面演练要大，也需要更多的应急响应人员和组织参与，必要时，还需要国家级应急响应机构参与，为演练的方案设计、协调和评估提供技术支持。演练完成后，除了口头评议，还要向地方政府部门提供书面汇报，并提出改进建议。

③ 全面演练是指针对应急预案中全部或大部分的应急响应功能，检验、评价应急组织应急运行能力的演练活动。全面演练的持续时间长、通常采用交互方式进行，需要调用的应急响应人员和资源也更多，力求演练场景的真实性，这是一种实战性的演练。

与功能演练一样，全面演练也需要负责应急运行、协调和政策拟定人员的参与以及国家级应急管理组织在演练方案设计、协调和评估工作方面提供技术支持，但在全面演练过程中，这些人员或组织的演练范围要更广，演练内容也更复杂。演练结束后，不仅要有口头评议和书面汇报，还应提交正式的书面报告。

在这三种演练中，全面演练最能较全面地、真实地展示应急预案的优缺点，同时参与人员也能够得到很好的实战锻炼，因此，在条件和时机成熟时，各级政府部门和企事业单位应该积极开展全面演练。

从上面的分析可以看出，三种演练方法最大的差别在于演练的复杂程度和规模。将三种演练作一个详细的比较，具体内容见表3－2。

表3－2　桌面演练、功能演练和全面演练的比较

演练要素	桌面演练	功能演练	全面演练
演练人员	负责应急管理工作的有关人员，从事应急管理工作的关键人员，当地政府机构、省和国家有关政府部门的相关人员	负责应急管理的有关官员，以及负责相应功能的政策拟定、协调工作人员，当地政府机构、省和国家有关政府部门的相关人员	所有与应急工作相关的政府机构和尽可能多的演练人员
演练内容	模拟紧急情况中应采取的响应行动，应急响应过程中的内部、外部协调活动	相应的应急响应功能，如指挥与控制；应急响应过程中的内部、外部协调活动	应急预案中的大部分要素

表3-2（续）

演练要素	桌 面 演 练	功 能 演 练	全 面 演 练
演练地点	会议室，应急指挥中心	应急指挥中心，实施应急响应功能的地点，突发事件现场	省、地方应急指挥中心，现场指挥所，突发事件现场
演练目的	锻炼解决问题能力，解决应急组织相互协调和职责划分问题	检验应急响应人员的能力，检验应急管理体系的策划和响应能力	在尽可能真实并吸引众多人员、应急组织参与的条件下，检验应急预案中的重要内容
所需评价人员数量	一般1~2人	一般4~12人	一般10~50人
总结方式	口头评议，参与人员汇报，演练报告	口头评议，参与人员汇报，演练报告	口头评议，参与人员汇报，书面正式报告

3）应急预案演练方案

演练方案是根据演练目的和应达到的演练目标，对演练性质、规模、参演单位和人员、假想事故、情景事件及其顺序、气象条件、响应行动、评价标准与方法、事件尺度等制定的总体设计，是开展演练的主要依据和蓝本。

演练方案的文件体系主要包括以下内容：情景说明书、演练计划、评价计划、情景事件总清单、演练控制指南、演练人员手册、通讯录、演练现场规则等。情景说明书的作用是描述突发事件场景，为演练人员的演练活动提供初始条件和初始事件；演练计划则确定演练的主要目标和任务；评价计划是对演练计划中演练目标、评价准则及评价方法的扩展；情景事件总清单是演练过程中需引入的情景事件按照时间顺序列表；演练控制指南是向控制人员和模拟人员解释与他们相关的演练思想，制定演练控制和模拟活动的基本原则以及说明、相关的通信联系、后勤保障和行政管理等事项。各个文件包含的主要内容见表3-3。

表3-3 应急预案演练方案文件体系表

演练方案文件	主 要 内 容
情景说明书	发生何种突发事件； 突发事件的发展速度、强度与危险性； 信息的传递方式； 采取的应急响应行动； 已造成的财产损失和人员伤亡情况； 突发事件的发展过程； 突发事件的发生时间； 是否预先发出警报； 突发事件发生地点； 突发事件发生时的气象条件等与演练情景相关的影响因素

表3-3（续）

演练方案文件	主 要 内 容
演练计划	演练使用范围、总体思想和原则； 演练假设条件、人为事项和模拟行动； 演练情景，包含事故说明书、气象及其他背景信息； 演练目标、评价准则和评价方法； 演练程序； 控制人员、评价人员的任务和职责； 演练所需要的必要支撑条件和工作步骤
评价计划	对演练目标、评价准则、评价工具及资料、评价程序、评价策略、评价组成以及评价人员在演练准备、实施和总结阶段的职责和任务的详细说明
情景事件总清单	情景事件及其控制消息和期望行动，以及传递控制消息时间或时机
演练控制指南	有关演练控制、模拟和保障等活动的工作程序和职责的说明
演练人员手册	向演练人员提供的有关演练具体信息、程序的说明文件
通讯录	记录关键演练人员通信联络方式及其所在位置信息
演练现场规则	为确保演练安全制定的对有关演练和演练控制、参与人员职责、实际紧急事件、法规符合性、演练结束程序等事项的规定或要求

4）应急预案演练的组织与实施方案

应急预案演练的组织与实施可分为演练的准备、演练的实施和演练的总结三个阶段。根据这三个阶段的划分，可以把演练前后应予以完成的内容和活动进行分解，得到演练的基本任务群，如图3-7所示。

（1）演练的准备。应急预案演练准备阶段的主要工作内容是成立应急演练策划小组或应急演练领导小组，确定演练目标和演练范围，编写演练方案，制定演练现场规则，指定评价人员和进行相关的人员培训，演练方案介绍（包括控制人员情况介绍会、评价人员情况介绍会和演练人员情况介绍会）等。

（2）演练的实施。应急预案演练实施阶段是指从宣布初始事件起到演练结束的整个过程。虽然应急演练的类型、规模、持续时间、演练情景和演练目标有所不同，但演练的实际过程中都包括非常重要的两方面内容：演练控制和演练实施要点。演练控制是向演练人员传递控制信息，保证演练朝着正确的方向进行。通过分析国内应急预案演练的实例，把演练实施要点总结为以下13个方面：初次通报、指挥与控制、通信、警报与紧急公告、公共信息与社区关系、资源管理、卫生与医疗服务、应急响应人员安全、公众保护措施、火灾与搜救、事态评估、人道主义服务、市政工程。

（3）演练的总结。应急预案演练总结阶段的核心工作内容就是通过演练评价过程编写并提交演练评价报告和总结报告，以及追踪演练时所发现问题的整改情况。演练结束后，评价小组应该采用合理的评价方法，依据评价标准对演练进行客观的综合评价。评估的目的就是要辨识应急预案和程序中的缺陷，辨识出培训和人员需要，确定设备和资源的

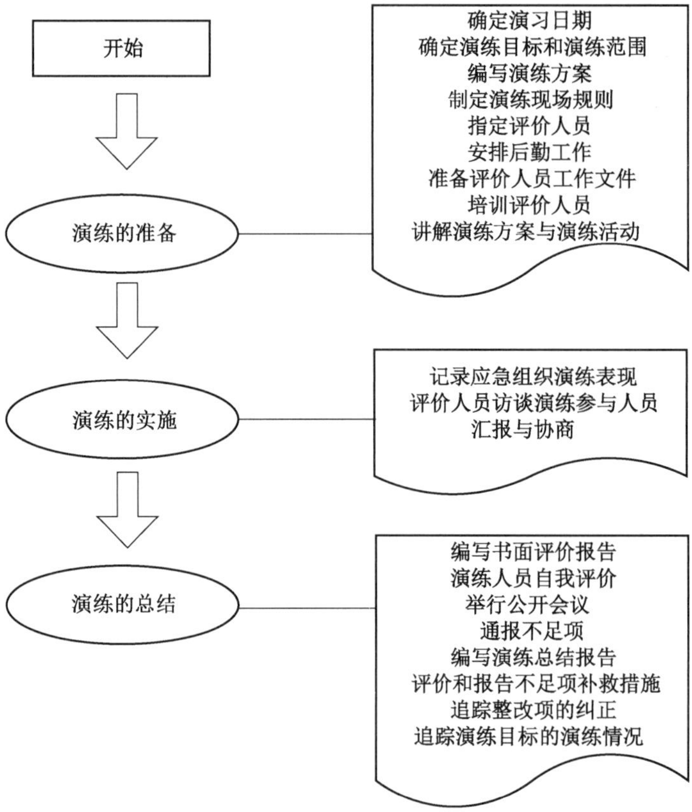

图3－7 应急预案演练的过程与基本任务

充分性，确定培训、训练、演练是否达到预期目标。

演练报告编写后应提交给有关的政府部门，并向预案制定单位提出建议。国务院有关部门和省（区、市）人民政府组织的综合性应急演练评估报告应报国务院应急管理办公室。

思考与练习题

1. 应急预案管理的范围包括哪些环节？
2. 应急预案管理的基本原则是什么？
3. 应急预案的基本结构是什么？
4. 试述应急预案的编制过程。
5. 应急预案培训计划的步骤是什么？
6. 应急预案演练的过程与基本任务是什么？

4 应急管理体制

学习目标：

（1）掌握应急管理体制的含义和特征。

（2）理解应急管理体制的结构框架。

（3）了解西方国家和我国的应急管理体制。

应急管理体制是指由政府应急管理机构、应急管理职能以及应急管理运行机制构成的制度体系。体制是优化应急管理体系功能、提高应急管理效率的基础。通过体制改革可以为预案、法制、机制建设提供组织基础，明确机构和解决制约应急管理改革的关键问题，并为整体性、系统性改革提供制度保障。

4.1 应急管理体制概述

4.1.1 应急管理体制含义

在公共安全事件频发的今天，是否具有很强的事故应急管理能力是衡量一个政府能否构建起和谐社会的重要标准。然而，当前我国政府突发事件应急管理体制还存在诸多缺陷。因此，需加强对突发事件应急管理体制的理论研究，完善公共安全应急法制体系与组织体系，建立良好的应急管理信息交流机制，以确保突发事件应急管理能力的全面提高，从而为构建和谐社会奠定坚实的基础。

应急管理体制是指为保障公共安全，有效预防和应对突发事件，避免、减少和减缓突发事件造成的危害，消除其对社会产生的负面影响，而建立起来的以政府为核心，其他社会组织和公众共同参与的组织制度体系。

《中共中央关于制定国民经济和社会发展第十四个五年规划和二〇三五年远景目标的建议》(简称《建议》) 确定了“十四五”时期经济社会发展必须遵循的五大原则，其中首要的是坚持党的全面领导。应急管理承担防范化解重大安全风险、及时应对处置各类灾害事故的重要职责，担负保护人民群众生命财产安全和维护社会稳定的重要使命。各级综合规划、应急管理专项规划及相关规划必须落实好五大原则，且首先要落实好党的全面领导这一重要指导原则。

1. 新定位新要求

当前时期我国各类矛盾和风险易发，各种可以预见和难以预见的风险因素明显增多。党中央始终高度重视应急管理改革发展，2019 年 11 月 29 日，中共中央政治局就我国应急管理体系和能力建设进行第十九次集体学习。新冠疫情爆发后，习近平总书记亲自指挥部署疫情防控工作，对突发公共卫生事件应急管理、应急物资保障体系建设等作出一系列重要指示。十九届五中全会在此基础上提出了新的要求。

《建议》设置专章，对统筹发展和安全，建设更高水平的平安中国进行部署。这表明应急管理工作的重要性进一步凸显，必须进一步落实总体国家安全观，坚持统筹发展和安全，增强机遇意识和风险意识，树立底线思维，把困难估计得更充分一些，把风险思考得更深入一些，注重堵漏洞、强弱项，下好先手棋、打好主动仗，有效防范化解各类风险挑战。

各级综合规划、应急管理专项规划及相关规划都要突出体现这样的新定位新要求。各级各部门党委在规划制定过程中，要把发展应急管理事业作为本地区本行业的重要战略任务来谋划，按照把安全发展贯穿到社会主义现代化建设各领域和全过程的要求来部署应急管理工作。在综合规划方面，各级党委要把做好应急管理工作作为本地区落实安全发展，维护和塑造国家安全，防范化解重大风险的一项重要任务来统筹考虑。在应急管理专项规划及相关规划中，牵头制定规划的行业部门要把加强党对应急管理工作的全面领导贯彻到推进应急管理体系和能力现代化的各方面和全过程。

2. 完善党的领导

以习近平同志为核心的党中央对应急管理工作高度重视，习近平总书记在主持中央政治局第十九次集体学习时，专题研究应急管理体系和能力建设。各级党委加强对应急管理工作的领导，多地尝试由党委主要负责人担任应急委或安委会主任。

各级党委在规划应急管理工作时，要对建立健全党领导应急管理工作的体制机制进行谋划，完善各级党委领导应急管理工作、及时解决重点难点问题的相关制度。

要加强党对应急管理工作各领域和全过程的领导。平时，加强党对安全生产、防灾减灾抗灾救灾、应急能力建设以及突发事件预防和准备等各方面工作的领导；突发事件发生后，加强党对应急处置工作的统一领导和指挥，以及加强党对善后处置、事件评估、吸取经验教训、查找漏洞、补齐短板、改进应急管理工作等各方面的领导。

要深化各级党委领导应急管理决策议事协调机构改革。各级党委应进一步论证和探索设立党委公共安全应急管理委员会，来统领应急管理和应急处置工作，统筹协调安全生产、防灾减灾抗灾救灾、公共卫生应急、社会治安等专项决策议事协调机构。

要完善党领导突发事件应急处置的决策指挥机制。这包括完善必要时组成党委应急处置领导小组，统筹协调指挥应急处置的工作机制，以及完善在必要时成立跨地区、跨部门、跨层级的应急处置临时党委的工作机制。

3. 发挥领导作用

在重大突发事件应对过程中，各级党政干部发挥了领导骨干作用，是一支政治上靠得住、业务上顶得上的力量。但公共安全形势日趋复杂，人民群众对安全的需求越来越高，党政干部应急处突能力跟不上形势和需求的现象普遍存在。

因此，“十四五”时期要着力推进和提高党政干部应急处突能力，使其能够更加胜任应急管理工作。要推进各级党政干部尤其是年轻干部加强思想淬炼、政治历练、实战锻炼，使其能够在突发事件应对过程中做到勇于担当、冲锋在前。

各级党政干部在平时要增强风险意识，要有草摇叶响知鹿过、松风一起知虎来、一叶易色而知天下秋的见微知著能力，对潜在的风险有科学预判，知道风险源头、表现形式、发展趋势。要做好风险防范和应急准备工作，下好先手棋、打好主动仗，做好随时应对各种风险挑战的准备，提升破解应急管理工作难题的能力。

要在应急处突工作中进一步发挥好党政领导的指挥作用。各级党政领导要努力成为所在工作领域的行家里手，不断提高应急处突的见识和胆识，对各种风险挑战，要做到心中有数、分类施策、精准拆弹。要提升协调各方的能力，做到善于引导群众、组织群众，善于整合各方力量、科学排兵布阵，有效掌控局势、化解危机。

突发事件发生后，党政干部要能够化危为机，吸取应对风险挑战和突发事件的经验教训，查找工作和体制机制上的漏洞，及时予以完善。

4. 加强堡垒作用

在新冠疫情防控斗争和各类突发事件应对过程中，各地基层党组织发挥了坚固的战斗堡垒作用，成为贯彻落实党中央关于应急管理工作重要部署的主力军和突击队，充分彰显了中国特色社会主义制度的显著优势。

“十四五”时期要把基层党建工作与应急管理工作进一步有机融合；把加强党对基层应急管理工作落到实处，把加强基层党组织对应急管理队伍、应急救援队伍、社会应急力量等的工作落到实处；要将党领导基层应急管理工作作为基层党建工作和基层应急能力建设的重要内容，在政治上领导好和监督好基层的风险防范、信息监测、应急准备等各项应急管理工作。

发挥好基层党组织在基层应急指挥系统、基层应急救援、基层群众中的主心骨作用，进一步完善基层党组织在应对突发事件中发挥战斗堡垒作用的工作机制，完善基层党组织做好应急管理工作的制度。要发挥好基层党组织在突发事件应急处置过程中的政治引领和政治监督作用。

要发挥好基层乡镇（街道）、村（社区）党组织的属地管理作用。必要时，在乡镇（街道）、村（社区）设立基层党的领导小组、临时党支部，使其在上级党组织统一领导下，整合基层的应急力量，带领各方应急队伍和基层群众开展好应急处置工作。

5. 发挥模范作用

发挥广大党员在应急管理工作中的先锋模范作用，既是我党一条重要的成功经验，也是今后在应急能力建设和应急处突工作中需要进一步坚持和加强的重要举措。

“十四五”时期，可将应急管理教育融入“不忘初心、牢记使命”主题教育中，各级党组织应着力教育广大党员承担起保障安全发展的责任，增强共产党员应当成为应急管理事业的骨干、成为应急志愿者和应急突击队员的意识。要教育广大党员在公共安全领域率先垂范，成为遵守安全规章、主动监督和维护安全的重要力量。要鼓励广大党员在应对突发事件中迎难而上，把应急处突工作当作加强党性锻炼的最好熔炉。

基层党组织在平时可通过组织培训和学习活动，帮助党员掌握风险隐患识别、应急处置等方面的知识和技能。训练广大党员成为在应急处突工作中能够担负急难险重任务的骨干力量、突击力量，还要教育各单位党员在基层党委、政府和基层社区的带领下，自觉成为维护基层公共安全的中坚力量。

4.1.2 应急管理体制特征

在与政府常态管理体制的比较中，突发事件应急管理体现出如下一些特征。

1. 坚持党的领导

党的领导是中国特色社会主义事业胜利的根本保证。应急管理是关系人民群众生命财产安全的大事，是经济社会高质量发展的重要标志，也是党和政府对人民利益高度负责的重要体现。实践充分表明，坚持党的领导是我国应急安全形势持续向好的决定性因素，也是应急管理工作的政治基础和根本保证。应急管理工作坚持中国共产党的领导，强化党对应急管理工作的核心领导作用，统筹推进应急管理能力提升，为实现应急管理体系和能力现代化提供坚实支撑。

2. 行政机关主导

由于突发事件是一类事先难以预料的公共事件，突发事件的发生会对整个社会公众安全造成极大的威胁，给社会稳定、健康发展造成极大损失，更严重的是，它可能给政府在社会、公众中的影响和形象造成极大的损害。因此，突发事件应急管理体制的建立，必须运用政府行政权力，以政府为主导、社会其他力量为辅助。

3. 应对突发事件

突发事件应急管理体制的建立具有强烈的针对性，应急管理系统的建立和运用必须以全面预防、及时将突发事件造成的损失降到最低限度为主。因此，突发事件应急管理体制的建立，须以应对突发事件为宗旨。

4. 行政程序简化

由于突发事件的发生具有难以预料性的特征，往往无法在事先扼杀其发生的意向。因此，一个突发事件应急管理系统快速反应能力的强弱，就直接反映了政府和社会在应对突发事件时的能力大小。因此，相比其他社会问题和公共事件，就要求应对突发事件时，应急系统必须具备快速反应能力，并能够在此基础上极大地减少损失。这意味着在一般事件处理中的程序，在应急系统中会起降低效率的作用，必须将应急性行政权力的行使程序简化。

5. 公民权利让渡

当突发事件发生时，必须举全社会之力、万众一心，应对危机。因此，在此时必须以社会利益为重，将危机造成的损失降到最低，这难免会使公民权利在一定程度上得到弱化。

6. 存续的暂时性

由于突发事件的发生具有极大的偶然性、不可持续性，且大部分突发事件为自然灾害、人为因素造成的事故。这就决定了虽然有些突发事件造成的社会影响恶劣、损失大，但是其存续时间具有天然的暂时性。

4.1.3 应急管理体制架构

1. 应急管理机构设置

应急管理体制的核心内容是应急管理机构的设置和职能定位，它明确了体制内各应急管理主体的法律地位和职责以及相互间的联系形式。健全的应急管理体制必须具有全面有力的管理机构作支撑。

所谓应急管理机构是指制定应急管理政策，提供应急管理服务，处置突发事件的公共组织。其主体纷繁复杂，包括政府及其部门，社会公共组织，主导组织等，其组织架构如图4－1所示。

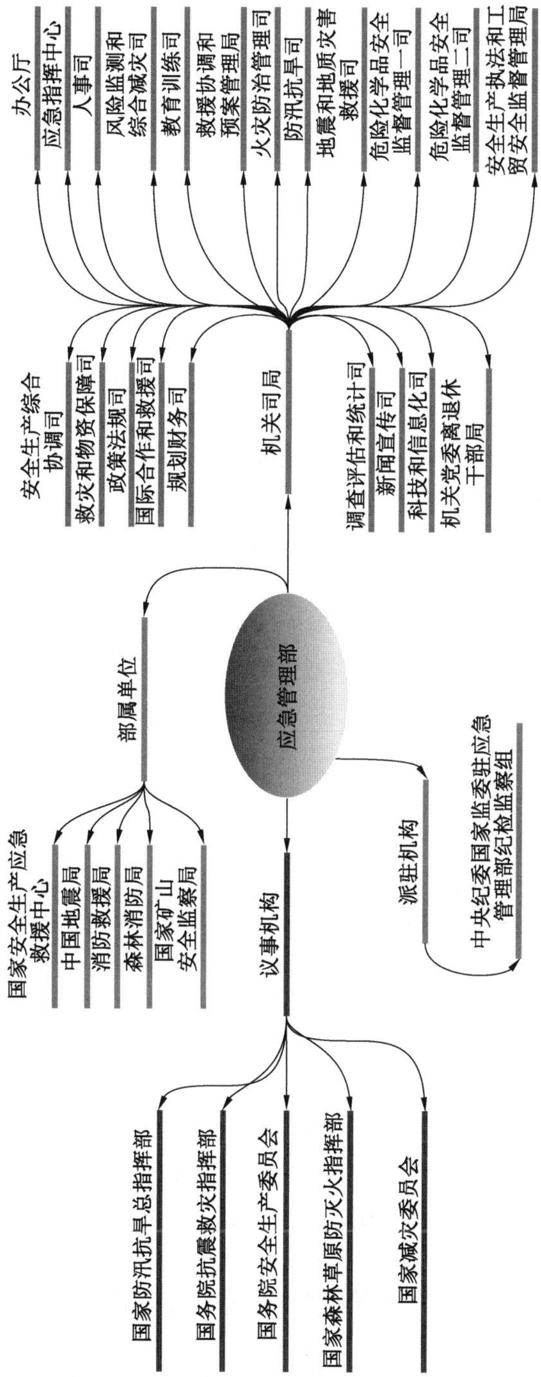

应急管理部
机关司局
办公厅
应急指挥中心
人事司
风险监测和综合减灾司
教育训练司
救援协调和预案管理局
火灾防治管理司
防汛抗旱司
地震和地质灾害救援司
危险化学品安全监督管理一司
危险化学品安全监督管理二司
安全生产执法和工贸安全监督管理局
安全生产综合协调司
救灾和物资保障司
政策法规司
国际合作和救援司
规划财务司
调查评估和统计司
新闻宣传司
科技和信息化司
机关党委离退休干部局
部属单位
国家安全生产应急救援中心
中国地震局
消防救援局
森林消防局
国家矿山安全监察局
派驻机构
中央纪委国家监委驻应急管理部纪检监察组
议事机构
国家防汛抗旱总指挥部
国务院抗震救灾指挥部
国务院安全生产委员会
国家森林草原防灭火指挥部
国家减灾委员会

图4-1 应急管理机构

应急管理部组织编制国家应急总体预案和规划，指导各地区各部门应对突发事件工作，推动应急预案体系建设和预案演练。建立灾情报告系统并统一发布灾情，统筹应急力量建设和物资储备并在救灾时统一调度，组织灾害救助体系建设，指导安全生产类、自然灾害类应急救援，承担国家应对特别重大灾害指挥部工作。指导火灾、水旱灾害、地质灾害等防治。负责安全生产综合监督管理和工矿商贸行业安全生产监督管理等。公安消防部队、武警森林部队转隶后，与安全生产等应急救援队伍一并作为综合性常备应急骨干力量，由应急管理部管理，实行专门管理和政策保障，采取符合其自身特点的职务职级序列和管理办法，提高职业荣誉感，保持有生力量和战斗力。应急管理部要处理好防灾和救灾的关系，明确与相关部门和地方各自职责分工，建立协调配合机制。

2. 应急救援队伍体系

应急救援是一个系统工程，需要动员和组织庞大的救援队伍，调动和利用大量的财力、物力，如果没有一个组织严密的、强有力的、高效率的救援指挥机构，是不可能有效地组织实施的。应急救援指挥机关就是一个整合应急救援资源，具有承建组织性架构和标准化处理原则的救灾指挥体系，也是能够协调、整合、指挥、调度各相关救援单位实施应急救援的指挥机构。我国现有的应急救援指挥机构基本是由政府领导牵头、各有关部门负责人组成的临时性机构，但在应急救援中仍然具有很高的权威性和效率性。应急救援指挥机构不同于应急委员会和应急专项指挥机构，它具有现场处置的最高权力，各类救援人员必须服从应急救援指挥机构命令，以便统一步调，高效救援。例如，发生突发事件时临时组成的现场应急救援指挥部就属于这种应急救援指挥机构。

面对2008年四川汶川特大地震灾害，数以万计的中国人民解放军指战员、武警部队官兵、民兵预备役人员和公安民警心系灾区人民安危，肩负党和人民的期望，冲锋在前、勇挑重担，发挥了主力军和突击队作用，成为解救受灾群众、医疗救护、卫生防疫、公路运输、电力抢修、恢复生产等方面的重要突击力量。

根据我国《军队处置突发事件总体应急预案》的要求，军队主要参与处置军事冲突突发事件、协助地方维护社会稳定、参与处置重大恐怖破坏事件、参加地方抢险救灾、参与处置社会安全事件等五类突发事件的处置工作。当今国内外安全形势迫切需要武装力量参与应对突发事件，实践证明，军队不仅成为国家处置大部分突发事件最有效的决定性手段，有时也是最后的手段，具有不可替代的作用。

综合应急救援队伍。在突发事件多样性、复杂性形势下，靠单一救援力量开展应急救援已不适应形势需要。大量应急救援实践表明，改革应急救援管理模式，组建一支以应急救援骨干力量为依托，多种救援力量参与的综合应急救援队伍势在必行。湖南等省市已组建各级综合应急救援队伍，建立政府主导、统一指挥、紧密协同、有序衔接的运行机制。

专业应急救援队伍。突发事件应急救援需要专业应急救援人员参与，以发挥其技术优势、装备优势以及抢险救援经验。大量事实证明，专业应急救援队伍已经成为应急救援主力军。

社会应急救援队伍。社会应急救援队伍虽然并非为应对突发事件而设，不具备突发事件救援和控制的职责，但在某些突发事件发生时，他们承担了一些应急救援和应急控制的任务，这使他们成为各种突发事件应急救援中的重要力量。例如，各种社会组织、企业以及政府或有关部门招募建立的由成年志愿者组成的应急救援队伍等。

4.1.4 应急管理组织体系

突发事件的应对是一个系统工程，仅仅依靠应急管理机构力量是远远不够的。需要动员和吸纳社会各种力量，整合和调动社会各种资源共同应对突发事件，形成社会整体应对网络，这个网络就是应急管理组织体系。一般来说，它应包括以下几个层面。

1. 政府及其部门

政府及其部门作为公共管理者和社会服务的提供者，拥有其他组织不可比拟的大量社会资源，领导、组织全社会构建应急管理体系是责无旁贷、义不容辞的职责。公共安全既是一种存在状态，一种心理氛围，也是安全的核心，它保障公民人身权和财产权安全，维护人民利益。有效预防、准备、回应和化解突发事件，使人民群众免于突发事件侵害，保障社会秩序和正常运转是政府的基本职能，也是政府及其部门的基本政治责任之一。政府及其部门作为国家代表行使维护公共安全职责，就是要通过提供公共服务，保障公民生命财产安全，维护公共利益，否则，就失去了存在价值。政府各个部门在应对突发事件时，在其领域内都负有义不容辞的责任。

2. 企业组织

企业组织是社会基本经济单位，是社会生产和经营的主体，也是社会基础细胞和根本物质来源之一。突发事件发生后，受灾地区的企业组织作为灾害的直接利益相关者，在做好向政府及相关职能部门报告信息的同时，责无旁贷地承担起在第一时间处置突发事件的责任，组织抢险救灾工作，最大限度地减少人员伤亡和财产损失。而受灾地区以外的企业组织作为社会资源的重要构成部分，在必要的时候，也应当通过各种方式积极为灾区提供各种资金、物资、技术设备、人员等方面的帮助。同时，政府在应急管理中，也常常需要借助企业资源，提供应急处置的救援需求、物资需求和重建需求，支持政府做好突发事件应对工作。由此可见，企业组织在应急管理中有着不可替代的作用。

3. 非政府组织

所谓非政府组织是指不以营利为目的，主要开展各种志愿性的公益或互益活动的社会组织，包括各类群体组织和民间社团等。作为一种社会力量，非政府组织具有众多促进社会发展的职能，在参与公共政策制定，监督政府政策的实施，推动公益事业发展，整合民间社会资源，开展灾害自救，推动公民参与，唤醒公民意识及塑造公民文化等方面发挥着越来越重要的作用。虽然应急管理是政府职责，但政府不能充当应急管理的唯一角色，需要政府、公民、社会组织、企业、国际社会之间的协作，需要各种角色参与应急管理，共同实现治理。优秀的非政府组织能够与政府之间形成协调互动的良性关系，协助政府共同应对突发事件。非政府组织具有民间性、公益性、志愿性的特征，在调动社会资源方面具有独特优势，可以弥补政府在组织、人员和资源等方面的不足之处。

4.2 国外应急管理体制

4.2.1 美国应急管理体制

为应对重大突发事件，及时向公众提供紧急救助，美国从 20 世纪 60 年代就开始了以“911”为统一报警号码的紧急救援服务系统建设，并在此基础上逐步形成了比较完善的应急管理体系，构建覆盖全美国的应急救援网络。

美国联邦、州、郡、市都设有紧急救援组织，有的是一个职能部门，有的是由同级议会授权的社会组织机构，它们共同组成美国减灾防灾、应对突发事件的组织指挥系统。由于美国实行联邦与地方分权制，各地在应急管理的机构设置上与联邦并不完全一致，应急处置机制也不尽相同。多数突发事件，直接由地方紧急救援机构就地解决，当突发事件的破坏程度超出了地方政府的救援能力时，再逐级向上申请援助。联邦应急管理署成立于1979年，是联邦政府负责处理重大突发事件的职能部门。联邦应急管理署的长官列入内阁成员，直接对总统负责。联邦应急管理署是在联邦保险办公室、国家防火办公室、国家气象服务局、联邦救灾办公室及国防部下的民防署等机构的基础上成立的，把原来分散于各部门的职能集中统一起来。FEMA常设职能部门和机构包括地区紧急事务管理办公室、紧急救援指挥中心、重大灾害救援小组紧急救援队伍、反应和恢复部、联邦保险和减灾部、消防部、对外事务联络部、信息技术服务部、救援计划管理部及联邦协调员部。其中，联邦协调员部的成员主要是代表总统到受灾区实施救援计划。FEMA的主要任务是：依据灾害发生周期，针对减灾阶段、准备阶段、响应阶段和恢复阶段，对如地震、洪水、飓风、辐射意外、恐怖事件等天然和人为灾害进行应急管理，统筹支援全美灾难事宜，全面推动整合危机管理计划，通过减灾、备灾、应变及复建，减少生命财产的损失。

美国各联邦、州、郡、市都有自己的紧急救援队伍，他们是紧急事务处理中实施灾害救援的主要力量。紧急救援队伍为了适应各类灾害救援的需要，又被分成若干功能组，各功能组相互配合、相互衔接，共同完成救援工作。联邦紧急救援队伍被分成9个功能组，每组通常由一个主要机构牵头，负责完成某一方面的任务。它们分别是：

（1）运输组。由交通部负责，主要提供民用和军用运输支持。

（2）联络组。由国家通讯委员会负责，提供通信支持。

（3）公共设施和公共工程组。由国防部和工程兵共同牵头，负责恢复基本的公众服务和设施。

（4）消防组。由林业局和农业部共同牵头，负责侦察及扑灭荒地、乡村和城市火灾。

（5）信息计划组。由联邦紧急事务管理署牵头，负责收集、分析和传播消息制定计划，帮助整个联邦紧急救援和恢复行动。

（6）公众管理组。由美国红十字牵头，负责管理受灾公众，分配食品、临时收容所、救援物资等事项。

（7）资源、人力组。由公众服务署牵头，为联邦各个机构提供设备、材料、必需品和人员。

（8）健康、医疗服务组。由卫生部负责，为公众健康和医疗需要提供帮助。

（9）城市搜索和救援组。由联邦紧急事务管理署牵头，负责找到并救出陷在倒塌建筑物中的人员；参加功能组的人员必须经过严格培训，持证上岗。

“9·11”恐怖袭击事件后，美国进一步提升危机管理的职能，成立了国土安全部，负责美国全域的突发事件应急管理。在此背景下，国外发达国家的大城市，也都先后建立了相应的综合性危机管理体制和管理模式。

4.2.2 日本应急管理体制

日本的应急管理体制是二战以后在总结典型的灾害事故经验教训的基础上逐步建立起来的。从 20 世纪 50 年代以部门为主的单灾种管理，到 60 年代的综合灾害管理，再到 90 年代中后期综合危机管理，管理体制机制历经两次转换，形成了特点鲜明的三个发展阶段，建立了相对完善的从中央到地方的应急管理体制。

“阪神大地震”(1995 年 1 月)、东京地铁沙林毒气事件（1995 年 3 月）伤亡惨重，日本开始反思过去以部门为主、以防范自然灾害为主的灾害管理体制弊端。1996 年开始，日本建立国家危机管理体系，以内阁首相为最高指挥官，由内阁官房负责各省厅之间的综合协调、联络，开始了由灾害管理向综合危机管理的转变。

（1）建立规格较高的危机管理机构。设立内阁危机管理监，直属内阁官房，专门负责处理政府有关危机管理事务。内阁危机管理监下设内阁危机管理中心，位于首相官邸的下一层，危机管理中心直接对应中央各省厅的危机管理部门，同时与地方政府、公众及企业保持联系，根据需要成立灾害对策本部，必要时首相亲任本部长以坐镇指挥。

（2）提升原有灾害管理机构的地位。1998 年，将设在国土厅的“中央防灾会议”改设在内阁，由首相担任会长，负责应对全国的自然灾害。“中央防灾会议”的成员除首相和负责国土交通的大臣外，还有其他内阁成员以及公共机构的负责人。在内阁中新增设一名负责防灾工作的“防灾担当大臣”，强化灾害的管理、防范工作。

（3）提高政府的综合危机管理能力。修改和完善法律、法规，强化政府综合行政管理权力，规范部门协作规则，提高政府综合行政能力和现场指挥水平。高度重视包括恐怖袭击在内的人为灾害的安全防范，由安全保障会议承担国家安全危机管理的职责，下设专门对策委员会，为决策提供建议。设立紧急对策小组，防止出现指挥人员不到位的混乱局面。

思考与练习题

1. 应急管理体制的含义是什么？
2. 应急管理体制的特征是什么？
3. 应急管理组织体系包括哪些层面？

5 应急管理机制

学习目标：

(1) 掌握应急管理机制的基础知识。

(2) 掌握应急管理的决策机制、信息公开机制、预警机制、社会参与机制、善后处理机制和保障机制。

5.1 应急管理机制概述

党的十六届历次中央全会和党的十七大报告，以及《突发事件应对法》《国务院关于全面加强应急管理工作的意见》《“十一五”期间国家突发公共事件应急体系建设规划》等文件和法律、法规对健全完善应急机制作了具体规定，建立了“党委领导、政府主导、军地协同、全社会共同参与”的应急管理工作格局，形成了“统一指挥、功能齐全、反应灵敏、运转高效”的应急管理机制，提高保障公共安全和处置突发事件的能力。目前，全国的监测预警等应急机制逐步建立健全。改革开放以来，我国城市和城镇人口在快速发展，城镇化和城市现代化进程的加快使我国的公共安全面临着诸多挑战。城市突发公共事件的主要特点是：城市灾害的多样性、复杂性、连锁性（次生、衍生和耦合），受灾对象的集中性，灾害后果的严重性，以及灾害影响的放大性。因此，加强城市的应急机制建设显得尤为重要。鉴于我国的基本国情是高风险的城市、不设防的农村，在加强城市公共安全工作的同时，还要特别加强农村应对突发公共事件的建设能力，充分发挥大中城市在应急救援工作中的骨干作用，协助周边农村开展应急救援工作。

5.1.1 应急管理机制含义

“机制”原指机器的构造和工作原理。《现代汉语规范用法大词典》对其解释为“有机体的构造、功能和相互关系；泛指一个复杂的工作关系及其内部的结构、规律等。”《古今汉语词典》解释“机制一是有机体的构造、功能特征和相互关系等；二是泛指一个工作系统的组织和部分之间的相互作用和方式。”这些表述不尽相同，但含义相同。一般认为：机制就是一个工作系统的组织及其内部关系或相互作用方式，是事物运动内在的规律性的东西。由此可见，机制一般由两个方面的要素组成：一是工作系统的组织要素，二是内部关系或相互作用关系要素。前者为硬件要素，后者为软件要素，两者相互依存、缺一不可。突发事件应急管理机制是突发事件应急管理系统中的组织及其内部相互作用关系，是适用于各种具体突发事件应急管理而又凌驾于具体突发事件应急管理之上的普遍方法。

5.1.2 应急管理机制原则

1. 信息整合能力最大化原则

管理学理论指出：突发事件的显著特征是突发性和信息的非对称性、时间的有限性等，如何在最短的时间内获取最多的信息并且整合为相关信息是正确决策的关键，因而该原则是突发事件应急管理的专业性要求。政府建立突发事件应急管理机制从某种意义上讲就是建立信息收集、整合及互动能力最大化的机制。

2. 权威统一原则

在应急管理中，一方面需要体现突发事件管理机理中对决策强力执行的要求，另一方面又需要体现突发事件应急管理中对信息获取的要求，同时还有便于公众参与的要求。因此，突发事件应急管理中需要保持权威和统一的相辅相成。“统一”是前提，是“权威”的保证，反之，“权威”又促进“统一”。决策者具有权威性，就能快速支配突发事件应急管理所需要的各种资源；同时综合管理机构的统一既便于决策者集中掌握决策信息，又便于执行者执行，也便于公众参与。

3. 平战结合原则

平战结合、多主体参与的治理结构是改善突发事件管理现状的根本途径。平战结合原则是指政府突发事件响应机构既负责一般突发事件管理，又作为重特大突发事件的基础力量或重要组成力量。这里的“战”是相对于一般突发事件而言的。平战结合、多主体参与，既能使重大突发事件的管理有良好的基础，又能使一般突发事件得到充实。同时，政府用于突发事件应急管理的运行成本和交易成本也大大降低。

4. 整合优化原则

整合优化原则是针对我国突发事件应急管理中的突出问题而提出的。目前，政府应对突发事件的力量分散，“单灾种”的应急“版本”多，综合性的少；处置各类重特大突发事件的部门较多，但大都各自为政。优化整合原则，既对国外合理的经验兼收并蓄、博采众长，又立足现实、充分利用现有资源，这无疑是建立符合我国国情且与我国经济基础现状相适应的突发事件应急管理机制的有效途径。

5.1.3 应急管理机制内容

应急管理机制是一定范围内社会各种组织群体和个人对各种紧急状态采取应急反应的过程。紧急状态是一种特别的、迫在眉睫的危机或危险局势，它影响全体公民并对整个社会的正常生活构成威胁。应急管理机制包含应急管理各种活动的内容功能及其相互关系。由于紧急状态具有突发性和不确定性，应急机制的重点在于快速、灵活地协调各部门、组织、资源、行动之间的关系。

当前，各种传统和非传统安全因素对国家安全和社会稳定的影响日益显现。加强应急管理工作，建立健全公共安全应急管理机制，提高国家保障公共安全和处置突发事件的能力，预防和减少自然灾害事故灾难、公共卫生和社会安全事件及其造成的损失，是坚持执政为民的重要体现。突发事件应急管理机制是指在法律规定的框架内动员社会力量协作参与，征调一切可用的人力、物力、财力，以有效应对突发事件的一系列制度化体系的有机构成。建立信息畅通、反应快捷、指挥有力、责任明确的应急机制是应对突发事件的关键措施之一。本书认为突发事件应急管理机制的体系应由决策机制、信息公开机制、预警机制、社会参与机制、善后处理机制、保障机制六部分有机构成（图 5 - 1）。

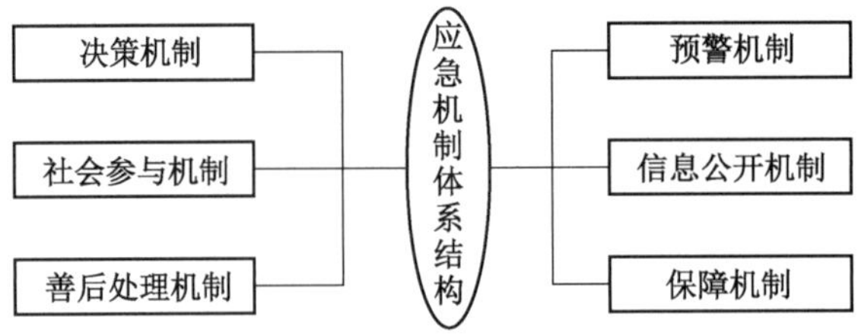

图5-1 应急管理机制体系结构

1. 决策机制

1）应急管理决策机制含义

要想明确决策机制的概念，必须首先将其分为“决策”和“机制”两个部分来看，其中“机制”一词是核心词。

通常认为，政策是通过一系列的步骤被制定出来的。例如，林德布洛姆认为决策的步骤一般包括：

（1）对问题的初步分析或探究。

（2）确认目标或目的。

（3）选择或决定。

（4）详细审查可能取得这些目标的政策。

同时他也认为，决策是一个非常复杂的分析和处理过程，这一过程既无开端，也无结尾，其界限极不确定。一些复杂的，我们称之为决策的力量，由于某种原因结合在一起，产生了被叫作“政策”的这种结果。

决策是一个“过程”，是由一系列的步骤组合而成的有机体。这一系列的步骤究竟是如何组合在一起的，这就是“机制”的问题了。机制泛指一个工作系统的组织或部分之间相互作用的过程和方式。“机制”的实质是“过程和方式”。进一步把“决策”和“机制”二者结合起来可知，“决策机制”指的就是有关决策流程和方式的制度化或潜制度化的组合方式。

决策机制与决策体制既相互联系又彼此有别。决策体制一般是指有关决策组织模式和决策主体之间的相互权力关系的正式制度建构，而决策机制是在一定的决策体制当中，有关决策组织或主体进行实际决策的具体运作流程和运作方式如何组合、搭配和衔接方面的正式或非正式的规则设计。决策机制通常是决策体制的具体表现形式之一，受决策体制的制约，为决策体制服务。

2）应急管理决策机制特点

应急管理决策机制的特点：

（1）运作流程紧迫、快速。尽管其过程也与常规决策一样，包括问题的察觉与认定，决策目标的确立，决策方案的拟订，决策方案的评估、抉择、实施与调整等步骤，但突发事件应急管理决策毕竟是时间紧迫，因而常常属于快速决策，并通常难以进行充分的问题认定和方案分析。并且突发事件应急管理决策因为信息等条件约束很强，有时不会一次完成，可能要随着信息的逐步充分和情况的逐渐明朗，而由一连串逐步修正的决策构成，从而也呈现渐进决策的特点。

（2）运作方式小规模、多数制或个人决断制。突发事件应急管理决策的运作方式分广义和狭义两种。广义是指突发事件应急管理决策实际所有的方式，包括决策组织方式、决策表决方式等；狭义则是对于一个突发事件应急管理决策的表决方式。突发事件应急管理决策的运作方式，从决策组织方式来看，由于时间紧迫而需要快速决策，所以通常都不会采纳大规模组织决策方式，而采用小团体决策模式，如英国等国家的战时小内阁式决策；从决策表决方式来看，突发事件应急管理决策通常难采用全体一致规则，而比较多地采用多数制，有时甚至会采用个人决断或首长负责制。

3）应急管理决策机制类型

理想的突发事件应急管理决策机制应该能适应危机管理和决策的实际需要，做到迅速有效、精准科学、规范灵活、协调统一、责任明确等。

“迅速、及时”是突发事件应急管理决策的第一要求。突发事件情景时间紧迫，容不得官僚主义和久拖不决，有关决策主体必须快速决策应对，机不可失，时不再来。在此基础上的有效应对则是最核心的追求。所谓有效就是要以最小的成本避免危机发生或扩大，把危机的负面影响降低到最小，把危机带来的机遇效应放到最大。

精确科学是理性决策的要求。危机往往具有相当的不确定性，加上时间紧迫，很难真正完成或实现科学决策，但决策的最终效率不能依靠运气，还必须要尽可能地通过一定程度的科学分析和准确判断。突发事件应急管理决策往往又是小团体决策，这种决策的最大问题是决策者的智力资源有限，科学决策的水平不够，因而需要依靠有关专家的及时参与。突发事件应急管理决策如果超出决策者理性判断能力范围，只要时间允许，就应及时咨询有关专家的意见。

规范灵活要求突发事件应急管理决策通常要依法规范进行，也要能够灵活处置突发事件。应急管理决策毕竟是公共决策，通常必须纳入法制轨道，以确保公共利益的实现。同时每个突发事件往往都有自身的独特性，一般都需要有一定的灵活抉择空间。因此，突发事件应急管理决策既要体现法治的精神，在一定的法制框架下进行，又需要灵活处置的制度、空间，以便能灵活有效地应对特征各异的危机局面。

协调统一要求突发事件应急管理决策相关主体不能各自为战，而必须协调一致，相互支持与配合，形成应对危机的强大统一体。协调统一的具体内容主要涉及决策权力、决策信息、决策资源、决策目标及手段等的协调统一。

责任明确要求突发事件应急管理决策要体现权责一致性和责任明晰性。突发事件应急管理决策者的权力往往很大，责任也相应较大，并且这种责任必须是明确的和可追究的。这种责任追究往往不仅体现法治要求，更体现民主精神。突发事件应急管理决策因为往往具有规模小、事前和事中的民主性不强等特点，因此主要依靠事后的责任追究来体现民主制约性。

基于上述分析，突发事件应急管理决策机制应该主要包括快速决策机制、科学决策机制、依法决策机制、协调决策机制和责任决策机制等。

4）应急管理机制决策过程

突发事件应急管理决策是由一系列相关行为组成的一个过程，可将其概括为危机问题的界定、决策目标的制定、方案的拟定、方案的评选4个环节。

（1）危机问题的界定。应该划定危机问题范围，重点研究突发事件应急管理决策中包括哪些需要解决的问题。一般来说，研究危机问题的要求越高，需要解决的问题就越多，原因就越复杂。在对问题确定的基础上，即可对危机决策问题的性质和条件进行分析。具体内容包括界定危机的性质和种类，是“天灾”还是“人祸”，是对抗性危机还是非对抗性危机等；界定危机的时空范围，预测危机可能危及的区域和可能持续的时间等；界定危机的发展阶段，目前是处于前兆阶段，还是处于紧急阶段、持续阶段或善后阶段等。

（2）决策目标的制定。决策者应根据对危机发展阶段的判断，按照产出价值优先原则确定决策的目标顺序。确认目标必须坚持总体性原则和具体性原则。总体性原则：要求决策者着眼于决策的总体目标而无条件放弃局部利益。具体性原则：由于决策者所感知到的目标往往是目标的某一层次，决策者必须清楚当前目标层次的内涵，并且在资源既定情况下，选取一个最优的具体目标。争取尽快突破，为实现总体目标服务。而总体目标统率具体目标，具体目标则服从和服务于总体目标。

（3）方案的拟定。目标确定后，应尽快设计解决方案。在设计方案时必须把所有可能的备选方案都列举出来，然后选取最优的决策方案；同时，方案之间应互相排斥，不允许某一方案包含于另一方案中，也不能两个方案一起采用。只有这样的决策才是果断有效且科学的。方案拟定必须果断，不能无休止地讨论，否则会延误时机。另外，由于危机发展的难以预料性，决策方案的设计要根据危机的发展情况不断完善。同时，必须有相应的备用方案。一旦所制定的方案无法适应情况变化的需要，要及时调整方案，争取危机处理的主动权。

（4）方案的评选。方案拟定后，即可对每种备选方案在危机状态下的后果进行预测，并着手方案评价排序。方案的评价和选择密切相关，决策者要用系统分析方法来排列各种方案的优先次序。这就需要适当的评价指标。方案评价需要设置明确的评价指标，进行有效的判断。危机决策是风险决策，在抉择方案时可采用最大可能法、期望值决策法、树型决策法、灵敏度分析法、效用分析法等。方案的最终抉择要在听取咨询人员建议的前提下，由政府负责危机管理的行政领导最终作出。

2. 信息公开机制

突发事件发生后，人们在震惊和恐慌的同时，会千方百计地寻找与事件有关的任何消息，包括小道消息、各种传闻等。他们的这种行为其实是一种本能的反应。如果正常的信息被捂着、盖着，公众得到的信息肯定是失真，至少是不对称的，可能谣言满天飞，恐慌进一步加剧，导致恐慌性的经济行为发生，衍生出影响社会稳定的事件。

正确的思想舆论导向在实现和谐社会的事业中起着旗帜指引的作用。在现代信息社会中，大众传媒在塑造公众价值观念、强化公众意识、反映和引导社会舆论等诸多方面都发挥着巨大的作用。毫不夸张地说，媒体的社会传播效果直接影响着政府管理的能力和绩效，直接影响着一个社会的风气和政治稳定。

随着科技的进步，媒体的类型越来越呈现出多样化发展趋势，既有报纸、杂志等纸介媒体，又有广播、电视等电子媒体，还有互联网、手机等网络媒体。在危机事件肆虐的现代社会，公众的心理是十分脆弱的。如果此时社会流言已经出现，政府就有必要通过媒体告知一些必要的情况，以维护政府在危机处理中的形象。通过媒体的正确宣传，才能降低社会恐慌，安抚民众。

政府在突发事件应急处置中存在的信息发布问题，主要体现在两方面：一是对事关公共利益的信息，是应当隐瞒，还是及时公开，这是摆在政府官员面前最难和最现实的选择；二是对事关公共利益的信息，由谁来公开，即公开信息的内容由谁把关、谁来发布；这个问题需要用体制来解决，如建立日常应急管理机构和建立日常新闻发言人制度等。

我国的新闻发言人制度已经成为政府管理和服务的必要和有效方式，在政府与公众沟通中体现了它的实际价值和效能。例如，在面对各种突发事件、国际局势、国内外事务等方面，政府新闻发言人基本能够迅速及时地作出反应，为媒体提供权威性的信息，保持与公众的信息通畅，满足公众的知情权，引导社会舆论，促进社会稳定。如今信息技术和大众传媒飞速发展，信息对公众具有很强的导向作用，公共信息可以影响公众的思想和行动，也为公众保护自身利益提供了依据。实质上，政府信息公开的主要动力源于公众知情权的需求。公众知情权是现代民主政治的根本要求，是监督公共权力的有效手段，也是新闻发言人制度赖以存在的法理基础。

根据应急管理的不同阶段，新闻媒体对事件的报道一般应分为前期报道、中期报道与后期报道，每一阶段的报道重点应有所侧重。在前期报道阶段，媒体应集中报道发生了什么事情，对事件的情况了解到什么程度，以及对现场情况的客观评价。如果要进行采访，则尽量安排事件的目击者和应急处置工作的亲自参与者。在伤亡人员的详细情况还未得到证实和其亲属还未被通知的时候，此方面的消息一般不应公开，而应当解释说还需要一个较长的时间来对被害人进行鉴定。信息公开的程度以避免出现偏见、误解为准则。在中期报道阶段，随着事件应急处置过程的发展，新闻媒体关注的焦点就会转移到医疗救护部门或避难场所，采访受害人的情况。而在后期报道阶段，作为新闻报道的一个连续过程，在这个阶段主要应从正面进行报道恢复的进程、社会公众对事件应急过程的评价及恢复阶段遇到的困难，以获得社会的支持。

3. 预警机制

1）应急管理预警机制含义

预警机制是突发事件应急管理的第一道防线。突发事件的预警，是指公共事件管理的主体根据有关事件现象过去和现在的数据、情报和资料，运用逻辑推理和科学预测的方法技术，对某些突发事件出现的约束条件、未来发展趋势和演变规律等作出科学的估计与推断，并发出确切的警示信号，使政府和民众提前了解事件发展的状态，以便及时采取相应策略，防止或消除不利后果的活动。建立预警机制就是要对可能发生的各种突发事件有一个充分的估计，提前做好应急准备，选择一个最佳应对方案，最大限度地减少损失。

2）应急管理预警机制特点

突发事件预警机制最主要的目标是对所有突发事件发生因素进行准确预测和有力应对，而要实现这一目标，就必须保证突发事件预警机制具备以下特征：

（1）科学研究正规化。要有专门研究机构、研究人员、专项研究经费，政府和社会的研究机构要精诚合作、信息沟通、取长补短，确保各项工作顺利实施。

（2）组织结构动态化。政府预警组织应设在公共管理有关常设部门和各行各业有关组织结构中，履行平战兼容、一举两得的管理职能，这些部门和机构在进行日常管理的同时，兼管突发事件预警预设的有关事宜。

（3）法规体系多样化。政府应建立健全预防和处置突发事件的各类法律、法规和规章制度，各种法规之间形成相辅相成、相得益彰的融合体系。

（4）技术装备信息化。突发事件处理部门需运用信息技术建立突发事件爆发前的危机管理知识系统，信息综合分析、评估系统。

3）应急管理预警机制作用

预警机制就是利用现代化的技术检测手段，对公共卫生、气象、地震、安全生产等专业部门的各种隐患进行数字化实时监测和分析，制定综合预警体系建设的技术标准，建立健全对各种突发事件的预警指数和等级标准，并根据情况向不同范围内的组织、媒体及公众进行通告。

虽然突发事件表现出很大的偶然性和随机性，但在本质上是可以预测和预防的。导致突发事件爆发的因素可能是人为因素，也可能是自然因素，但一般以人为因素居多。即使在印度洋海啸这样的自然灾害中，造成如此重大伤亡在很大程度上也是人为的原因。此次海啸之后，建立海啸预警机制成为全球关注的热点。强化专业预警预报信息系统建设，科学准确的预测预报可以为有关部门的决策和应急提供突发事件的动态信息。预警机制的核心部分是应急联动中心，应急联动中心应逐步整合各类紧急报警服务号码，负责接收全市范围内各种监测信息，经过计算机分析处理后，即时分发给 110、119 等子系统。一旦发生突发事件，尤其是出现跨区域、大面积和可能发展为严重灾害的态势时，根据预案进行统筹处理。

4）应急管理预警机制构成

突发事件应急管理预警机制建设应包括以下 7 个方面。

（1）建立信息管理系统。从技术的角度来看，突发事件信息管理系统就是为危机管理者收集、处理和传递信息的系统。因此，理想的突发事件信息管理系统能够识别各类用户的信息需求，在海量信息中进行搜索，为零散的信息附加价值，并进行组合，提供有价值的整体信息，从而有效地开展危机管理。从管理的角度来看，突发事件信息管理系统是以国家层级的信息中枢为核心，整合各相关信息子系统的有机结合体，并以突发事件的全流程信息管理为基础，以危机的信息通信为途径，以突发事件管理机制为平台，再综合其他相关要素，构成全面整合的政府突发事件信息管理系统。

（2）国家突发事件管理信息系统。国际上一般由国务院层级的危机管理委员会牵头，整合中央政府各个危机管理职能的部委办的信息系统为突发事件管理信息系统，突破“数据孤岛”的弊病。该系统在国家层级上统一指挥和协调具有危机管理职能的部门执行任务和开展日常管理。突发事件管理信息系统由信息化的硬件和支持软件、信息通信系统、应用软件构成。运行时，有权进入数据库和分析功能库的管理员将有效地进行部署和决策。系统运用标准化的管理结构规定了通用的数据格式、标准化的系统操作界面等，以便于学习、使用、维护、升级和运用。在发展过程中，突发事件管理信息系统可以整合更新的技术和能力，包括：数据库供授权用户获取资料；数据仓库用于支持决策，形成执行汇报系统；网上的参考图书馆，加速系统内部的知识传递；用于分析地理信息和提供地理支持的 GES 能力；图像储存和检索系统，用于保存通信中的图像信息，供公民查证，支持灾难调查报告；工作流程管理，用于追踪应用软件和文件的执行情况，跟踪财政法案的执行；电子签名，使得财政控制形成流水作业；交互式语音回应系统，用于便捷地回答公民的请求和询问。

在层级上，国家突发事件管理信息系统处于国家的最高层级，是掌握核心和重要信息资源的综合性信息中枢。鉴于公共危机管理的专业性很强，在该系统之外还需要设置专门的专业化信息系统，并保持资源共享、互联互通。

（3）地理信息系统。地理信息系统的主要用途在于将多种数据来源汇集，通过交互分析，能够支持危机的事态评估。例如：地理信息系统的地图分析中心在台风着陆之前就执行了危害评估，评定了损害级别，以及辅助决策所需应对的范围；台风着陆后，地图分析中心通过整合遥感数据进行毁坏情况评估，协助回应的部署；地图分析中心再将具体的灾害协助应用数据与遥感数据重合起来，进行更全面和复杂的灾害影响评估。

地图分析中心通过内部网，可提供用户可视化的动态地图和数据。例如：将地理信息系统地图与建筑物位置信息，以及风速和风向传感器的数据相结合，在放射性或有毒气体等泄漏时，提供准确的逃生路线。整合的地理信息系统编码数据，能够提供事件所在地的车辆、船只、人员、救灾供给等，便于地方制定撤离方案，作出回应和进行灾后的重建。目前，地理信息系统各子系统应用的软件种类比较多，存在数据格式不统一的问题，需要转换成统一的地理信息系统数据，争取向高质量数据格式的方向发展。

（4）财政管理信息系统。财政管理信息系统是突发事件管理过程中进行财政管理的核心，将扩展和应用于所有具备危机管理职能的部门，主要用于改善公共危机管理方面的财政管理系统，确保财政管理的责任和可控，以及妥善管理灾难救济金。

（5）资产和后勤信息管理系统。资产和后勤信息管理系统是整个公共危机管理系统的资产管理和后勤信息管理支持系统。该系统在结构上要与国家突发事件管理信息系统紧密配合，支持整个公共危机管理机构与财产和后勤相关的所有职能，并做好监管。资产管理包括：新项目管理，资产转移，借贷，地方资产管理，资产管理的行政方面，预存重要物资，库存量调整，资产处理，成套设备管理，按计划运输等。后勤信息管理包括财产维护，资源追踪，添置资产，设备管理，以及安全欺诈、浪费和滥用的监管等。

（6）人力资源信息系统。危机的应对和灾后的重建实际上是人力资源方面的高强度活动。不仅需要大量的志愿者，而且需要具备领导、规划、操作、命令、控制、沟通、搜索、救援、法律执行、教育、运输、医疗建模、仿真救火等专业技能的人员。人力资源信息系统储备具有专项危机管理能力的人力资源信息、就绪状况、受训水准情况等，储备志愿者的信息等，为危机管理提供人力支持。人力资源信息系统应配备有安全的准入控制和保密设置，其信息将与财政管理数据整合成为更复杂的资源信息数据库和管理汇报系统。人力资源信息系统的下一步发展趋势将是信息自动更新、工作流程管理、自动需求分析、自动跟踪人员的活动等更加智能化的资源管理。

（7）知识系统。突发事件管理的复杂性决定了危机管理对于知识的需求量极大。广义的知识系统涵盖了突发事件的所有信息和知识，包括突发事件的常识，突发事件的就绪状况，突发事件相关的机构、职能、预案、能力等状况，国内外的经验教训，国内外的经典案例，专家信息等。从外在的表现来看，一般以突发事件管理决策支持系统的形式出现，并以公共危机管理的案例库和专家库为核心支持。公共危机管理的知识系统将极大地推进危机管理的能力建设，保持可持续发展。

4. 社会参与机制

突发事件应急管理工作也应该成为广大人民群众参与社会建设的重要形式之一。毫无疑问，政府在突发事件的预警、反应和灾后重建的过程中，发挥着最主要的作用，但仅仅依靠政府的力量并不能做到真正意义上的突发事件应急管理。因此，在强调政府部门突发事件应急管理的快速反应性、责任性、透明性等原则的同时，也要运用公共治理理论，实现政府突发事件应急管理系统参与主体的多元性，最大可能地吸纳社会各种力量、调动各种社会资源共同应对危机，通过明确各自的责任、制定相关政策等手段构成统一的突发事件应急管理系统参与机制。本书所讲的突发事件应急管理的社会参与机制包括以下几方面的内容。

1）非政府组织

作为社会的自发组织体系，非政府组织（NGO）具有众多促进社会发展的功能：推动政策制定的公正性，协助弱势群体及普通大众，落实及促进社会公共利益，监督政府公共政策的实施；整合民间社会资源，倡导社会改革运动，推动公益活动事业；推动公民参与，唤醒公民意识及塑造公民文化；促进社会整合，满足人类的高级需求等。每一项都和整个社会以及人民群众的切身利益紧密相关，在某种意义上充当了人民大众代言人和公仆的重要角色。由此可见，非政府组织在政府和民众之间起到了协调各方利益、积极促进社会和谐的桥梁作用。

目前来说，非政府组织参与推动社会发展的策略和方式主要有组织公益活动、呼吁公众参与、倡导社会议题、发动宣传教育等，其参与公共政策的过程主要有政策倡导、游说、舆论、自力救济（互助）、策略联盟等。

（1）各种营利性组织。在西方发达国家，政府非常重视各类社会组织，特别是营利性组织在突发事件应急管理体系中的参与作用：一方面，营利性组织是突发事件潜在的危害对象；另一方面，对于那些大规模的突发事件的应对，政府在调动所掌管的各种公共物资和资源进行突发性危机管理活动时，有可能还得动用各种营利组织的资源，支持政府危机管理活动的需要。

营利性组织是除非政府公共组织、社会大众外社会的重要组成力量。相对于非政府公共组织，营利性组织具备更为强大的经济实力和物资储备，人际资源上接触的范围和对象要广于公共组织；相对于人民大众，营利性组织又具备更为严密的组织体系和严谨的规章制度。在与政府的互动上，通过日常有关政府部门的指导和监督，可以帮助这些组织建立起良好的应急组织文化氛围，既提高了他们自身抵御危机的能力，也加快了灾后的恢复重建进度；同时，还实现了在物资调配、人员调动等方面与政府部门的良性互动，提高了政府和社会的危机应对能力。因此，政府应努力开创条件，让营利组织广泛参与到危机管理活动中，发挥他们的优势和特殊作用，通过寻求科学的互动政策、建立良好的合作关系、明确各自危机应对职责的方式达成统一的社会协作体系。

（2）普通公众。突发事件不仅是对政府能力的挑战，更是对社会整体能力的综合考验。在通常情况下，社会公众是危机事件直接威胁的对象，也可以称之为直接的“受灾体”。此时，社会公众的生命和财产安全便成为政府危机管理最为重要的内容，而社会公众自身的危机意识、危机预防能力和危机应对水平便成为决定政府危机管理质量的重要因素。

2）专职应急机动队伍

突发事件需要训练有素的人去应对。人既是组织的主体，又是资源的主体，任何先进的救援仪器都是由人来操纵和支配的。要通过配备各类先进的救援器材和装备，提高应急装备和技术水平，制定应急处置专业技术方案，提高组织协同和各专业保障单位的能力，提高快速反应和执行任务的能力。各级政府应花费一定的成本对应急决策、应急执行等系统的骨干成员开展有目的、有计划、有系统的实用技术培训和模拟实战演练，使他们能够掌握应对各类应急突发事件的扎实功底，以便在将来可能发生的重大突发事件面前处变不惊、指挥若定，平时也应做好相应的物资储备，做到有备无患。

3）社会动员机制

突发事件社会动员是指应对突发事件时，各级政府、社会团体、企事业单位在政治、经济、科技、教育等方面统一组织的动员准备、实施和恢复活动。政府依据突发事件的危险程度、涉及范围、人员伤亡等情况，确定社会动员等级，报请上级部门批准。相关应急部门负责属地社会动员工作，包括宣传教育、制定社会动员方案、组织实施和协调各部门开展工作，在启动属地区域应急处置预案时发布社会动员令，向社会公众发布灾害信息，实施现场动员，提供有关保障，组织人员疏散、隐蔽和隔离等。政府是参与突发事件应急处置的主力军，但考虑到我国的国情以及应急工作的实际需要，可以大胆探索市场经济体制下拓宽应急思路的可行方法。根据国外经验，可以充分发动民间力量参与应急事务的处置，政府可以通过政策引导、经费资助、规范指导等多种途径使民间应急力量得到发展壮大，成为政府应急力量的重要补充。同时，应特别重视基层和各项基础工作，做好社区、农村、学校、医院、企事业等基层单位应急管理工作，提高基层应对突发事件的处置能力。广泛宣传和普及公共安全知识、应急管理知识、灾害知识、防灾救灾和自救知识，提高公众参与应急管理能力和自救能力。

5. 善后处理机制

突发事件应急管理的善后处理是指突发事件应急管理的恢复和重建工作。突发事件应急管理的恢复和重建机制指突发事件已经得到根本控制，需要采取措施缩减突发事件的破坏程度，尽力把情况恢复到突发事件发生之前。在突发事件的缓解衰退期和解除消失期，恢复和重建机制发挥着重大作用，主要作用于秩序恢复、设施重建、人员安置、心理平复、独立调查和组织变革等方面。

政府应当立足于现实情况，明确突发事件发生后组织工作的目标趋同和政策导向。为此，政府需要很好地了解、确定和解决两个重要任务：

第一，圆满处理危机善后，即政府以突发事件的解决为中心和契机，配套地解决和控制一些与突发事件相关的、可能导致突发事件局势再度发生的各种社会问题，巩固应急管理的成果。

第二，从突发事件中获益，变危险为机遇，即政府通过对突发事件发生原因、应急管理过程的细致分析，总结经验教训，提出在技术、管理、组织机构及运作程序上的改进意见，进而进行必要的组织变革。综合起来就是做好对人的管理和物资及系统的恢复两方面的工作。

对人的管理工作首先要明确区分危机情境中的各类人。危机情境的参与者包括受害者、反应者和旁观者。受害者是指在突发事件中直接或间接地受到突发事件影响的人，包括生理和心理受创伤者。反应者是指从事与突发事件应急管理有关联工作的人，包括那些身处突发事件现场但是未曾受过专门训练的旁观者和受害者、参与突发事件应急救援的专业救援人员和志愿者。旁观者是指经历了突发事件但并未遭受实际损失的人，包括身处事发现场的真正旁观者和通过一定途径看到事发情况的虚拟旁观者。这些危机情境的参与者在经历突发事件之后都会在一定程度上遭受压力，并面临着各种不确定性而身心不安，因此要注重使这些受突发事件影响的人尽快恢复，尤其是心理恢复。

物资和系统的恢复工作要考虑以期望恢复的速度和实际造成的损失来确定部署。政府和指挥决策者决定期望恢复的速度，然后根据突发事件的规模以及由突发事件造成的损失数目的大小进行调整；实际造成的损失可由突发事件发生时反应和管理所耗用的资源数量来计算。恢复速度主要取决于以下关键因素：

（1）可以调配的资金。

（2）有效资源的补给。

（3）重获物资及劳动力的途径。

（4）遭受损失的多少及影响范围，包括直接的和间接的。

（5）突发事件发生前恢复计划的准备。

（6）信息沟通程度。

突发事件往往会引起经济失序、政治失序或社会失序，使社会出现一种高度不稳定的紧张、失衡状态，这种状态可能会持续较长的一段时间；而且一些突发事件还可能引发涟漪效应，在另一个领域引发出一场新的危机。因此，恢复和重建过程应当是在突发事件的缓解衰退期和解除消失期，做好跟踪、反馈工作，同时投入人力、物力、财力，从尽快恢复重建灾后人民基本生活秩序入手，再进一步更新、建造设施和系统，从而确保突发事件得以根本妥善解决。

6. 保障机制

在应急管理准备过程中，应急保障体系有着重要的作用，保障体系的水平高低决定着应急管理工作开展的效果与水平。一般而言，应急保障体系包括应急资金、应急物资、避难场所、应急通信等方面。

1）应急资金

《国家突发公共事件总体应急预案》规定：要保证所需突发公共事件应急准备和救援工作资金。鼓励自然人、法人和其他组织（包括国际组织）按照《中华人民共和国公益事业捐赠法》等有关法律、法规的规定进行捐赠和援助。

当突发事件发生时，政府有义务向灾区下拨应急救灾资金，政府的财政拨款是应急财政保障的基础。

我国应急资金的筹措不仅要实现政府、市场与社会三种力量的组合，而且要接纳国际社会以人道主义为宗旨的、不附加政治条件的救灾捐款，以便及时、高效地应对和处置灾害。

2）应急物资

《突发事件应对法》第三十二条规定：

“国家建立健全应急物资储备保障制度，完善重要应急物资的监管、生产、储备、调拨和紧急配送体系。

“设区的市级以上人民政府和突发事件易发、多发地区的县级人民政府应当建立应急救援物资、生活必需品和应急处置装备的储备制度。

“县级以上地方各级人民政府应当根据本地区的实际情况，与有关企业签订协议，保障应急救援物资、生活必需品和应急处置装备的生产、供给。”

应急物资的储备可分为实物储备、资金储备、生产能力储备和社会储备等 4 种形式。一般来说，以实物形态储存的物资都是专用性强、生产周期长、不易腐烂变质的物资；以资金或生产能力形式储存的物资都是生产周期比较短、平时储存又不经济的物资；社会储存的物资多为平灾通用性的物资。

3）避难场所

《突发事件应对法》第十九条规定：“城乡规划应当符合预防、处置突发事件的需要，统筹安排应对突发事件所必需的设备和基础设施建设，合理确定应急避难场所。”

应急避难场所可新建，也可指定。城乡建设还可统筹规划，使娱乐设施与应急避难场所建设齐头并进、同步进行。应急避难场所应有明显、统一的标识，方便社会公众识别。此外，在紧急状态下，政府可以临时征用一些建筑作为应急避难场所。不过，事后政府应支付一定的征用赔偿。

应急避难场所应具有以下三个特点：

第一，安全。应急避难场所应该设在远离危险源的地方，可避免社会公众遭受二次伤害。

第二，方便。应急避难场所应做到设施齐全，方便社会公众生活。

第三，就近。应急避难场所的建设要考虑周围社会公众的数量，方便其避难，一般以步行 5 ~ 10 min 到达为宜。

4）应急通信

《突发事件应对法》第三十三条规定：“国家建立健全应急通信保障体系，完善公用通信网，建立有线与无线相结合、基础电信网络与机动通信系统相配套的应急通信系统，确保突发事件应对工作的通信畅通。”

突发事件是不断演变的，这就需要应急管理人员进行动态的决策，不断地根据事件的发展作出各种指令，进行应急资源调配。通信起着信息桥梁的作用，是决定应急决策是否及时和准确的关键因素。通信工具除要兼容之外，还要高中低档相搭配，在某些情形下，越是先进的、技术含量高的设备，可能受到外界的影响就越大。所以，发展应急通信，要依靠科技，但不能依赖科技。

5.2 国外应急管理机制

5.2.1 美国应急管理机制

美国是当代应急管理体系建设的典型代表。目前，美国形成了以联邦应急计划为法律基础，总统直接领导，联邦应急事务管理总署等核心机构协同运作的危机管理体系。纵观该体系，应对突发事件的措施主要有美国国家突发事件管理系统及国家应急预案。

国家突发事件管理系统（NIMS）是一个应急管理方法的模板性文件，该系统将近年来行之有效的突发事件管理经验进行整合，形成一套全面的结构框架，为全国的突发事件管理部门提供应对各类危机的现成机制，使得全国各级政府、私营及非政府组织在危机预防、应急准备、事故处置、事后恢复等方面协调一致、通力合作。

国家应急预案（NRF）是针对各种紧急情况作出应急反应的行动指南，专为政府执行部门、私营机构、非政府组织领导人和从事应急管理的实际工作人员制定。该预案突出“未雨绸缪，防患未然”的理念，把应急管理划分为4个阶段，即缓解阶段、准备阶段、响应阶段、恢复阶段。第一，缓解阶段。通过建设防洪、防震、排污、减噪等防护工程和设施，鼓励国民、企业等积极参加各项保险，把灾害损失降到最低。第二，准备阶段。该阶段通过制定应急预案，定期开展突发事件的应急培训、演练，建立应急通信信息系统，起到预防在先，提前准备的作用，大大提高了突发事件的预测、预报效率，增强了防灾能力。第三，响应阶段。应急事件发生后，由联邦政府、州政府和地方政府的应急运行调度中心连续监控潜在灾害和紧急事件，并尽早启动区域运作中心。第四，恢复阶段。突发事件结束后，由联邦和州政府相关机构与灾区办公室共同确定最佳减缓措施，尽可能修复或重建受损的设施。行动结束后，联邦协调官负责就突发事件具体问题作出总结报告，并提交国土安全部管理层，供日后参考。

美国突发事件应急机制的特点可以归结为：

（1）组织机构完备，职能明确。

（2）极其重视预警系统建设。在各个领域内都设立了与本领域相适应的预警系统。

（3）应急管理法律法规完善且详尽。

（4）应急处置物资和技术系统支撑强大。

5.2.2 日本应急管理机制

日本是一个灾害频繁发生的国家，为了有效地应对各种自然灾害、人为的突发事件，日本建立了一套以内阁府为中枢，包括中央、都（道、府、县）、市（町、村）三级应急组织管理体系。

日本从灾害预防、灾害应急以及灾害恢复和重建三个方面入手，建立了较为完善的灾害应急体系。

在灾害预防上，为了准确地利用预警信息，日本气象厅建立了一个连接国家和地方政府灾害管理机构和媒体组织的在线系统，灾害管理组织还开发建立了一个专门用于灾害的无线通信网络：中央防灾无线网络连接国家组织，消防防灾无线网络连接全国各地的消防组织，都道府县和市町村防灾无线网络连接地方灾害管理和居民。

在灾害应急对策上，中央政府每天24小时在内阁情报中心收集灾害信息，在发生大规模灾害时，由各个独立的中央省厅机关负责人组成的指定的应急响应队立即汇集到首相官邸的危机管理中心，以掌握和分析灾情信息，并报告给首相。根据灾害损失的程度，政府可能建立重大灾害对策总部（防灾担当大臣担任总指挥）或经济灾害对策总部（首相担任总指挥）。另外，由防灾担当大臣领导的政府调查团会被派遣，或者也可以随时组建现场灾害对策总部。

在灾害恢复重建中，日本特别重视灾害受害者的生活保障制度。它具体包括灾害恢复项目、灾害救济贷款、灾害补偿和保险、税收减免、税收转移和发行债、“极端严重灾害”的认定、重建计划的救援、对受灾地区提供生计恢复援助。

日本应急管理机制的特点有：

（1）形成了以首相为核心的全政府管理组织体制，该体制包括首相召集的中央防灾会议与安全保障会议以及负责协调与实施具体措施的内阁官房。这种统一归口管理的方式，不但有利于整合人、财、物等资源，而且彻底改变了过去各省厅在危机处理中各自为政、相互保留所获情报、纵向分割行政的局面。

（2）政府、地方、民众多层次的防灾制度体系。日本政府应急机构的职权划分十分清晰。日本通过法律途径明确多级政府间建立的应急责任，有利于发挥各级政府的主动性、多级快速应对危机；有利于形成强有力的危机响应机制，防止行政不作为与依赖现象的发生。

（3）完善的法律体系。主要包括灾害管理基本法体系，灾害预防法体系，灾害应急法律体系，灾害恢复、重建及其财政金融法律体系。

思考与练习题

1. 应急管理机制原则是什么?
2. 突发事件应急管理机制具体包括哪些内容?
3. 应急管理决策机制特点是什么?
4. 试述应急管理机制决策过程。
5. 应急管理预警机制特点是什么?
6. 突发事件应急管理预警机制建设包括哪些方面?

6 应急管理法制

学习目标：

(1) 掌握应急管理法律体系的特征。

(2) 了解我国应急管理法律制度建设的现状及问题。

(3) 理解我国应急管理法律体系的基本框架、突发事件应对法。

6.1 应急管理法制概述

6.1.1 应急管理法制含义

突发事件应急管理法律体系是指调整公共紧急状态下各种法律关系的法律规范的总和，它规定社会和国家的紧急状态及其权限，它由不同的立法主体依照不同的程序制定的、效力等级不同的规范性文件共同构成，包括宪法、基本法、一般法律、行政法规、地方性法规、行政规章等。突发事件应急管理法律规范是一个国家法律规范体系中的重要组成部分。

应急管理法律规范是与非应急管理法律规范相对应的。应急管理法律规范与非应急管理法律规范相比，主要有以下几个特征：一是应急管理法律规范主要是调整应急时期国家机关如何行使紧急权力的，相对于非应急管理法律规范来说，应急管理法律规范赋予国家机关，特别是行使紧急权力的国家机关以较大的自由裁量权；二是应急管理法律规范在保护公民权利方面更注重对社会公共利益的保护，因此，应急管理法律规范一般对公民个人的权利都会作出一定的限制，并且规定公民个人在应急时期应当承担的应急法律义务；三是应急管理法律规范具有较强的时效性，一般仅仅适用于应急时期，一旦应急时期终止，应急管理法律规范也就不能再继续使用；四是应急管理法律规范一般都具有强制性，法律规范调整的对象，不论是行使紧急权力的国家机关，还是一般的公民，都必须无条件地服从应急规范的规定，而不能像平常时期那样可以享有法律上的某些自由选择权；五是应急管理法律规范具有高于非应急管理法律规范的法律效力，具有使用上的优先性等。正因为应急管理法律规范具有以上重要的规范特征，所以，在一个国家的法律体系中，凡是具有上述应急管理法律规范特征的法律规范就构成了一个独立的法律规范体系，即应急管理法律体系。

在应急管理过程中，为了实现克服危机和保障人权的双重目的，有必要对国家机构之间、国家与公民之间、不同公民之间的权利义务关系作出重新安排。而对这些权利义务关系加以重新安排的法律制度，就是应急管理法制。应急管理法制是调整因突发公共事件而展开的应急管理过程中各种社会关系，包括国家机构之间、国家与公民之间、不同公民之间关系的法律规范和法律原则的总和。从这个定义出发，可以对其性质作如下分析。

（1）应急管理法制是常态法制与非常态法制的结合。一个国家的法律制度，包括常态法制与非常态法制，前者用于安排平时的法律秩序，后者用于安排突发事件发生后的法律秩序。应急管理法制作用于应急管理的全过程，而完整的应急管理包括事前管理、事中管理和事后管理。其中，对突发事件的预防、准备、监测、预警等事前管理环节的制度安排，仍属常态法制；对危机处置、救援、恢复、重建、善后等事中管理与事后管理环节的制度安排，则属于非常态法制。当然，应急管理法制的主要属性仍是非常态法制，其根本目标在于实现应急管理状态下的法治。为此，它主要用于解决两个方面的问题：

① 确定常态法制与非常态法制间转变与恢复的基本规则，从而确保应急状态只能是一种法律上的临时状态，从根本上杜绝紧急权力永久化的可能。

② 确定应急状态下，公民权利与国家权力的新边界，从而保障法治基本价值在非常状态下不被损害。

（2）应急管理法制主要是一种公法制度。应急管理法制是一个综合性、边缘性的法律分支，其调整对象包括宪法关系、行政法律关系、民事法律关系和刑事法律关系等。例如，对突发事件产生和应对过程中的犯罪行为给予惩罚，对应急管理过程中的民事侵权赔偿给予规定，都属于应急管理法制的内容。但从整体上看，应急管理法制主要调整的是应急管理过程中国家机构之间、国家与公民之间的公法关系。具体包括：

① 调整危机事前管理和事后管理中行政机关与公民之间的法律关系。这是一种行政法律关系，如确定行政机关在危机预防、应急准备、恢复重建、事后救助中的职责，规定公民参与应急演练、接受应急教育的义务，获得应急救助、参与重建规划的权利等。

② 调整普通突发事件处置过程中行政机关与公民之间的法律关系。普通突发事件的处置通常只引起行政管理秩序的改变，因此，法律的调整对象仍然是一种行政法律关系，如规定行政机关的紧急强制权、紧急征用权等。

③ 调整紧急状态下的宪法关系。因处置特别重大突发事件而进入紧急状态时，整个国家的宪法秩序将发生改变，此时应急管理法制将涉及对宪法秩序的重新安排，如规定行政机关代行立法机关权力、暂停选举、停止部分公民基本权利的行使等。由此可见，应急管理法制的调整对象主要是行政法律关系和一定条件下的宪法关系，在性质上是一种公法制度。

（3）应急管理法制是一系列法律规范和法律原则的总和。应急管理法制，是调整应急管理过程中各种社会关系的规则，这些规则的表现形式既包括具体的法律规范，也包括一系列法律的基本原则。

应急管理法律体系与一个国家的法律体系的基本结构是一致的，既包括应急管理法律规范的法律形式体系，也包括应急管理法律规范的内容体系。从法律形式体系来看，应急管理法律规范可以通过一个国家的各种具有法律效力的法律形式表现出来，包括宪法对应急管理法律规范的规定，议会制定的法律对应急管理法律规范的规定，行政机关制定的行政法规和行政规章对应急管理法律规范的规定，以及地方性的立法机关制定的地方性法规对应急管理法律规范的规定。

6.1.2 应急管理法制特征

应急管理法制特征是权利优先性、紧急处置性、程序特殊性、社会配合性及管理局限性。

1. 权利优先性

权利优先性是指在非常规状态下，与立法、司法等其他国家权利相比，与法定的公民权利相比，行政紧急权力具有某种优先性和更大的权威性。例如，可以限制或者暂停某些公民行使权利。

2. 紧急处置性

紧急处置性是指在非常规状态下，即使没有针对某种情况的具体法律、法规，行政机关也可以进行紧急处置，以防止公共利益和公民权利受到更大损失。

3. 程序特殊性

程序特殊性是指在非常规状态下，行政紧急权力的行使过程中遵循一些特殊的（要求更高或者更低的）行为程序。例如，通过简易程序紧急出台某些政令和措施，或者对某些政令和措施的出台设置更高的事中或事后审查门槛。

4. 社会配合性

社会配合性是指在非常规状态下，有关组织和个人有义务为配合行政紧急权力的行使提供各种必要的帮助。

5. 管理局限性

一方面，突发事件的不确定性决定了应急管理的局限性。另一方面，突发事件发生后，尽管管理者作出了正确的决策，但指挥协调和物资供应任务十分繁重，要在极短时间内指挥协调、保障物资，本身就是一件艰巨的工作，特别是一些没有出现过的新的突发事件，物资保障更是难以满足。加之受到突发事件影响的社会公众往往处于紧张、恐慌、激动之中，情绪不稳定，加大了应急管理难度。

6.1.3 法制建设的必要性

法制建设是应急管理体系建设的基础和保障，也是开展各项应急管理活动的根本依据。政府必须加强应急管理法制建设，明确各级政府及主管部门在应急管理工作中的职能、权限、责任和义务，把应急管理工作纳入法制化轨道。

（1）突发事件应急管理法制化是由我国依法治国的基本方略决定的。依法治国是党领导人民治理国家的基本方略。政府的所有管理行为，包括应急管理，必须依法进行，不能背离依法治国的基本方略。

（2）突发事件应急管理法制化是依法进行应急管理的客观需要。突发事件一般具有突发性强、影响面广等特点。如果处置不及时或者不科学，都将会造成极大的社会危害。因此，必须运用具有高度权威性，具有科学性和约束力，同时又为社会公众所认可的方式、途径来进行突发事件应急管理。实践证明，这样的权威是法治的权威，这样的方式、途径是法治的方式、途径。政府依法处置突发事件，才能克服随意性、盲目性，使危机得到及时、科学的处置。

（3）突发事件应急管理法制化是有效和有序应对危机的手段。应对危机的手段有多种，包括政治、行政、法律、军事、经济等手段。其中，法律手段是最基本、最主要的手段，法律手段不仅是预防、控制、处置危机的关键，而且还贯穿于其他各种手段之中并规范其他各种手段的运用。在现代日益复杂多变的突发事件紧急状态下，传统性的一般号召、行政动员式的应对措施等，不仅乏力且低效，而法制化的危机处理手段更为有序和有效，不仅为危机处置提供了程序化的有序手段，而且法律制度的合理性也增强了法律手段的有效性。

（4）突发事件应急管理法制化是避免法治危机、保障人权所必需的。突发事件不仅会使经济、社会造成巨大损失，更可能构成对法治的严重冲击。一方面，紧急状态下，权利的极度扩张可能会偏离甚至背离法治的基本轨道，成为滋生专制的契机；另一方面，紧急状态下权利的过度压缩，可能会偏离甚至背离人权的底线原则。如果缺乏应急法制的保障，那么在面临危机时，法制很可能难以维系。紧急状态下政府能否坚持法制，公共权利在危机应对中能否尊重和保障基本人权，是衡量一个国家法治水平的重要标志。

（5）突发事件应急管理法制化是当今各国实践经验的科学总结。近年来，全球各类突发事件日益高发频发，如何及时、科学、有效地应对和处置，是当今各国政府都必须面对的一个重大课题。我国是世界上遭受自然灾害最严重的国家之一，灾害种类多、频度高，特别是随着社会发展进入转型阶段，改革处于关键时期，工业化、城市化、信息化发展迅速，重特大自然灾害、事故灾难、公共卫生事件和社会安全事件时有发生，迫切要求建立健全突发事件应急机制、体制和法制，进一步提高预防和处置突发事件的能力。世界各国的实践经验证明，将应急管理纳入法制化轨道，有利于保证突发事件应对措施的正当性和有效性，从而做到既有效控制和克服危机，又能够将国家和社会应对危机的代价降到最低。

6.1.4 应急管理法制体系

应急管理法制是指一个国家或地区针对突发事件及其引起的紧急状态制定或认可的处理国家权力之间、国家权力与公民权利之间、公民权利之间的各种社会关系的法律规范和原则的总称。《突发事件应对法》是我国应急管理领域的基本法，也是应急管理法制化的标志。厘清应急管理主体的职权和职责并对主体间法律关系予以界定，是实际应急管理工作有序、高效开展的前提和保障。

法律手段是应对突发事件最基本、最主要的手段。应急管理法制建设，就是依法开展应急工作，努力使突发事件的应急处置走向规范化、制度化和法制化轨道，使政府和公民在突发事件中明确权利、义务，使政府得到高度授权，维护国家利益和公共利益，使公民基本权益得到最大限度的保护。应急法制建设通过对实践的总结，促进法律、法规和规章的不断完善。应急状态下有法可依，既能增强政府应对突发事件的能力，又能增强社会公众的危机意识，以及自我保护、自救与互救的能力。

目前，我国应急管理法律体系已基本形成，如图 6 – 1 所示。

据不完全统计，目前我国已经出台涉及突发事件应急管理的法律 36 部，行政法规 37 部，部门规章 58 部，党中央和国务院及部门文件 120 种。这些法律、法规、规章和法规性文件内容涉及也比较全面，既有综合管理和指导性规定，又有针对地方政府的硬性要求。为应对各种突如其来的自然灾害事故、生产安全事故、社会治安灾害事故和其他突发事件，我国已出台了不少相应的法律和法规，例如：预防地震等自然灾害的《防震减灾

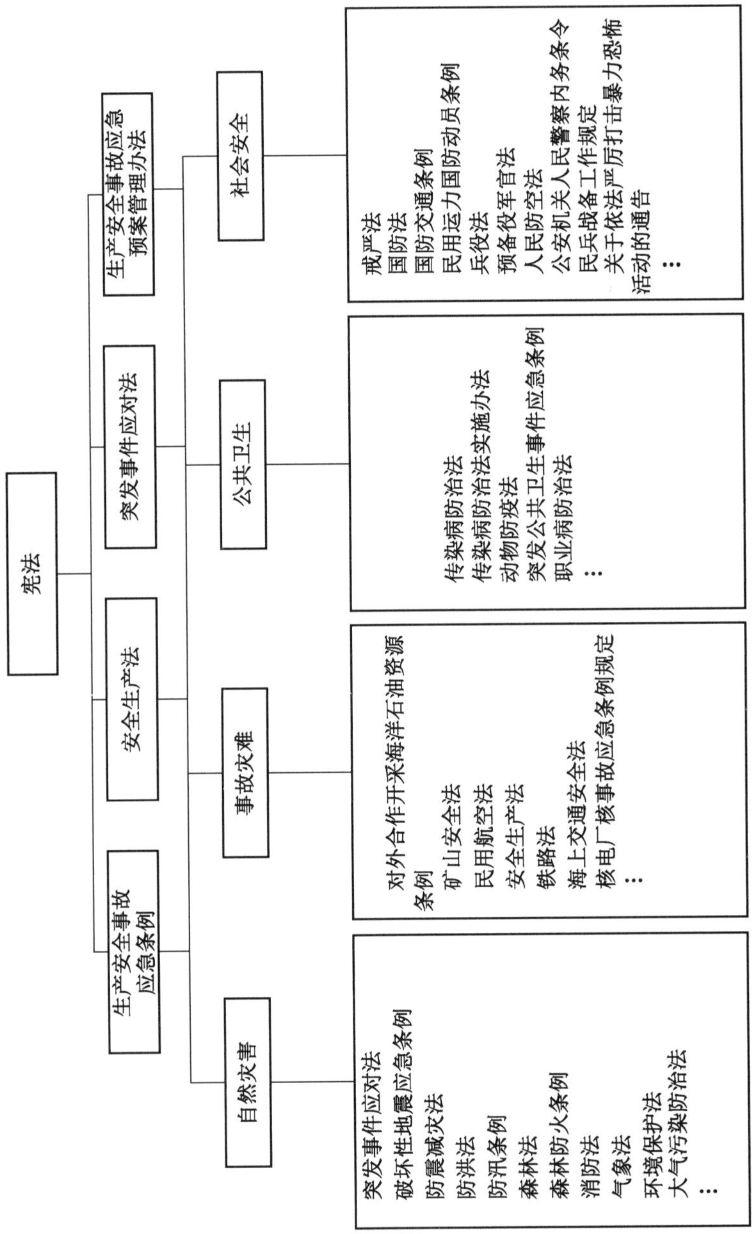

图6-1 应急管理法律体系

法》《地质灾害防治条例》《防洪法》《森林防火条例》等，预防危害人体健康和生命安全的公共卫生事件的《食品卫生法》《药品管理法》《进出境动植物检疫法》等，预防生产安全事故的《安全生产法》《产品质量法》《建筑法》《消防法》《道路交通安全法》等，预防社会治安事故的《警察法》《刑事诉讼法》《治安管理处罚条例》等，预防环境污染的《环境保护法》等，预防各种疾病的《传染病防治法》《职业病防治法》等。

6.1.5 应急管理相关法律

1.《突发事件应对法》

《突发事件应对法》由中华人民共和国第十届全国人民代表大会常务委员会第二十九次会议于 2007 年 8 月 30 日通过并公布，自 2007 年 11 月 1 日起施行。该法律共 7 章 70 条。

1）突发事件管理体制

突发事件，是指突然发生，造成或者可能造成严重社会危害，需要采取应急处置措施予以应对的自然灾害、事故灾难、公共卫生事件和社会安全事件。按照社会危害程度、影响范围等因素，突发事件分为四级：Ⅰ级（特别重大）、Ⅱ级（重大）、Ⅲ级（较大）、Ⅳ级（一般）。

我国实行统一领导、综合协调、分类管理、分级负责、属地管理为主的应急管理体制，明确了突发事件应急管理体制建设的原则，也明确了突发事件应对的职责。

应对突发事件，我国主要以“属地管理”为主。县级人民政府对本行政区域内突发事件的应对工作负责，突发事件发生后，发生地县级人民政府应当立即进行先期处置；一般和较大级自然灾害、事故灾难、公共卫生事件的应急处置工作分别由县级和设区的市级政府统一领导；重大和特别重大级的由发生地省级人民政府统一领导，其中影响全国、跨省级行政区域或者超出省级政府处置能力的，由国务院统一领导。

2）突发事件预防准备

突发事件的预防包括制定应急预案、开展应急演练与培训、监测预警、提供各项保障等方面。

（1）制定应急预案。国家建立健全突发事件应急预案体系，针对突发事件的性质、特点和可能造成的社会危害，明确突发事件应急管理工作的组织指挥体系与职责和突发事件的预防与预警机制、处置程序、应急保障措施以及事后恢复与重建措施。

（2）开展应急演练与培训。县级以上人民政府应当建立健全政府及其部门有关工作人员应急管理知识和法律法规的培训制度，整合应急资源，建立健全综合、专业、专职与兼职、志愿者应急救援队伍体系并加强培训和演练；县级人民政府及其有关部门、乡级人民政府、街道办事处和基层群众自治组织、有关单位应当组织开展应急知识的宣传普及活动和必要的应急演练，新闻媒体应当无偿开展应急知识的公益宣传；学校和其他教育机构应当将应急知识教育作为学生素质教育的重要内容。

（3）监测预警。国务院建立全国统一的突发事件信息系统，汇集、储存、分析、传输有关突发事件的信息。县级以上人民政府及其有关部门建立健全基础信息数据库，完善监测网络，划分监测区域，确定监测点，明确监测项目，提供必要的设备、设施，配备专职或者兼职人员，对可能发生的突发事件进行监测。

地方各级人民政府应当按照国家有关规定向上级人民政府报送突发事件信息。专业机构、监测网点和信息报告员应当及时向所在地人民政府及其有关主管部门报告突发事件信息。

(4) 提供各项保障:

① 国务院和县级以上地方各级人民政府应当采取财政措施，保障突发事件应对工作所需经费。

② 国家建立健全应急物资储备保障制度，完善重要应急物资的监管、生产、储备、调拨和紧急配送体系。

③ 国家建立健全应急通信保障体系，完善公用通信网，建立有线与无线相结合、基础电信网络与机动通信系统相配套的应急通信系统，确保突发事件应对工作的通信畅通。

3) 突发事件处置救援

突发事件发生后，政府必须在第一时间组织各方力量开展应急处置和救援工作，努力减轻和消除其对人民生命财产造成的损害。《突发事件应对法》明确地方人民政府可以采取下列应急处置措施:

(1) 组织营救: 组织营救和救治受害人员，疏散、撤离并妥善安置受到威胁的人员以及采取其他救助措施。

(2) 控制危险源: 迅速控制危险源，标明危险区域，封锁危险场所，划定警戒区，实行交通管制及其他控制措施。

(3) 抢修与提供避难: 立即抢修损坏的交通、通信、供水、排水、供电、供气、供热等公共设施，向受到危害的人员提供避难场所和生活必需品，实施医疗救护和卫生防疫以及其他保障措施。

(4) 限制、关闭部分设施场所: 禁止或者限制使用有关设备、设施，关闭或者限制使用有关场所，中止人员密集的活动或者可能导致危害扩大的生产经营活动以及采取其他保护措施。

(5) 启用应急保障物资: 启用本级人民政府设置的财政预备费和储备的应急救援物资，必要时调用其他急需物资、设备、设施、工具。

(6) 组织救援: 组织公民参加应急救援和处置工作，要求具有特定专长的人员提供服务。

(7) 保障基本生活品供应: 保障食品、饮用水、燃料等基本生活必需品的供应。

(8) 打击违法行为: 依法从严惩处囤积居奇、哄抬物价、制假售假等扰乱市场秩序的行为，稳定市场价格，维护市场秩序。

(9) 维护社会秩序: 依法从严惩处哄抢财物、干扰破坏应急处置工作等扰乱社会秩序的行为，维护社会治安。

(10) 其他保障措施: 采取防止发生次生、衍生事件的必要措施。

(11) 征用财产: 地方政府在必要时可以向单位和个人征用应急救援所需设备、设施、场地、交通工具和其他物资，请求其他地方人民政府提供人力、物力、财力或者技术支援，要求生产、供应生活必需品和应急救援物资的企业组织生产、保证供给，要求提供医疗、交通等公共服务的组织提供相应的服务。

4）事后恢复与重建

突发事件的威胁和危害基本得到控制或者消除后，地方各级人民政府应当及时组织开展事后恢复与重建工作。为此，《突发事件应对法》明确规定了以下措施：

（1）进行评估，制定重建计划。突发事件应急处置工作结束后，履行统一领导职责的人民政府应当立即组织对突发事件造成的损失进行评估，组织受影响地区尽快恢复生产、生活、工作和社会秩序，制定恢复重建计划，并向上一级人民政府报告。

（2）开展抚恤、救助与支持。国务院根据受突发事件影响地区遭受损失的情况，制定扶持该地区有关行业发展的优惠政策。受突发事件影响地区的人民政府应当根据本地区遭受损失的情况，制定救助、补偿、抚慰、抚恤、安置等善后工作计划并组织实施，妥善解决因处置突发事件引发的矛盾和纠纷。

（3）总结经验教训。履行统一领导职责的人民政府应当及时查明突发事件的发生经过和原因，总结突发事件应急处置工作的经验教训，制定改进措施，并向上一级人民政府提出报告。

5）公民的义务与责任

（1）报告突发事件：获悉突发事件信息的公民、法人或者其他组织，应当立即向所在地人民政府、有关主管部门或者指定的专业机构报告。

（2）服从政府安排：公民应当服从人民政府、居民委员会、村民委员会或者所属单位的指挥和安排，配合人民政府采取的应急处置措施，积极参加应急救援工作，协助维护社会秩序。

（3）鼓励开展宣传教育等活动：国家鼓励公民、法人和其他组织为人民政府应对突发事件工作提供物资、资金、技术支持和捐赠。

6）法律责任

（1）地方政府：

地方各级人民政府和县级以上各级人民政府有关部门违反规定，不履行法定职责的，由其上级行政机关或者监察机关责令改正；如有迟报、谎报、瞒报、漏报有关突发事件的信息，或者未按规定及时采取措施处置突发事件或者处置不当，造成相关后果的，根据情节对直接负责的主管人员和其他直接责任人员依法给予处分。

（2）相关单位及个人：

编造并传播虚假信息,或者明知是虚假信息而进行传播的,责令改正,给予警告;造成严重后果的,依法暂停其业务活动或者吊销其执业许可证;负有直接责任的人员是国家工作人员的,还应当对其依法给予处分；构成违反治安管理行为的，由公安机关依法给予处罚。

单位或者个人不服从所在地人民政府及其有关部门发布的决定、命令或者不配合其依法采取的措施，构成违反治安管理行为的，由公安机关依法给予处罚。单位或者个人违反规定，导致突发事件发生或者危害扩大，给他人人身、财产造成损害的，应当依法承担民事责任。

2.《安全生产法》

《安全生产法》是为了加强安全生产工作，防止和减少生产安全事故，保障人民群众生命和财产安全，促进经济社会持续健康发展而制定的。

《安全生产法》由中华人民共和国第九届全国人民代表大会常务委员会第二十八次会议于2002年6月29日通过公布，自2002年11月1日起施行。根据2009年8月27日第十一届全国人民代表大会常务委员会第十次会议《关于修改部分法律的决定》第一次修正。根据2014年8月31日第十二届全国人民代表大会常务委员会第十次会议《关于修改〈中华人民共和国安全生产法〉的决定》第二次修正。根据2021年6月10日第十三届全国人民代表大会常务委员会第二十九次会议《关于修改〈中华人民共和国安全生产法〉的决定》第三次修正。《安全生产法》的架构如图6－2所示。

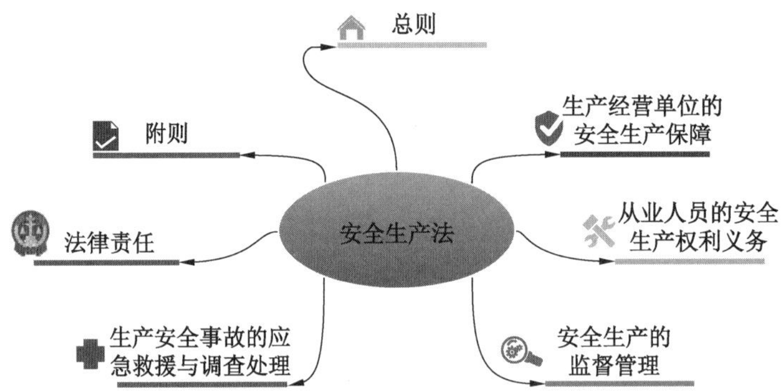

图6－2 《安全生产法》的架构

《安全生产法》(2021年版）具有如下特色。

1）贯彻新思想、新理念

将习近平总书记关于安全生产工作一系列重要指示批示的精神转化为法律规定，增加了安全生产工作坚持人民至上、生命至上，树牢安全发展理念，从源头上防范化解重大安全风险等规定，为统筹发展和安全两件大事提供了坚强的法治保障。

2）落实中央决策部署

这次修改深入贯彻中央文件的精神，增加规定了重大事故隐患排查治理情况的报告、高危行业领域强制实施安全生产责任保险、安全生产公益诉讼等重要制度。

3）健全安全生产责任体系

（1）强化党委和政府的领导责任。这次修改明确了安全生产工作坚持党的领导，要求各级人民政府加强安全生产基础设施建设和安全生产监管能力建设，所需经费列入本级预算。

（2）明确了各有关部门的监管职责（表6－1）。规定安全生产工作实行“管行业必须管安全、管业务必须管安全、管生产经营必须管安全”。同时，对新兴行业、领域的安全生产监管职责，如果不太明确，法律规定了由县级以上地方人民政府按照业务相近的原则确定监管部门。

（3）压实生产经营单位的主体责任，明确了生产经营单位的主要负责人是本单位的安全生产第一责任人。同时，要求各类生产经营单位落实全员的安全生产责任制、安全风险分级管控和隐患排查治理双重预防机制，加强安全生产标准化建设，切实提高安全生产水平。

表6-1 责任体系

序号	单位	职责要求
1	国务院应急管理部门	依照《安全生产法》，对全国安全生产工作实施综合监督管理
2	县级以上地方各级人民政府应急管理部门	依照《安全生产法》，对本行政区域内安全生产工作实施综合监督管理
3	国务院交通运输、住房和城乡建设、水利、民航等有关部门	依照《安全生产法》和其他有关法律、法规的规定，在各自的职责范围内对有关行业、领域的安全生产工作实施监督管理
4	县级以上地方各级人民政府有关部门	依照《安全生产法》和其他有关法律、法规的规定，在各自的职责范围内对有关行业、领域的安全生产工作实施监督管理。对新兴行业、领域的安全生产监督管理职责不明确的，由县级以上地方各级人民政府按照业务相近的原则确定监督管理部门
5	负有安全生产监督管理职责的部门	应当相互配合、齐抓共管、信息共享、资源共用，依法加强安全生产监督管理工作

4）强化新问题、新风险的防范应对

深刻吸取近年来的事故教训，对生产安全事故中暴露的新问题作了针对性规定。比如，要求餐饮行业使用燃气的生产经营单位要安装可燃气体报警装置，并且保障其正常使用；要求矿山等高危行业施工单位加强安全管理，不得非法转让施工的资质，不得违法分包、转包；又如，要求承担安全评价的一些机构实施报告公开制度，不得租借资质、挂靠、出具虚假报告。同时，对于新业态、新模式产生的新风险，也强调了应当建立健全并落实安全责任制，加强从业人员的教育和培训，履行法定的安全生产义务。

国务院应急管理部门牵头建立全国统一的生产安全事故应急救援信息系统。国务院交通运输、住房和城乡建设、水利、民航等有关部门和县级以上地方人民政府，建立健全相关行业、领域、地区的生产安全事故应急救援信息系统，实现互联互通、信息共享，通过推行网上安全信息采集、安全监管和监测预警，提升监管的精准化、智能化水平。

5）加大对违法行为的惩处力度

（1）罚款金额更高。现在对特别重大事故的罚款，最高可以达到1亿元的罚款。

（2）处罚方式更严。违法行为一经发现，即责令整改并处罚款，拒不整改的，责令停产停业整改整顿，并且可以按日连续计罚。

（3）惩戒力度更大。采取联合惩戒方式，最严重的要进行行业或者职业禁入等联合惩戒措施。通过“利剑高悬”的方式有效打击震慑违法企业，保障守法企业的合法权益。

6.2 国外应急管理法制

6.2.1 美国应急管理法制

美国一贯重视通过立法来保障政府进行有效的危机管理，具有比较完备的突发事件应急管理法律体系。虽然美国宪法并没有对紧急状态作出规定，但是由联邦国会制定的一系列突发事件应急管理法律规范，较好地适应了美国联邦国家机关突发事件应急管理，特别是应急活动的需要。1950 年制定的《灾害救助和紧急状态援助法》是美国第一部与应对突发事件有关的法律，主要授权联邦政府，规定联邦资源动员，规范联邦政府在突发事件发生时对地方政府和州政府的支持。该法经罗伯特・斯坦福德提议制定，故又称《斯坦福德法案》，曾于 1966 年、1969 年、1970 年、1974 年、2000 年多次修改，该法分别规定了突发事件发生时的援助程序和进入紧急状态时的援助程序。总统对重大灾害和紧急状态的宣布，目的在于协助地方政府和州政府以弥补其在应对重大灾害和紧急状态时的不足，协调地方政府、州政府和联邦政府在应对突发事件时的权力运作。根据《灾害救助和紧急状态援助法》第 102 条，重大灾害是指在美国的任何地方发生的任何自然灾害（包括飓风、龙卷风、风暴、高水位、风浪、海浪、海啸、地震、火山喷发、山崩、泥石流、暴风雪或干旱），或因任何原因引起的洪水、火灾及爆炸等，需要总统根据损害的严重性和广泛性，决定启动重大灾害援助，用以补充、协助各州和地方政府及救灾组织减轻损害、损失及人民痛苦的情况。关于重大灾害的宣布程序，《灾害救助和紧急状态援助法》第 401 条规定：要求总统宣布重大灾害的请求必须由受影响的州行政长官作出，该请求建立在事态的严重性和广泛性的基础上。

从上述内容可见，《灾害救助和紧急状态援助法》中的“重大灾害”是指重大自然灾害，“紧急状态”则是指除重大自然灾害之外的其他危机。由此可以认为，该法实则是一部应对各种危机的综合性法律。除此之外，美国还有针对各类灾害的立法，例如：《洪水保险法》(1968 年)，《洪水灾害防御法》(1973 年)，《国家地震灾害减轻法》(1977 年)，《国家地震灾害减轻计划法》(1990 年)，《美国油污法》(1990 年）等。

1976 年制定的《国家紧急状态法》是影响最大的应对危机的法律，是一部专门的、统一的紧急状态法。该法对紧急状态的宣布程序、实施过程、终止方式、紧急状态期限以及紧急状态期间的总统权力作了详细规定。一方面，该法授权总统紧急状态下的权力。如总统有权宣布全国进入紧急状态；在紧急状态期间，总统可以为行使特别权力颁布一些法规。一旦紧急状态终止，这些法规将随之失效；紧急状态期间，因国家安全、社会经济生活以及外交政策的执行受到外国威胁时，总统可以对外汇进行管制，还可以对国际支付以及货币、证券和财产的转让或转移行使特别权力。另一方面，该法限制了总统紧急权力的滥用。如总统宣布紧急状态有效期限最多为两年。总统宣布的全国紧急状态，国会可以由两院通过联合决议取消，总统不得对此决议否决，也可由总统依法决议宣布终止紧急状态。

2002 年 1 月 25 日出台的《国土安全法》是美国“9・11”事件后应对恐怖主义的最重要的法律。该法规定设立国土安全部，这使总统拥有了更大和更广泛的权力。国土安全部主要的政策目标是：阻止恐怖分子在美国境内发动袭击；减少国家受到恐怖分子袭击的可能性；一旦发生恐怖袭击，将损害减至最小和加速复原能力。现行美国联邦部门中的 22 个机构包括海关、边防警察、联邦紧急事务管理署、秘密勤务局、运输安全署以及移民局等都调整进入国土安全部，农业部下属的动物疾病中心、国防部的国家通信系统以及联邦调查局的国家基础建设、防卫中心等单位也合并到国土安全部。全部人员将超过 17 万人，初期预算约为 374 亿美元，是一个超级大部。这是自 1947 年杜鲁门政府成立国防部以来，美国联邦政府最重大的一次调整。

6.2.2 日本应急管理法制

日本是世界上突发事件（灾害）频发的国家之一。在应对危机的过程中逐渐建立并完善了其突发事件应急管理法律体系。

日本既没有宪法性紧急状态条款，也没有专门的紧急状态法，只在有关的单行法中分散地规定了紧急状态条款，如《警察法》《自卫队法》等，但其立法仍有值得称道之处，即日本根据突发事件的不同阶段特征，制定了与灾害预防、灾害应急、灾后重建等各阶段相关的法律，很好地体现了一阶段一法的立法模式。

有学者将日本的突发事件应急管理法律体系分成基本法类、灾害预防和防灾规划法类、灾害应急法类、灾后重建和复兴法类、灾害管理组织法类五大类型。这种分类方式实质上就是一阶段一法模式的体现，主要包括《灾害对策基本法》《治山治水紧急措施法》《地震保险法》《活动火山对策特别措施法》《石油基地等灾害防止法》《土沙灾害防止对策法》等。

6.3 应急管理法治概述

对待应急管理和安全的思想、态度和行为不得不引起我们的深思。如何能让应急管理能够切实“应急”，让应急管理既能治标，也能治本，当突发事件发生时能泰然处之。把全民公共安全教育培训，安全意识和能力的提高常态化和法治化，把政府应急工作纳入常态管理中，平时就做好各项预防和准备工作，努力提高处置和恢复能力。把应急管理常态化和法治化治理是不二的治本之策。

6.3.1 意识能力的法治化

公民危机意识的强弱直接关系到应急管理的效果。因此，发达国家不惜花费巨资对公民进行经常性的危机意识教育和培训。一些国家应急管理部门设有教学培训机构，旨在推进全民减灾教育活动，提高公民的危机意识，增强灾害互助关爱精神。以能力建设为核心，对应急管理人员进行教学培训，在教学培训和实际工作中注重开展演练，以此来检验教学的效果。防灾安全教育分为学校教育、社会教育和企业教育。发达国家十分重视学校安全教育，从小学抓起，把防灾安全教育纳入教学大纲。社会安全教育一般通过各种社区活动开展。

日本建有防灾教育及培训中心，面向公众开设各种减灾培训、急救培训等课程；模拟灾害现场，让市民体验地震、海啸、泥石流、火灾等灾害的破坏力。日本的防灾教育特点是，从点上抓学生教育，从面上开展国民防灾教育运动。把防灾应急内容融入各门课程中，使学生增强防灾应急安全意识，掌握应对各种灾害的相关知识，提高防灾实践能力，在灾害中实现“自救”。在日本，一般从小学就开始进行防灾减灾的训练，每年都有1~2次的防灾训练。关东大地震后，日本把每年的9月1日定为“防灾日”，各地还建立了许多防灾安全科技教育场馆，广泛开展社会宣传，普及防灾训练和教育。他们的做法值得我们学习和借鉴。

我国的《突发事件应对法》《防震减灾法》等有关法律、法规已对全社会的公共安全意识和应急技能培养作了原则性规定。

6.3.2 应急预案的法治化

应急预案是应对突发性公共危机事件的应急行动方案，是各级人民政府及相关职能部门与单位应对突发公共危机事件的计划和步骤，也是一项制度保障。

应急预案是根据以往的经验和可能出现的突发公共事件的特点编制的，与突发公共事件的实际情况可能存在一定的差距，并且突发公共事件在不同的发展阶段也具有不同的特征。因此，必须加强对应急预案的动态管理。不仅要对应急预案进行广泛的宣传教育和培训，而且特别要强化预案的应急演练。应急演练是应急准备的重要环节，通过演练可以检验预案的可行性和有效性；可以发现存在的问题和缺陷，验证预案在应对各种情况下的适应性；可以检验应急工作机构是否完整，应急反应和应急救援能力是否提高，各部门之间的协调配合是否协调一致，从中找出需要进一步完善和修正的地方。

只有用常态化和法治化的办法加强应急预案的针对性和实效性，切实把突发事件的预防与准备工作做实做细，做到胸有成竹，处变不惊，才能真正防患于未然。

6.3.3 体系建设的法治化

加强政府公共安全管理职能，合理设置相应的公共安全危机管理体系，尤其要改变县、区、镇、村基层管理缺失的状况。以法律法规为保障，明确社会各阶层在公共安全事件中的职责和具体途径以及所应扮演的角色，规范在公共安全事件发生时社会公众的行为。

建立健全公共安全应急管理体制和社会安全防控体系，做到预防为主、防治结合，把主要公共安全资源投入和注意力放到事前监督检查上，用经常性的监督检查和抽查来督促企业形成常态化的隐患排查机制、规范化的安全生产责任制、有效的风险应对机制。

6.3.4 事件问责的法治化

加强问责制的程序化和法治化，从制度的角度追究真正的责任官员。从问责制的角度出发，向责任官员问责是应当的，但谁真正应被问责，还有谁应被问责是每一次突发事件成功应对后都需值得深思的问题。

应考虑用法律和严密的制度把政府和企业的保障公共安全义务在预防和准备应对的过程中固定下来，并细化到各个终端对生产生活中各种风险实行常态化管理。实行问责制前移，运用行政的、经济的、法律的手段，把事前预防各项制度的落实与否作为决定干部进退和企业前途的重要条件。

思考与练习题

1. 应急管理法律体系的主要特征是什么？
2. 应急管理法制建设的必要性是什么？
3. 应急管理法治化主要包括哪些方面？

7 应急资源保障体系

学习目标：

（1）熟悉应急资源保障体系基本特征。

（2）掌握应急信息保障、应急资金保障、应急人力保障及应急物资保障的基本内容。

（3）了解各类应急资源保障的知识。

7.1 保障体系总述

《辞海》对资源的解释是："资财的来源，一般指天然的财源。"联合国环境规划署对资源的定义是："所谓资源，特别是自然资源是指在一定时期、地点条件下能够产生经济价值，以提高人类当前和将来福利的自然因素和条件。"上述两种定义只限于对自然资源的解释。马克思在《资本论》中说："劳动和土地，是财富两个原始的形成要素。"恩格斯的定义是："其实，劳动和自然界在一起才是一切财富的源泉，自然界为劳动提供材料，劳动把材料转变为财富。"马克思、恩格斯的定义，既指出了自然资源的客观存在，又把人（包括劳动力和技术）的因素视为财富的另一不可或缺的来源。可见，资源的来源及组成，不仅是自然资源，而且还包括人类劳动的社会、经济、技术等因素。据此，所谓资源指的是一切可被人类开发和利用的物质、能量和信息的总称，它广泛地存在于自然界和人类社会中，是一种自然存在物或能够给人类带来财富的财富。或者说，资源就是指自然界和人类社会中一种可以用以创造物质财富和精神财富的具有一定量的积累的客观存在形态，如土地资源、矿产资源、森林资源、海洋资源、石油资源、人力资源、信息资源等。

应急资源是有效应对非常规突发事件的重要物质基础和人力保障，无论是事前的预防与准备，事中的处置与救援，还是事后的恢复与重建，都需要大量的应急资源来保障和实现。品种齐全、数量充足的应急资源储备是其基础和关键，对于提高应急资源保障综合能力具有十分重要的意义。广义的应急资源包括防灾、救灾、恢复等环节所需要的各种应急保障。《国家突发公共事件总体应急预案》将应急保障分为人力资源、财力保障、物资保障、交通运输、医疗卫生及通信保障等。狭义的应急资源仅指灾害管理所需要的各种应急物资。

"应急资源"不仅涵盖"应急物资"的内容，还可涵盖应急活动中的所有物质支持条件的内容。《突发事件应对法》中对应急资源描述如下：应急资源应当包括各种保护居民免受灾害与风险危害的防护工程，风险监测与预警信息的生成，应急救灾装备与技术的提供，为灾害状态下灾民基本生活需要的满足、灾后重建等提供必要的物质条件支撑。这种定义可有效拓展人们对应急活动所需物质条件的理解与促进应急体系建设的合理社会分工，将更多的社会资源纳入国家灾害应急体系建设工作范围。这既符合当前我国灾害应急实践中的现实物质支持条件，又符合未来的国家灾害应急体系建设需要。

应急资源的产生与一般资源产生的条件和状态不同，也就与一般资源有差异性，有自己本身的特点。应急物资具有突发性、不确定性、时效性、强制性、不可替代性和滞后性等特点。

应急资源保障体系是应急管理运转的物资保证条件，它为实现系统资源的合理布局和动态调配进行资源配置、储备及维护等方面的工作，以提高资源的综合利用和使用效能，同时提供资源状态信息，以保障整个系统的正常运行。随着日益频繁的突发事件的发生，应急资源保障已成为突发事件应急管理的重要内容。

应急保障资源是指政府应急管理体系为有效开展应急活动，保障体系正常运行所需要的人力、物力、财力、设施、信息、技术等各类资源的总和。《国家突发公共事件总体应急预案》要求，各有关部门要按照职责分工和相关预案，做好突发事件的应对工作，同时根据总体预案切实做好应对突发事件的人力、物力、财力、交通运输、医疗卫生及通信保障等工作，保证应急救援工作的需要和灾区群众的基本生活，以及恢复重建工作的顺利进行；建立健全应急物资监测网络、预警体系和应急物资生产、储备、调拨及紧急配送体系，完善应急工作程序，确保应急所需物资和生活用品的及时供应，并加强对物资储备的监督管理，及时予以补充和更新。

应急保障资源具有以下基本特征：

（1）动态性。应急资源保障事关公众生命财产的安全与社会的稳定。应急保障资源能否在最短的时间内运送到事发现场，以发挥特殊情况下的应急价值以及本身价值是衡量应急能力高低的重要标志。由于突发事件在时空上的不确定性，应急保障资源从资源储备地到事发地，要求在时间、空间和保障资源的数量、质量上都要做到准确无误，使有限的人力、物力、财力发挥最大的保障效能。同时，还要考虑社会的发展和环境的变化，实行应急保障资源的动态管理。

（2）多样性。突发事件往往是由多个矛盾引发的，内部原因和外部环境十分复杂。突发事件大小规模不一，种类各异，潜在的危害、衍生的灾害难以把握，加之地理、地域及周边环境的复杂性，保障方式和应急活动必然是多种多样的。

（3）协同性。由于突发事件的特性决定了保障资源的稀缺性，同时应急保障资源又是突发事件赖以成功处置的最基本的要素。所以，突发事件发生后，应急组织体系内部成员在规定的范围和程序下可以使用应急保障资源，以实现应急保障资源的充分有效利用，避免重复配置，减少浪费。资源保障必须具有较强的协同性，要求指挥统一、运转协调、责任明确、程序简化。

（4）合理性。不同的地理位置、不同的自然环境、不同的经济区域、不同的城市类型、不同类型的突发事件高发区，保障资源应有不同的分布。应急保障资源的合理分布不仅可以降低成本，而且可以保证应急救援的时效性，从而最大限度地减少人员伤亡和财产损失。保障资源的布局合理原则应该是“兼顾全面、保障重点”，即在兼顾全面的基础上，保证突发事件应对处置的重点部门、重点任务及关键环节的资源需要，特别是稀有资源的最佳利用。

总之，在应急管理准备过程中，应急资源保障体系有着重要的作用，保障体系的水平高低决定着应急管理工作开展的效果和水平。一般而言，应急资源保障体系包括：应急信息保障、应急资金保障、应急人力保障、应急物资保障等。对各类资源进行标准化分类，并采用数据库系统进行管理，对资源的生产、储备、运输、流通等环节进行管理，掌握资源的情况，为应对应急事件提供资源保障。

7.2　应急信息保障

7.2.1　应急通信保障

排在应急资源保障体系首位的是信息与通信系统。建立集中管理的信息通信平台是应急管理体系的最重要基础建设之一。事故发生时，所有预警、报警、警报、报告和指挥等活动的信息交流，要通过应急信息通信系统的保障才能快速、顺畅、准确到达。另外，建立信息平台可以使宝贵的信息资源共享。但是，由于有些信息具有一定的军事价值和商业价值，应界定信息资源共享的范围和人员，同时要防止借信息共享的名义将一些国家重要的军事、国家或地区安全、地理和重要商业的信息泄露出去，给国家造成损失。有些企业制定的应急预案，对于企业的核心技术部分资源的了解就限定了响应的权限。

应急沟通是指政府和其他应急管理主体与其体系内部，以及与媒体、公众等受众沟通信息、相互交流的过程。沟通是突发事件应急管理的基础性工作，它贯穿于应急管理工作的始终。体现在预防与监测、应急准备、应急响应、恢复重建等各个环节。应急保障体系包括应急资金、应急物资、避难场所、应急通信等方面，在应急管理准备过程中，应急保障体系有着重要作用。保障体系的水平高低决定着应急管理工作开展的效果和水平。

在进行通信时应急保障的调整措施需要具有针对性，有目的地进行调整，调整的主要目的有以下几点：

（1）保证用户能正常起呼。

（2）保证用户能正常被寻呼。

（3）保证用户能进行正常数据业务。

（4）保证用户能正常收发短信。

7.2.2　应急信息保障机制

大众媒体是政府与公众之间进行有效沟通的媒介和桥梁。社会公众对突发事件理解和判断主要是依据各种大众媒体的新闻舆论报道进行的，所以大众媒体在信息公开中有着举足轻重的作用。当前大众传播媒体包括两个：一是传统媒体方式即纸媒和广播电视，二是以互联网、智能手机为代表的新媒体。新媒体是相对传统大众传播媒体而言的一种概念。一般指采用网络技术、数字技术等手段，以互联网、智能手机等通信和传播工具为传播媒介进行信息交互性传播的媒体系统。在目前突发事件的信息传播中，这两类传播手段相辅相成，形成强大的社会影响力。

媒体是突发事件信息传播的主要途径，是公众获取新闻的主要渠道，是政府和公众得以沟通和共同解决事件的桥梁。从事件爆发前的预警到事件发生时的舆论引导，直至事件结束后的社会秩序重建，媒体始终扮演着重要的角色。

1. 突发事件新闻处置原则

国务院办公厅印发的《国家突发公共事件新闻发布应急预案》明确提出了突发公共事件新闻发布工作的原则：

（1）及时主动，准确把握。事件发生后，力争在第一时间发布准确权威信息，稳定公众情绪，最大限度地避免或减少公众的猜测和新闻媒体的不准确报道，掌握新闻舆论的主动权。

（2）加强引导，注重效果。提高正确引导舆论的意识和工作水平，使突发公共事件的新闻发布有利于党和国家的工作大局，有利于维护人民群众的切身利益，有利于社会稳定和人心安定，有利于事件的妥善处置。

（3）严格制度，明确职责。要进一步完善新闻发布制度。加强组织协调和归口管理，严格执行新闻发言人工作规程，具有全国影响的特别重大突发公共事件的新闻发布工作，由党中央、国务院及国务院主管部门负责；协调新闻发布工作由负责事件处置的国务院主管部门归口管理。对违反工作纪律，蓄意封锁或随意散布消息，造成重大消极影响和严重后果的，依纪、依法追究有关责任人的责任。

2. 引导社会公众平台突发事件舆论

突发事件舆论是公众关于突发事件相关信息所表达的信念、态度、意见和情绪表现的总和。舆论引导又称舆论导向，是对社会舆论的评价和引导，用舆论对人的主观意向进行引导，进而影响人之后的行为。网络社会背景下，网络舆论场已成为突发事件的第二现场，是突发事件的互联网投影和延伸，并且随着移动互联网的普及，网络舆情对突发事件发生发展和应急管理的影响正日益深入。在现代信息社会社交平台功能迅速普及的大背景下，重大突发事件受到更多的关注。如果不及时正确有效地加以引导，极有可能酿成群体性事件，造成社会信誉的极度恐慌。因此，在重大突发事件发生之后，加强社交公众信息平台的信息管理，使正规信息及时公开有序地传播，显得十分重要。

1）媒介

主动引领舆论，坚持新闻专业主义。面对网络乱象，新闻从业者作为引领队伍中的主力军，更应该用新闻专业主义严格要求自我，加强新闻从业者的新闻专业主义理念。积极向公众传播正确的价值观。树立正确的媒介伦理观和规范，在网络一味追捧热点的大流中坚持正确的导向。以真实客观的专业要求为底线，以主流人文观念为价值引领，坚持新闻真实性，做好议程设置，推动公共议题在社交媒体中的有序互动和发展。

2）公众

理性发声，构建良好舆论场域。网民加强媒介素养，做到理性发声，社交媒体中流量带来的网红效应让不少人趋之若鹜，新闻越来越被忽略，将手中的话语权随意滥用，为博大众眼球无视道德规范。作为公民，我们在享受赋予我们权利的同时，还要记得承担起相应履行的义务。在网络中，公民要遵守基本的道德规范。正确使用话语权，不激化矛盾，不恶语相向，理性发声。让言论自由始终活跃在法律界限内，构建良好的舆论环境。

3）政府

规范网络秩序，加强法制监管。政府作为执政部门，在网络环境中必须具有强有力的舆情应对能力，首先要建立起良好的舆情应急机制，充分利用好网络舆情“黄金四小时”，力争在第一时间进行疏导，其次改进执政部门应对舆情的举措，深入了解把握民意，与公众互动沟通，认真倾听心声。化解非理性情绪及言论，引导网民理性表达自我。

7.3 应急资金保障

突发事件应急管理机制的运行有赖于及时、充足的资金保障，必须建立突发事件应急基金监管、民间援助和社会救济等方面的制度，把应对突发事件所需经费纳入年度财政预算。对灾害事故紧急处置工作所必需的专项资金，世界各国对突发事件应急管理的资金保障都有专门的立法。我国在《预算法》中对应急管理专门资金也有明确的规定，应根据《预算法》有关条款，每年按照财政支出额的适当比例安排政府预备费作为公共财政应急储备资金。在一般支出预算中增设突发事件应急专项准备资金，并根据公共安全应急管理的需求，逐步提高资金提取比例。发生突发事件后，一方面应根据实际情况调整部门预算内部结构，削减部门支出预算，集中财力应对突发事件；另一方面经政府批准启动应急专项准备资金，必要时动用公共财政应急储备资金。按照“急事急办”原则，简化工作环节，确保应急处置工作的顺利进行。此外，还可以在资金保障机制中利用风险转移，鼓励自然灾害多发地区的公民、法人单位和其他组织购买财产和人身意外伤害保险。从事高风险活动的企业应当购买财产保险，并为其员工购买人身意外伤害保险，也可以根据有关规定接受各方面的资金援助，如赠款、贷款、直接支付等。

应急资金资源包括用于公共危机应急管理的政府专项应急资金、捐赠资金和商业保险、补贴、专项拨款等以货币或存款等形式存在的资源。《突发事件财政应急保障预案》规定，应急资金保障的主要原则包括：

（1）根据突发事件的影响程度，确定采取不同的财政收入、支出政策，以及快速拨付资金等方式进行支持。

（2）确立了按照现行事权、财权划分原则，分级负担。属于中央政府事权的，经费由中央财政负担；属于地方政府事权的，经费由地方财政负担。

（3）按照“特事特办，急事急办”的原则，及时拨付处置突发事件的资金，专款专用，禁止挪用截留。

当突发事件发生时，政府有义务向灾区下拨应急救灾资金，政府的财政拨款是应急财政保障的基础。我国当前应急财政资金的主要来源：一是救灾资金，是指每年预算安排中的自然灾害救济费；二是预备费，《预算法》(2018 年版）第四十条规定，各级一般公共预算应当按照本级一般公共预算支出额的 1% ~3% 设置预备费，用于当年预算执行中的自然灾害等突发事件处理增加的支出及其他难以预见的开支。

总之，我国应急财政资金的来源主要有：财政拨款、社会捐助、政策保险和商业保险赔付。为了体现应急管理的社会动员原则，必须实现应急资金筹措渠道的多元化。这具体体现在以下两个方面：

首先，借助市场化手段。大力发展保险业不仅可以降低政府的应急财政负担，而且能够提高我国应急管理的财政保障水平。目前，我国社会公众的灾害保险意识还比较薄弱，保险企业开发出来的灾害保险品种不多。从另一个角度来看，我国的保险业在灾害管理中的作用空间还很大。不仅如此，发行福利彩票、提供小额贷款等也可以成为以市场化手段筹措救灾资金的有效渠道。此外，国家推行税收优惠政策也是在资金上支持抗灾救灾的重要举措。

其次，企业和社会的捐助也是我国救灾资金筹措的重要方式。通过社会动员，可以将社会中的抗灾救灾潜力转化为抗灾救灾的实力。企业和社会的捐助不仅可以大大减轻政府的财政负担，还可以激发社会公众众志成城的信心和士气，从而产生良好的社会效益。财政资金是调动外部和间接资源的总枢纽，是影响应急决策自由度的重要因素，财政的高效率为防灾减灾提供了保障。

7.4 应急人力保障

公共安全和应急管理方面的教育培训，主要面向应急管理人员和普通群众。从应对突发事件的经验教训来看，提高应急能力、应急素质的最直接、最有效的方法便是开展教育培训。

应急管理人员是第一时间接触突发事件信息并开展处置的决策人员，其应急管理水平的高低直接影响先期处置能力直至影响整个应急处置过程。我国应急体制和机制建立较晚，不少应急管理机构的管理人员多半来自其他相关部门，或者由其他相关单位的领导兼任，存在欠缺应急管理知识等现象，在应对突发事件时也存在应对经验不足的情况。普通群众是突发事件作用的主体对象，也是开展应急处置，特别是在灾害发生后第一时间开展自救互救的主体力量。如何通过必要的教育培训，提高群众对预防、处置突发事件的认识和能力，增强自救、互救能力，是应急管理机构关心的主要方面。

针对上述问题，从国家、省到各地区、各基层开展形式多样的应急管理教育培训和人才培养工作，可有效提升突发事件应对能力。在开展应急教育培训和人才培养工作时，以政府公务人员的教育培训和公共安全科研人才的培养为重点。目前的教育培训重点主要是通过改善政府公务人员在应急管理方面的基本知识（如预案知识、法律法规知识），应急管理的体制、机制等，来提高政府应急管理人员的应急素质。但是，行政性政策和法规的灌输及相关知识的普及不能等同于应急管理人员素质和能力的全面提高。从国内外应对突发事件的众多经验和教训中发现，应急管理人员在应急技术方面知识的掌握熟悉程度成为影响应急处置效率的关键因素。例如：面对各种类型的突发事件，应急管理人员面对第一手现场信息（事件态势、气候条件、泄漏物质、周边环境、灾民数量等），如何科学决策、快速预警，如何考虑应急处置多种复杂因素和应对方案（疏散人群、救援力量、避难场所、资源配置、交通管制、治安警戒等），众多环节都要求应急管理人员具备进行科学决策、综合协调和高效处置的应急管理能力。

应急管理培训教育需要为这些问题的解决提供理论、方法、技术、装备和人力资源的持续支持，需要针对应急管理人员进行应急管理知识和应急技术知识的教育培训。对应急管理人员进行全方位、全流程、多途径的培训，实现应急管理人员突发事件应对前、中、后阶段的快速、高效、合理的综合研判和决策指挥的目标，成为应急管理教育培训工作责无旁贷的任务。

应急管理教育培训工作必须以科学发展观和构建社会主义和谐社会重大战略思想为指导，一方面，组织各级各类干部学习党中央和国务院关于加强应急管理工作的方针政策和工作部署，学习相关法律法规和应急预案，提高思想认识和应对突发事件的综合素质；另一方面，必须组织应急管理领导干部和专业干部学习、掌握开展应急管理必备的知识与技能，深入研讨加强应急管理的重点和难点问题，提高防范、处置突发事件的能力，培养一批复合型应急管理人才和专业人才。

应急管理人力资源建设：

（1）专职应急队伍建设。我国应急救援专职应急队伍由公安、防汛抗旱、抗震救灾、森林消防、海上搜救、铁路事故救援、矿山救护、核应急、医疗救护、动物疫情处置等专业队伍组成，他们是我国应急救援的主要力量。目前，我国部门性专业救援队伍基本上以三种形式存在：一是政府组建，有人员编制，由财政拨款；二是政府资助，由行业或集团公司组建，如电力、矿山救援队伍；三是企业自筹资金，自行建设。

对于第一种救援队伍来说，建设资金来源于政府的财政拨款，资金保障有力，配备了先进的救援设备，形成了制度化的管理、培训、演练机制以及人员更替制度。2018 年 3 月，应急管理部成立后，公安消防部队、刑警森林部队转隶，与安全生产等应急救援队伍一并成为综合性常备应急骨干力量，由应急管理部管理，形成职业化应急救援队伍。

第二种救援队伍主要存在于国有企业中，他们不仅要肩负企业的救援职责，还要承担社会的救援工作。在实践中，政府对这类应急救援队伍给予一定的资金、设备和技术支持。但是，他们在自身的发展中还需要解决以下问题：一是保证队伍的可持续发展，要和政府间建立制度化、经常化、可持续化的合作关系；二是落实“政府花钱买服务”的原则，使队伍在本职工作范围外提供社会救援服务后得到适当的补偿；三是政府要制定合理、科学的行业标准，对队伍进行资格认证和考核评估，一旦队伍不能达到从业标准，政府将取消资助；四是队伍在人事制度上要建立吐故纳新的机制，防止队伍年龄结构老化，战斗力下降。

对于第三种救援队伍，企业自身需要探寻队伍的发展模式，可以按照市场化的原则，对外提供救援有偿服务，分次结算。当然，他们对外提供有偿服务时应该达到政府设定的行业标准，并接受政府的监督。同时，政府应建立或规定企业建立补偿制度，对救援人员在应急处置过程中受到的伤害进行合理的补偿。此外，为救援人员购买人身意外伤害保险是以市场手段分散应急风险的重要渠道。

（2）兼职应急队伍建设。兼职应急队伍只是在紧急情况下才作为应急队伍的补充参与应急处置工作，一般包括各单位或社区的基层救援队伍、应急专家队伍、应急研究队伍等。各种非专业的兼职救援队伍是专业救援队伍的必要补充。应急救援必须实现专兼结合、群策群力，尤其是一些规模范围较大的突发事件，仅依靠专职人员或政府的应急资源处置远远不够时，就需要兼职应急人员的参与。从数量比例看，基层兼职应急人员比专职应急人员数量更多、社会覆盖面更广，因此兼职队伍具有距离现场近、情况熟、反应快、救援效率高的优势，在相关应急指挥机构组织下，他们可以开展先期处置、组织群众自救互救，配合专业救援队伍做好各项保障工作。应急专家队伍是应急处置的智囊团，各领域的专家学者和实践经验丰富的管理人员可以充分发挥专家队伍的参谋、智囊作用，提高应急工作的正确性和科学性。应急信息员在发现突发事件苗头、协助做好预警信息传递、灾情收集上报、隐患排查等方面承担着重要的职责。在各基层单位确定兼职应急信息员，建立信息员管理制度，明确其工作任务和信息报送程序方式，可以逐步形成突发事件信息传递网络，确保预警信息报送的质量和实效。截至2016年1月，民政部已组建具有70万人的灾害信息员队伍。

在我国，兼职应急人员人数还较少，与西方国家相比有较大差距。在处置突发事件时，兼职应急人员所承担的任务和专职应急人员所承担的任务是不同的。

（3）志愿者应急队伍建设。我国的一些非政府组织有着庞大的志愿者队伍，他们是应急救援不可缺少的有生力量，经常发挥着不可替代的独特作用。

但是，以志愿者为主的兼职救援队伍应急救援专业知识的培训、演练不足，自我防护能力差，容易造成次生、衍生灾害。为此，兼职救援队伍需要专业救援队伍对其在应急救援、自我防护等方面进行知识培训和技能指导。

兼职救援队伍需要明确自身在应急救援中的角色分工，承担力所能及的工作，为了真正实现专兼结合，兼职救援队伍在平时应与专业救援队伍进行联合演练，磨合合作的机制。对此，《突发事件应对法》规定：县级以上人民政府应当加强专业应急救援队伍与非专业应急救援队伍的合作，联合培训、联合演练，提高合成应急、协同应急的能力。

上述三支应急队伍在我国应急管理中均发挥着重要作用，在今后的队伍建设中，还要坚持综合应急、分工合作、军民结合、全民参与的原则，通过进一步建立应急救援队伍的行业标准、补偿机制、培训演练及考核评估机制、保险制度、心理干预机制等，以促进应急管理工作整体水平的不断提升。

7.5 应急物资保障

应急物资指的是各种救灾的基础设施、技术装备、应急救援物资等以物质实体形态存在的资源，是各种管理方案落到实处的物质基础，同时也是信息资源的物质载体和灾害应急管理的物质保障，是重要的救灾应急资源。从广义上概括，凡是在突发公共事件应对的过程中所用的物资都可以称为应急物资。应急管理是一项涉及多因素多方面的系统工程。其中应急物资资源是应急管理工作的物质基础。在处理突发事件过程中，资源的需求能否得到满足是影响应急管理成败的关键因素之一。然而，应急物资并非独立于组织系统、预案系统、技术系统，它们相辅相成，在各支撑因素的保障下，在应急管理的各个阶段发挥合力作用。

应急物资的储存可分为实物储备、资金储备、生产能力储备和社会储备等4种形式。

（1）实物储备。是指中央及各级地方政府、军队、企业、民间为了应对突发事件，按照一定储备数量，全部以实物的形式将应急资源储备在各个仓库。

（2）资金储备。其实物形态表现为各种库存材料物资和工具等。储备资金通常有定额，属于定额流动资金。

（3）生产能力储备。是指政府确定具有一定生产能力的企业作为储备企业，在发生突发事件时迅速生产应急物资。必要时可与生产厂家签订协议，以确保物资需要膨胀时可通过厂家扩大生产能力的方式来保障应急物资的供应。

（4）社会储备。政府应与商家签订储备协议，保障紧急状态下应急物资的供应。至于商家因储存造成的经济损失，政府应给予一定的补偿。

7.5.1 应急物资管理流程

应急物资是各类事故发生后的支撑要素，其配置与调度效率的大小是应急能力的主要体现之一。在整个应急物资管理过程中，最核心、最关键的是调用。在突发事件发生后，应急物资调用的基本流程一般有 6 个主要阶段。

（1）需求估算。根据突发事件的类型和影响范围，估计需求的应急物资种类和数量，而这个估计一定是一个动态过程。在事件发生之初，由于信息的缺乏，对物资需求的估计只能是大概的数量，随着对情况的更多了解，对物资需求的预测会逐步趋向准确。

（2）供给确定。根据物资储备和物资需求情况，确定可用物资和应急物资的供应者，以及各供应者可提供的物资种类和数量。

（3）物资分配。根据可能的供求情况，确定每一位需求者获得的应急物资种类和数量。

（4）资源调运。根据现场实际情况，确定资源调度方案，包括具体的运输线路、调运时间等，并组织调运方案的实施。

（5）接收与管理。接收运到的物资并对物资进行管理，主要包括人员管理、生活安置、财务管理、物资存储与配送等。

（6）后续工作。应急结束后需要对剩余物资进行处置，主要包括人员管理（包括志愿者）、资金审计与回收、物资补充与赔偿。

以上是完整的应急物资调用流程，这个流程可以在救灾物资调用过程中多次重复，但有些突发事件不一定需要全部的流程。

7.5.2 应急物资管理的分类和用途

1. 应急物资的分类

应急物资的类别一般是根据应急物资本身的特性以及在处理突发事件时发挥的作用来划分的。应急物资分类目标不同，相应的分类指标和得到的分类结果也不相同。目前主要常见的应急物资的分类方法有以下几种。

1）根据应急物资的使用范围分类

应急物资根据其使用范围可分为通用类和专用类。通用应急物资是指不同突发事件在救灾过程中普遍需要的应急物资，是指一些比较重要的基础保障类物资，如食物、药物、饮用水等。专用应急物资是指只能用于某一种突发事件的特殊物资。例如：矿难发生时所需抽风设备和有氧设备等，疫情发生后所需要的疫苗和特殊药品等。

2）根据应急物资的用途分类

（1）工具设备类应急物资。包括工程车辆、发电设备、通信设备、运输设备、救护设备、维修设备等。工具设备类应急物资属于非消耗件资源，一般可以重复使用。

（2）材料类应急物资。包括油、煤、药品、石料、建材、消防用水等。材料类应急物资属于消耗类物资，需要持续供应。

（3）生活必需品。包括临时住所、食品、衣物等。生活必需品中部分属于消耗类物资，如食品、饮用水等；部分属于非消耗性物资，如临时住所、衣物等。

（4）不同类型的突发事件发生后，需要的应急物资种类也不同。因此，根据突发事件的类别可以将应急物资分为自然灾害类、公共卫生事件类、事故灾害类、社会安全事件类、经济安全事件类。

2. 应急物资的用途

1）事件控制

事件控制类应急物资主要是指用于事件预警、监测、预防、减缓、处理等应急工作的工具、设备和材料等。这些往往是专用物资，主要依靠储备和采购获得，由公共部门提供，对于特殊物品可能会采取征用的方式获取。

2）人员救援

人员救援类应急物资主要是指用于人员疏散、搜救和抢救等工作的工具、设备和材料等。抢救设备需要通信设备、清理设备和其他专用设备，这些设备往往来自公共部门。

3）伤员救治

伤员救治类应急物资主要是指用于伤员治疗和疾病防疫等的医疗设备、药品和医用耗材等。医疗设备主要来源于各医院和医疗单位，也有一些特殊设备通过购买获得。药品和耗材则主要通过储备和购买获得，医药生产企业也会作部分捐赠。

4）生活安置

生活安置类应急物资主要是指用于疏散人员的生活、管理和组织等工作的临时住所、生活必需品等。这部分物资一般需求量比较大，而且持续时间比较长，除早期来源于储备外，大部分由应急购买和捐赠获得。

5）抢修恢复

抢修恢复类应急物资主要是指用于基础设施的修复和维护等工作的工具、设备和材料等。这类物资主要是一些建筑材料和设备，也包括一些特殊线材和管道以及一些特殊设备。除公共所有的基础设施（如道路桥梁）以外，还包括一些通信、供电、供水等设施。

7.5.3 应急物资管理的内容

1. 应急物资的来源

应急物资可以来自公共资源，或者可以是在应急状态就近就便依法征用的物资，还可以是捐赠物资或受灾人员的自有物资。

1）公共资源

公共资源是政府和公共部门提供的物资，来源主要包括储备物资、采购物资和生产物资。

2）征用物资

征用物资属于私人产权或不在政府应急储备范围之内的物资，在应急过程中急需强行征用、先使用后补偿，如运输车辆、建材、生活用品等。这类物资需事后偿还并给予一定补偿，消耗或损坏的物资根据情况给予赔偿。

3）捐赠物资

捐赠物资是个人和社会法人向受影响群体捐献的物资，捐赠物资的所有权发生转移，一般不能索回，也不会返还，事后也不会补偿。捐赠物资一般是消耗性物资，需求量比较大，当物资需求量特别大、一时无法生产时，则可以通过组织专项捐赠的方式筹集。捐赠物资有时会存在捐非所需、质量难以控制的问题，而且其来源分散，从捐赠点接收、分类整理、包装到运输过程缓慢。

4）自有物资

自有物资主要是指受影响群体所有并应用于该群体应对工作的物资，如个人所有的一些生活用品、住所和其他物资。自有物资具有投入时间快、不需要补偿等特点，但一般重大突发事件中自有物资也会受到破坏，可用量比较少，只能作为补充物资在应对早期使用。

2. 应急物资的内容

1）储备

储备主要包括储备、更新和管理。

物资的储备分为实物储备和能力储备两种形式。实物储备主要是指成品的储备；能力储备主要是指生产能力的储备，能力储备又称为合同储备。

（1）实物储备。实物储备可以迅速调往受灾地区，具有时间快的优点，但由于灾害发生的时间不确定，需要储备的时间可能很长，而实物一般都有有效期，如果大量存储实物容易造成很大的资源浪费。所以，在储备实物的同时应储备必要的生产能力，由实物储备供应灾害发生初期的物资需求，为组织生产赢得必要的时间，后续的物资需求由新生产的物资供应。实物储备的数量应由组织生产的准备时间决定，准备时间越长需要存储的实物就越多，因此建立快速反应的生产系统可以有效减少实物储备的成本。

（2）能力储备。能力储备有采购合同和持有两种方式：对于平时需求广泛、市场供应能力充足的物品，可以通过与定点生产厂商签订采购合同的方式储备能力；而对于平时需求极少、市场供应能力不足的物资，则需要政府投资建立必要的生产能力。采购合同的方式成本比较低，但由于与生产企业的联系比较松散，合同执行具有不确定性、反应时间比较长的缺点。对于重要的物资可以通过建立供应链，加强与合同定点企业的联系，以此降低不确定性、缩短反应时间。

2）筹集

筹集主要包括汇集、采购和生产。

筹集主要包括建立物资保障调度系统、估算需求和组织供应。灾害发生后在救灾指挥中心下面迅速建立物资保障调度中心，根据初步信息评估灾害的危害程度和受灾区域，初步确定所需物资的种类和数量，然后根据物资储备的情况制定初次物资供应方案和后续物资采购及生产方案，并下达供应任务。

由于重大灾害中物资消耗快，救灾工作持续时间长，对应急物资的需求量特别大，储备实物往往不能满足全部需要，在安排初次物资供应的同时，必须组织后续物资的采购与生产。采购和生产方案必须确定生产物资的种类和数量、首批物资完成时间、后续物资采购供应商或生产商等问题。

3）调度

广义的应急物资调度涉及多个环节，主要包括：应急物资需求量的预测，应急物资的筹措，应急集配中心的选择，应急物资的调运和应急物资的评估等。

应急物资调度过程为根据物资需求和供应的情况把物资分配到每个群体，并且组织运力把物资从供应地运到指定接收点。运输分为两部分，先从供应地运到物资集散地，然后再从物资集散地运到救援点。

4）管理

管理主要包括接收、存储和分发，尤其是物资集散地和救援点的物资管理工作、接收从各地运来的物资，需要登记入库，临时存储，分拣包装，出库管理，以及分发、配送等。

5）处置

处置是清点剩余物资、处理、补充储备消耗，主要是善后工作，包括未消耗物资的处理、物资补充、临时系统的撤销以及保障系统的评价与改进等。

7.6 其他应急保障体系

7.6.1 交通保障体系

近年来，我国城市轨道交通投入运营、在建及规划线路的速度明显加快，使城市轨道交通安全面临日益严峻的形势。安全保障工作尚未成体系，仍处于一种零散的状态，未覆盖轨道交通安全的全过程和各个层面，如重建设轻运营。而传统的安全管理模式，未能充分体现“预防为主”的安全管理理念，如我国城市轨道交通安全管理目前重点放在事故分析、经验教训和大规模的安全检查等，对如何有效预防事故发生所做的工作还不够深入。因此，构建一个覆盖城市轨道交通系统全生命周期的、全方位地保障系统安全的保障体系势在必行。

为使城市轨道交通系统达到最优的RAMS（可靠性、可用性、可维修性、安全性）水平，系统参与各方针对系统全生命周期从策划、设计、制造、安装、调试直至报废的整个过程，依靠一系列的保障系统安全的理论和方法，对地铁全生命周期的各阶段进行安全把关，保证系统始终处于可控的安全状态。其中，保障系统安全的一系列理论和方法所形成的有机整体即为城市轨道交通安全保障体系。轨道交通安全保障体系是面向所有城市轨道交通的参与主体和政府监督机构及第三方的保障城市轨道交通安全建设及运营的多方主体、多方面措施相互配合的有机整体。构建城市轨道交通安全保障体系是为了贯彻“安全第一，预防为主”的方针，实现城市轨道交通系统安全保障工作的系统化，避免和减少各类事故的发生，降低生命、财产损失，全面提高城市轨道交通系统的安全水平。它是政府机构安全管理的依据，也是企业安全管理的行动指南。

7.6.2 科技产业保障体系

构建长期可靠、可持续、资源完善的科技产业保障体系，保障新形势下国家创新发展的需求，应对重大事件、重大问题对我国科技产业保障建设的冲击。

科技产业保障体系建设，要围绕“四个一”来设计，从科技产业保障的标准定制、资源获取到收储应用全流程出发。体系建设是技术实现和要素应用的前提，技术实现是体系建设和要素应用的支撑，要素应用是体系建设和技术实现的目的，三者环环相扣、并驾齐驱，各方面都需要有针对性地加强。

科技产业保障体系包括：建设科技产业资源云中心、科技产业数据中台，实现支持面向场景的情报分析服务；研究制定科技产业资源保障措施与机制，包括标准规范制定、经费保障、专业人员配备、科学的评价体系、协同联动机制。

我国科技产业保障体系建设还有很多难点，要建设符合国情的科技产业体系还有很长的路要走，面对日益增长的情报需求和接连不断的挑战与矛盾，我们要从全数据生命周期出发，攻克难关，建设有机生态。目前，人工智能、大数据等技术在业界的应用已取得较大成效，其技术落地方式、以用户需求为导向的研发思路、个性化服务模式对于资源保障体系的建设都有着很高的借鉴价值。

思考与练习题

1. 简述应急资源保障的基本特征。
2. 简述媒体在应急处置中的作用。
3. 简述突发事件新闻处置原则。
4. 应急资金保障的主要原则包括哪些？

第3篇

方 法 技 术 篇

8 风险与应急管理方法

学习目标：

(1) 熟悉风险管理相关概念和程序。

(2) 熟悉事前、事中和事后应急评价方法。

(3) 了解风险预测方法和其他风险评价方法。

(4) 了解风险控制的原则和方法。

8.1 风险管理概述

风险管理的应用范围十分广泛，既可用于保险、金融、财务、安保等，也可用于健康、安全与环境等风险的管理。

8.1.1 风险

1. 风险的概念

风险“risk”源于法语“risque”，意为在危险的悬崖间航行，后逐渐引申为冒险才有获利的机会。尽管国际上对风险一词并没有统一严格的定义，但各种定义的核心内容是基本一致的。按权威的《韦伯字典》的说法，风险是面临着伤害或损失的可能性。《辞海》上的释义则是人们在生产建设和日常生活中遭遇能导致人身伤亡、财产受损及其他经济损失的自然灾害、意外事故和其他不测事件的可能性。从这两个最广义的定义可以看出风险无处不在，风险存在于人类的各项活动之中。在对风险的各类定义中，有两个定义最具代表性。

定义一：风险是一个事件可能后果的变化。这一般取决于人们对可能结果的预知预测能力。预测的准确度越高，风险程度越低，反之亦然。

定义二：风险是可能损失的不确定性。由于绝大多数关注风险者不仅考虑损失的可能性，也需要了解损失的严重程度，所以更倾向于后一种定义。

从风险的概念上可知其一般包括两个方面：不希望事件发生的概率和其发生后果的严重程度。它描述了生产过程中发生事故的可能性和严重程度，用以表明以下几个方面的情况：

(1) 生产过程中发生事故的概率，即事故概率风险。它用来预测生产过程中某部件、设备（设施）、工艺、场所等可能发生什么事故及其发生事故的可能性有多大。

(2) 生产过程中发生事故可能造成安全与健康损害、财产损失的程度，即事故后果。它表明了在生产过程中某部件、设备（设施）、工艺、场所等可能发生什么事故，且一旦事故发生，会造成什么样的生命安全与健康损害、财产损失，以及损害和损失的程度如何。

（3）生产过程中发生事故的概率与事故后果，或生产事故发生的可能性与严重程度，即生产系统的事故风险。该风险可表示为

$$R = f(F, C) \tag{8-1}$$

式中 R——生产系统事故风险；

F——生产系统发生事故的可能性；

C——生产系统发生事故的严重程度。

式（8-1）不仅说明风险的客观存在，而且指出其大小及其相关特性是可以根据科学度量的。这与客观环境、时空条件、人们的期望程度等诸多因素紧密相关。当这些因素发生变化时，其风险也可能随之而变。

2. 风险的分类

风险具有不同属性和特性，可从不同的属性对风险进行不同的分类。对风险进行全面的分类学研究，对于了解风险特性和本质具有重要的作用。一般来说，大致可以从以下几个角度对风险进行分类：

（1）按照风险所发生的范围划分，可分为微观风险和宏观风险。

（2）按照风险损害的对象划分，可分为财产风险、人身风险、责任风险和信用风险。

（3）按照风险的来源划分，可分为自然风险、社会风险、经济风险、技术风险、政治风险和法律风险。

（4）按照风险的性质划分，可分为纯粹风险、投机风险和收益风险。

（5）按照风险的存在状态划分，可分为固有风险和现实风险。

（6）按照风险引发事故原因要素划分，可分为人因风险、物因风险、环境风险和管理风险。

（7）按照风险的程度划分，可分为一般风险、较大风险和重大风险。

3. 风险的性质

（1）风险的客观存在性。指风险不以人类的意志为转移、独立于人类意志之外的客观存在。人类只能采取手段来应对风险，以避免或减小风险可能带来的损失，但无法完全回避或消除风险。

（2）风险的普遍性。风险存在于人类的各项实践活动之中，可谓无处不在。

（3）风险的多样性。即在任何一项活动中，都会有许多种类的风险共存而且互相影响。例如，在一个工程项目中，可能存在政治、经济、法律、自然、合同、合作者等诸多风险，这些风险之间还存在着复杂的内在联系。

（4）风险的偶然性。指风险本身及其造成的损失具有偶然性。风险是作为一种具有发生或不发生两种可能的随机现象而存在的。但风险本身一般情况下是可控制的，其造成的损失也可度量。实际上度量风险的过程就是风险分析的过程。

（5）风险的规律性。风险的产生、存在及其发展变化是有规律可循的。

8.1.2 风险管理

风险管理是一门新兴的管理学科，越来越受到各国工业安全领域的重视，在企业安全管理中广泛而迅速地得到推广和应用。在西方发达国家，风险管理已普及到大中小企业。

风险是某有害事故发生的可能性及其事故后果的总和。企业所面临的风险包括生产事故、自然事故和经济、法律、社会等方面的事件或事故。企业在生产、经营过程遇到这些意外事件，其后果可能严重到足以把企业拖入困境甚至破产的境地。风险管理的任务就是通过风险分析确定企业生产、经营中所存在的风险，制定风险控制管理措施，以降低损失。

1. 风险管理的概念

根据国际标准化组织的定义（ISO 13702，1999），风险是某一有害事故发生的可能性与事故后果的组合。对于安全生产风险的定义是：安全生产不期望事件的发生或存在概率与可能发生事故后果的组合。这一概念既包含风险的定性概念，也包含风险的定量概念。通俗地讲，风险的定性概念首先是指那些人们活动过程中不期望的事件，如事故、隐患、缺陷、不符合、违章、违规等，这些都称作风险因子，是风险管理的对象或因素；而风险的定量概念则表达了风险的度量是取决于不期望事件发生的概率与后果的乘积。因此，风险分析就是去研究事件发生的可能性和它所产生的后果。严格地说，风险和危险是不同的，危险是客观的，常常表现为潜在的危害或可能的破坏性影响，而风险则不仅意味着这种能量或客观性的存在，而且还包含破坏性影响的可能性。

但是，无论何种定义，风险管理的概念均可体现在以下几个方面：

（1）风险管理是管理科学的一个重要组成部分，它极大地丰富了管理科学的内涵，促进了管理科学的发展。

（2）风险管理的应用范围极其广泛。所有的管理决策都存在风险因素，有风险事件发生的可能性，要防范相关的风险损失，故而需要应用风险管理的理念与方法去更好地面对问题。从这个角度看，风险管理无处不在，其必须融合于相应的管理学科之中，才能更好地发挥作用。

（3）风险管理的实质是通过各类手段合理地安排风险。也就是说，对管理对象实施风险管理，其目的并非只是降低或消除风险。有时，也可以运用风险回避或者风险转移的方法达到目的。

（4）风险管理以既定的风险事件未发生为前提。一旦既成事实，则风险也就无从谈起。安全管理以事故预防为核心，故而理所当然地可以应用风险管理的各类手段去管理其所必须面对的各种安全风险，从而达到防患于未然的目的。

2. 风险管理的原则

原则是指导工作进行所依据的准则。风险管理的原则应包含以下几个方面：

（1）风险管理创造并保护企业的价值。通过风险管理，控制损失、创造价值，在什么方面进行的风险管理，就能够规避什么方面的风险，获得效益最大化，从而创造和保护企业的价值，为实现组织所设定的目标作出贡献。

（2）风险管理是组织所有活动的有机整体的一部分。任何方面的风险管理都不能是单独、孤立的，都存在于相应业务活动之中。

（3）风险管理是决策的一部分。风险管理旨在把风险控制在可接受的范围内。风险管理有助于企业决策者判断风险应对是否充分、有效，有助于决定行动优先顺序并选择可行的行动方案，从而帮助决策者作出合理的决策。

（4）风险管理明确针对不确定性事物的管理。风险本身就定义为“不确定性”，如果是确定性的东西，就没有必要通过风险管理模式进行管理。

（5）风险管理具有系统性、结构性和时效性。系统、及时、结构化的风险管理将有助于风险管理效率的提升，并产生一致、可比、可靠的结果。

（6）风险管理是基于可获得有效信息的管理。风险管理信息的输入是建立在包括历史数据、经验教训、相关方意见反馈、观察感悟、专家预测、判断等信息基础之上。风险管理的成功与否，与占用的信息量多少及其准确性等有很大关系，因此信息的输入十分重要。

（7）风险管理应针对具体管理对象量身定做。一个组织的风险管理是定位在该组织风险管理的内外部环境及其风险现状基础之上的。风险管理应量身定做，对具体管理对象进行有针对性的风险管理。

（8）在进行风险管理时，应考虑人文因素。风险管理取决于组织所处的内外部环境及组织所承担的风险。进行风险管理应充分考虑人员能力、企业文化及内外部环境，尤其是人文因素等方面的影响。

（9）风险管理应是透明的，并具有包容性。风险管理活动本身既不是什么机密活动，也没有什么神秘性。

（10）风险管理具有动态性和反复性，并对变化保持响应。随着内外部环境的变化，以及监测、评审的运行，尤其是时间的推移，有些风险会随之变化，有些风险的程度会降低，有些风险甚至会消失。但与此同时，有些新的风险将会出现。因此，风险管理既要按照事前策划执行，也要根据风险的变化而随之作出相应调整，做到对风险进行有效管控。

（11）风险管理促使组织做到持续改进。风险管理具有诸多特点，如风险管理的动态性、反复性、时效性等。因此，进行风险管理应持续不断地对各种变化保持敏感并作出恰当反应，做到与时俱进。

3. 风险管理框架

风险管理应当在风险管理框架内运行。该框架可以帮助企业在各层面和特定背景下通过应用风险管理程序，以有效管理风险。该框架应当确保来自这些程序的风险信息被适当地报告，并被用作决策的依据。

该框架主要是帮助企业在整个管理系统内将风险管理一体化，因此，企业应调整框架的组成部分以满足其特殊需求。风险管理框架如图 8－1 所示。风险管理框架就是为设计、实施、监测、评审及持续改进整个组织的风险管理所提供的基本的、结构化的框架，各要素之间的关系构成一个完整的 PDCA 闭环管理。

从图 8－1 可以看出，授权与承诺是一个十分重要的要素，指导和支持着风险管理框架设计、风险管理实施、框架的监测与评审、框架的持续改进 4 个要素。当然，它也接收这 4 个要素的情况反馈，同时这 4 个要素又一起构成了 PDCA 循环。

1）授权与承诺

组织的最高管理者或被授权的管理者代表，应在风险管理方面行使最高管理者的权

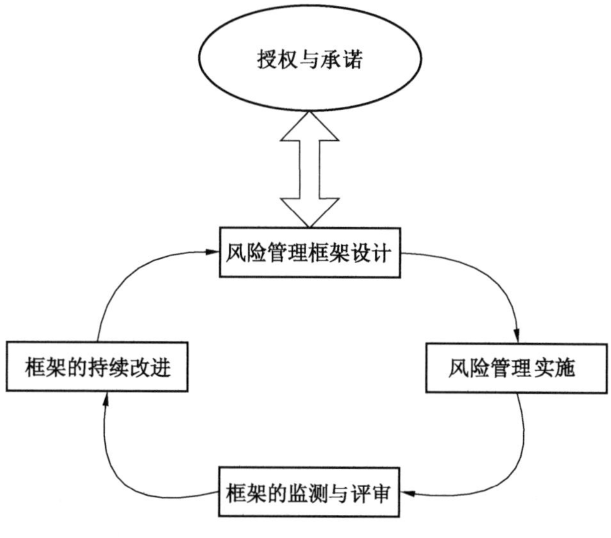

图 8－1 风险管理的框架

利，并作出相应承诺。

2）风险管理框架设计

风险管理框架设计包含 8 个二级要素：了解企业及其环境、确立风险管理方针、与企业程序实现整合、明确责任、明确资源、建立内部沟通和报告机制、建立外部沟通和报告机制、将风险整合到组织的所有过程。

3）风险管理实施

风险管理实施包括 2 个二级要素：实施风险管理的框架、实施风险管理过程。

4）框架的监测与评审

为确保风险管理的有效性，企业应制定执行的措施；定期估量风险管理计划的进展；定期评估风险管理框架、政策和计划是否仍与企业的内部与外部背景相适应等。

5）框架的持续改进

基于上述监测与评审的结果，有计划地作出对于框架改进的决定，更好地达到风险管理的目的。

8.1.3 风险管理的基本程序

风险管理的基本程序是把风险管理的方针、程序、做法等，系统地应用到交流、协商、建立环境，以及对风险的辨识、分析、评价、处理、监测及评审活动中去，从而实现对具体业务活动进行风险管理的过程。实质上，风险管理流程就是针对具体业务活动进行风险管理的一整套的规范程序。

风险管理的基本程序，主要包括交流与沟通、建立相应环境、风险评估、风险处置、监测与评审五大部分。

（1）交流与沟通。要做好管理工作，就要在风险管理的整个过程中，做到内外部利益相关方等的交流沟通。

（2）建立相应环境。通过建立风险管理的内外部环境，使组织与其设定目标联系在一起，确定进行风险管理应考虑的内外部环境，并对风险管理的范围、风险指标等进行确定。

（3）风险评估。包括风险辨识、风险分析、风险评价三个部分。

（4）风险处置。包括处置方式、处置措施的选择和实施。

（5）监测与评审。为了验证风险防控措施的有效性，为持续改进提供依据，都需要进行监测与评审。

8.2　事前风险评价

突发事件发生前的风险评价是做好突发事件预防和准备工作的重要基础，是减轻应急管理压力的重要途径。风险矩阵法由美国空军电子系统中心（Electronic Systems Center，ESC）采办工程小组于1995年4月提出，是一种操作简便、实用的风险评价方法。

8.2.1　风险矩阵法的概念

风险矩阵法是一种通过定义后果和可能性的范围，对风险进行展示和排序的工具。风险矩阵法是将决定危险事件风险的两种因素，即危险事件的严重性和危险事件发生的可能性，按其特点相对地划分为等级，形成一种风险评价矩阵，并赋以一定的加权值作为定性衡量风险的大小。

8.2.2　风险矩阵法的方法步骤

（1）分析由系统、子系统或设备的故障、环境条件、设计缺陷、操作规程不当、人为差错引起的有害后果，将这些后果的严重程度相对地、定性地分为若干级，称为危险事件的严重性分级。通常将严重性等级分为四级，见表8－1。

表8－1　危险事件的严重性等级

严重性等级	等级说明	事故后果说明
Ⅰ	灾难	人员死亡或系统报废
Ⅱ	严重	人员严重受伤、严重职业病或系统严重损伤
Ⅲ	轻度	人员轻度受伤、轻度职业病或系统轻度损坏
Ⅳ	轻微	人员伤害程度和系统损坏程度都轻于Ⅲ级

（2）把上述危险事件发生的可能性根据其出现的频繁程度相对地定性为若干级，称为危险事件的可能性等级。通常将可能性等级划分为五级，见表8－2。

表8-2 危险事件的可能性等级

可能性等级	说明	单个项目具体发生情况	总体发生情况
A	频繁	频繁发生	连续发生
B	很有可能	在寿命期内会出现若干次	频繁发生
C	有时	在寿命期内有时可能发生	发生若干次
D	极少	在寿命期内不易发生，但有可能发生	不易发生，但有理由可预期发生
E	不可能	极不易发生，以至于可以认为不会发生	不易发生

(3) 将上述危险严重性和可能性等级编制成矩阵，并分别给以定性的加权指数，即形成风险矩阵，见表8-3。

表8-3 风险矩阵

可能性等级	严重性等级			
	Ⅰ（灾难）	Ⅱ（严重）	Ⅲ（轻度）	Ⅳ（轻微）
A（频繁）	1	2	7	13
B（很有可能）	2	5	9	16
C（有时）	4	6	11	18
D（极少）	8	10	14	19
E（不可能）	12	15	17	20

矩阵中的加权指数称为风险评价指数，指数1~20是根据危险事件可能性和严重性水平综合确定的。通常将最高风险指数定为1，对应于危险事件是频繁发生的并具有灾难性的后果；将最低风险指数定为20，对应于危险事件几乎不可能发生而且后果是轻微的。中间的各个数值，则分别表达了不同的风险大小。

此处风险评价指数的具体数字是为了便于区别各种风险的档次。实际安全评价工作中，需要根据具体评价对象确定风险评价指数。

(4) 根据矩阵中的指数确定不同类别的决策结果，确定风险等级，见表8-4。

表8-4 风险等级

风险值（风险指数）	风险等级	风险值（风险指数）	风险等级
1~5	1	10~17	3
6~9	2	18~20	4

（5）根据风险等级确定相应的风险控制措施。一般来说，1 级为不可接受的风险；2 级为不希望有的风险；3 级为需要采取控制措施才能接受的风险；4 级为可接受的风险，需要引起注意。评价人员可以结合企业实际情况，综合考虑风险等级。

8.3 事中应急评价

目前，关于灾中实时评估的研究还比较欠缺，其最大原因在于突发事件的复杂性、动态性和信息高度缺失性使得这类评估具有天然的难度，然而当突发事件应急管理越来越趋向于常态时，灾中评估的意义和研究的必要性却越来越突显。其能为应急处置提供重要的决策支持，为减少伤亡和降低损失提供关键的辅助信息，实现应急的目的。据此，围绕着“可减缓性”“可挽救性” 和 “可恢复性” 这三种重要的灾中评估进行介绍。

8.3.1 “可减缓性”评价

“可减缓性”（mitigability）是用于表征一个突发事件可以被减缓程度的综合变量。它包括时间和价值两个维度，可以分别用推迟的时间和降低的损失来进行计算。“可减缓性” 度量能够帮助应急管理主体识别突发事件的影响因素，进而采取所有可行的措施来降低突发事件造成的损失或者推迟其发生发展的时间。不同于应急管理中的其他传统评估方法，“可减缓性” 评估有其自身的一些特点。

（1）“可减缓性” 评价是面向未来的。由于测算的是对突发事件未来发展的影响程度，所以已经发生的事情便不存在减缓的说法。

（2）“可减缓性” 评价的意义更侧重于 “能不能”，而不是 “值不值得”。当突发事件造成的结果无法预期时，所能做的就是尽可能地减缓其发生，降低其损失，而不是权衡收益与代价，因为潜在的隐形收益是无法预期的。

（3）“可减缓性” 评价是一个动态的过程。随着时间的推移，事件不断发展，各种条件在不断变化，因此应该重复评估过程，从而得到更为准确的结果。

（4）“可减缓性” 评价目前主要针对的是单一事件。由于不同突发事件的影响范围和可能造成的损失在总价值上存在很大差异，所以不能简单地通过比较两者的 “可减缓性” 大小来直接判断两者的相对关系。

1. 基于 “可减缓性” 评价的突发事件分类

目前，我国的突发事件分类以《突发事件应对法》中的突发事件分类为标准，即分为自然灾害、事故灾害、公共卫生事件和社会安全事件四类。而根据 “可减缓性” 评价的定义，从推迟时间和降低损失的角度来考虑，可以将突发事件分为以下两类。

（1）可以影响其发展过程的突发事件——*Mit* Ⅰ。这类突发事件主要是指一些人为的事故灾害、公共卫生事件和社会安全事件。对于它们的成因、机理已有很多经验，也发展了相对比较成熟的应对技术。同时，这类事件的发展速度一般都不至于特别迅猛，在不同的阶段可以通过收集到的信息来采取措施，一方面减缓其发展蔓延的速度，获取更多的时间；另一方面也可挽救更多的生命财产。因此，对于这类突发事件可以同时度量推迟的时间和降低的损失。

（2）无法影响其发展过程的突发事件——*Mit* Ⅱ。由于突发事件发生发展机理的复杂性，很多时候人类无法左右其发展过程。尤其是对一些突发性的自然灾害，像地震、火山、台风等，人类在短时间内无法改变其发生和蔓延，所能做的就是利用已有的经验和先进的技术来预测这类突发事件，尽可能地采取措施来降低损失。由于其发生发展过程是既定的，因此推迟的时间这一维度对这类突发事件来说就是零，“可减缓性”度量的结果取决于降低的损失。

2. “可减缓性”评价模型

根据上述突发事件的两个分类，可以给出相应的“可减缓性”评价的简单模型。

1）模型一

根据第一类突发事件的特点，假设S_{ini}是事件的第一个阶段，S_{fin}是事件的最后一个阶段，S_1和S_2是进行度量而选取的两个阶段，满足$S_{ini} \leqslant S_1 \leqslant S_2 \leqslant S_{fin}$，$T_0(S_1,S_2)$和$T_1(S_1,S_2)$分别是采取应急措施前后事件从$S_1$阶段发展到$S_2$阶段的时间，$V_0(S_1,S_2)$和$V_1(S_1,S_2)$分别是采取应急措施前后事件从$S_1$阶段发展到$S_2$阶段的损失。于是，第一类事件的“可缓解性”评价模型为

$$Mit\,\mathrm{I}(S_1,S_2)=\alpha\frac{T_1(S_1,S_2)-T_0(S_1,S_2)}{T_1(S_1,S_2)}+(1-\alpha)\frac{V_0(S_1,S_2)-V_1(S_1,S_2)}{V_0(S_1,S_2)}$$

式中　α——衡量两个维度相对重要性的系数，一般根据实际情形由应急管理者决定。

2）模型二

对于第二类突发事件，其“可减缓性”主要考虑降低的损失这一维度。于是假设t_{ini}为事件开始时间，t_{fin}为事件结束时间，t_1和t_2是将要实施评价的两个时间点，满足$t_{ini} \leqslant t_1 \leqslant t_2 \leqslant t_{fin}$，$V'_0(t_1,t_2)$是自然状态下$t_1$到$t_2$时间内突发事件造成的损失，$V'_1(t_1,t_2)$是采取措施以后$t_1$到$t_2$时间内突发事件造成的损失，那么第二类突发事件的“可减缓性”评价模型为

$$Mit\,\mathrm{II}(t_1,t_2)=\frac{V'_0(t_1,t_2)-V'_1(t_1,t_2)}{V'_0(t_1,t_2)}$$

3. “可减缓性”评价的步骤

“可减缓性”度量根据突发事件的不同而具有不同的特点。一般而言，“可减缓性”评价遵循4个主要步骤。

（1）信息收集。随着监测技术的不断发展，突发事件相关信息的收集效率越来越高，通过收集预测预报发生时间、蔓延状况、造成的伤亡损失等关键信息，有利于更准确地判断事件的发展状况，并为决策提供基础。

（2）突发事件的分类。基于收集到的信息和已有的经验，从“可减缓性”的角度对事件类型进行判断，从而选择合适的度量维度。

（3）应急措施实施。掌握突发事件的相关信息后，尽最大的能力采取措施来减缓突发事件的发展速度，抢救更多的人员物资，降低其造成的损失。

（4）“可减缓性”度量。依据前面的分类和后面可能会采取的措施，选择“可减缓性”度量的时间点或者度量阶段，然后选择对应的模型进行计算。

8.3.2 “可挽救性”评价

突发事件发生后，救援应当是应急管理的首要工作。按照救援客体的不同，它可以简单地分为两个方面，一是对被困人员生命的抢救，二是对物质财产的挽救。如果应急救援

的资源是无限的，那么只要有救援客体的存在，就有实施救援的义务。然而这样的理想状况在现实中几乎不存在，通常可供调度的应急资源十分有限。比如，地震救援工作中就存在救援者、救援设备、救援物资等方面的限制。因此，如何确定救援客体的“可挽救性”，从而合理调度资源，获得救援行动效益的最大化就是一个值得研究的问题。

1. “可挽救性”的概念与特征

“可挽救性”(salvability 或 rescuability) 评估是指在突发事件发生后，应急处理完成前，对于灾难的现状以及未来可能造成的损失的补救情况的度量。一般而言，“可挽救性”评价的着眼点在于突发事件中涉及的人员及物质财产等客体被挽救的可能性与必要性。

1）挽救可能性的度量

挽救可能性的度量主要是从救援客体出发，评估实施救援的成功概率。它可以分为客体度量和匹配度量两个部分。

(1) 客体度量最基本的两大考察点就是客体特征与受损状况。客体特征包括客体类型（如人员、财产、物资等)、客体数量等，受损状况包括受损烈度、受损持续时间等。显然，判断客体类型与数量是评估“可能性”的第一步，它决定了救援行动的性质和规模。受损状况的识别与挽救成功率密切相关，通常而言，受损持续时间越短、受损烈度越弱的救援客体应该有更高的可挽救价值。

(2) 匹配度量主要考察两个方面：一是救援主体的能力，包括实施救援机构的人员水平、硬件设备、可调度资源等；二是灾难事件的特征，即事件发生地点、发生烈度、预期的影响范围和演化速度等。显然，主体能力与事件特征匹配程度越高，意味着主体成功实施救援的可能性越大。

2）挽救必要性的度量

挽救必要性的度量包括损益度量和价值度量两个方面。

(1) 损益度量从客观的经济角度出发，衡量救援收益与救援成本之间的大小。救援收益可以分为直接收益与间接收益。直接收益在很大程度上就是可以避免或挽回的显式损失量；间接收益是指可以进一步避免的非救援客体可能遭遇的潜在损失量，例如，化工厂发生爆炸后如果不及时进行救援处理可能还会污染周边环境的空气与水质，这些尚未发生的潜在损失就是救援的间接收益。救援成本也可以分为直接成本与间接成本。直接成本是指为救援调度人、财、物等资源所要耗费的代价；间接成本是当不采取救援行动时可能会付出的机会成本，例如，医疗机构如果出现见死不救的事件，那么由此带来的不利社会影响（媒体声讨、民众信任感降低等）就是间接成本。显然，间接收益与间接成本之间通常会相互转化。

一般来说，突发事件应急管理效益评价的准则主要有两种：一是最小化原则，即应急处置付出的成本与灾害所造成的损失之和达到最小；二是补偿性原则，即应急处置所付出的成本要小于由于应急措施的实施而达到的灾害损失减少额。根据第二条原则可以判定，当应急处置成本大于能够减少的损失额时，这种救援就变得没有实际意义，即不具有可挽救必要性。只有应急处置成本小于或等于所能够减少的损失额时，才具有可挽救必要性。

(2) 价值度量。不同突发事件中的不同受灾客体，由于其自身价值属性不同，挽救必要性也会不同。例如，灾难中任何昂贵的物质财产所具有的价值都远远比不上人的生命价值，因此受灾的人具有更加显著的挽救必要性。而对于在同一个灾难中受损的物质财产来说，紧急物资的挽救必要性必然高于普通财产，公用财产也往往比私有财产更具有挽救必要性。

2. “可挽救性”评价模型

前面在“可挽救性”的相关概念中已经提过，对于救援客体的“可挽救性”度量主要可以从挽救的可能性与必要性两个角度来考察。可能性表征了救援成功的希望，是为了尽量避免徒劳无功的行动；必要性更多的是一种经济意义上的指标，衡量救援对象的价值和救援行动的效益，这在讨论物质财产的挽救时意义会更明显。

下面分别从人员与物质财产两方面来阐述可能性与必要性的具体度量方式。

（1）人员的“可挽救性”评价。被困人员的挽救可能性受诸多因素的影响，这里暂且抛开救援主体的能力问题，将之简化为两个方面，即被困人数与人员伤亡状态。其他条件不变，被困人数越多则挽救难度也越大；同理，在其他条件相同的情况下，人员伤亡越严重则挽救成功的概率也越低。于是，一个合理的想法是将被困人数与其伤亡状态结合起来，计算所有被困人员总的伤亡状态来表征期望获救率。

考虑到评估问题的一般化，对前人相关研究进行修改，提出修正函数，以使其能适应多种突发事件的人员挽救可能性评估。此修正后的函数为

$$L(t)=[L_0-tE(t)]^h$$

式中 $L(t)$——人员的生命状态，$L(t)$越大表示伤亡越小；

L_0——事件发生后人员的初始生命状态；

t——被困时间；

h——体质指数，表征了被困人员的身体素质情况受年龄、性别、身体健康状况等的影响；

$E(t)$——围陷环境指数。

考虑到突发事件类型的不同，可以认为围陷环境的恶劣程度也会随着时间而呈现不同的变化趋势，这可以通过$E(t)$的不同表达式来体现。例如，将$E(t)$设定为常数，则默认为围陷环境相对稳定，不随时间发生剧烈变化。

于是通过重新测定关键参数的取值范围以及定义围陷环境指数的函数形式，就可以根据人员生命状态函数来计算一定被困区域内总的人员存活状态，从而大致衡量出期望的挽救成功率，用此来表征挽救的可能性。

至于人员挽救的必要性，由于人的生命始终具有无上的价值，只要存在被困人员，就有进行紧急救援的必要，因此定义一个人员挽救必要性指数来体现这种理念。

（2）物质财产的“可挽救性”评价。对于物质财产的“可挽救性”的度量，也可以从可能性和必要性两个角度展开。综合考虑物质财产的初始受损状况、所处环境、受困时间及自身特性等因素，确定挽救可能性。类似于人员生命状态函数，定义一个物质财产残存函数，其表达式为

$$M(t)=\frac{M_0}{t^pE(t)}$$

式中　$M(t)$、M_0——物质财产的动态残存指数、初始残存指数；

t——被困时间；

$E(t)$——围陷环境指数；

p——物质财产的自身特性，表征了其在被困环境中的易损毁程度，p 越大则随着时间的推移物质财产损耗越快。

$E(t)$ 与 p 具有相对独立性却又同时影响着物质财产的残存程度。

对于必要性的度量，则首先应该对救灾投入成本和可能取得收益进行比较，同时综合考虑财产的种类、归属者、急需程度、化学属性等因素，确定其挽救价值系数。

综合以上分析，在暂且不考虑救援主体能力的假设基础上，可以给出一个应急救援中的“可挽救性”综合评价的简易模型：

$$Sal = Sal(casualty) + Sal(property) = [prob_c + nes_c] + [bene_p \times V_p]$$

该模型表示，“可挽救性”评价 Sal 主要包括人员的“可挽救性” $Sal(casualty)$ 与物质财产的“可挽救性” $Sal(property)$ 两大部分。这两部分又可以分解为 4 个子项：人员挽救的可能性 $prob_c$ 与必要性 nes_c 两项，以及物质财产的救援效益 $bene_p$、价值属性 V_p 两项。

人员挽救的可能性：

$$prob_c = A(n) \sum_{i=1}^{n} L_i(t)$$

式中　$L_i(t)$——第 i 个被困人员生存状态指数；

n——被困人员总数；

$A(n)$——关于被困人数 n 的递减函数，是用于平衡多人重伤与少量轻伤这两种情况下挽救可能性大小的衰减因子。

人员挽救的必要性：

$$nes_c = \begin{cases} \alpha & (n \neq 0) \\ 0 & (n = 0) \end{cases}$$

人员挽救的必要性只与是否存在被困人员有关，而与被困人数及其伤亡状态无关。其中，为了凸显在应急救援中，挽救人员生命的绝对优先性，规定为大于 $Sal(property)$ 的常数。

物质财产的救援效益：

$$bene_p = \frac{vM(t) - c}{v}$$

式中　$M(t)$——衡量了能被成功挽救的物质财产的期望比例；

v——所有被困物质财产的货币价值；

c——救援投入的货币成本。

物质财产的价值属性：

$$V_p = f\,(\text{种类、归属者、急需程度、化学属性})$$

物质财产的价值属性由物质财产的种类、归属者、急需程度、化学属性等多个因素共同决定，是包含这 4 个变量的有界函数。

以上即为对于各类突发事件都通用的“可挽救性”综合评价模型，当然还只是一个初步的框架，尚有许多需要完善的地方。

8.3.3 “可恢复性”评价

“可恢复性”评价是指突发事件发生后，应急管理结束前对于事件的现状恢复到基本正常状态能力的评价以及完成恢复所需要时间和资源的评价。与以往对于突发事件的评估方法相比，“可恢复性”评价具有以下特点与优势：

（1）“可恢复性”评价是面向未来的评价。它评价的是受灾体在可获得的救援水平下，恢复到目标状态的难易程度以及需要的时间和资源，着眼点在于将来，这样可以为决策者提供决策依据。

（2）“可恢复性”评价是一项即时的评价，应急管理的一大要求就是评估的有效性。及时准确地对事态的恢复能力作出评估可以减少损失，加快恢复进程。要保证决策的准确及时，必须在第一时间获取有效信息，这对于合理安排救援资源，使得受灾体达到最大程度的恢复具有十分重要的意义。

（3）“可恢复性”评价又是动态的评价。事实上，即时性的特点就要求具有动态性，灾难造成的损失及恢复的目标每时每刻都是变化的，随着时间的推移，获知的有效信息越来越多，相应的评价结果也会随之变化。因此，“可恢复性”评价的精确性是一个逐步提高的过程。

1.“可恢复性”评价对象

“可恢复性”评价是在突发事件应急管理过程中的评价，因此其评价对象根据突发事件的类型有不同的分类。一般而言，突发事件的受灾体可分为人和物两大类。由于人的恢复需要从医学专业的角度来评判，因此在“可恢复性”评价的客体中暂不考虑人的“可恢复性”大小，只考虑物的“可恢复性”。对于不同类型的突发事件，“可恢复性”评价的方法也有所不同。

（1）针对自然灾害而言，其受灾体通常涉及地理范围比较大，所受损的物体种类繁多，情况复杂多样，恢复工作一般会按照行政区域划分。对实际救援工作有指导意义的是对每个区域的不同物体的“可恢复性”的综合评价。

（2）事故灾难的受灾体通常是个体楼房、企业、设备、设施等，涉及地理范围不大，受灾体的种类比较单一，恢复工作的专业化水平要求更高。因此，其“可恢复性”评价的对象是单一物体。

（3）公共卫生事件的受灾客体主要是人员，如前所述，“可恢复性”评价暂不考虑以人作为对象。

（4）社会安全事件主要是对正常社会秩序的破坏，如果不及时采取补救措施，会引发严重的次生及衍生灾害。对此类事件进行“可恢复性”评价可以有效遏制事态的发展，维持社会秩序的有序运行。“可恢复性”评价的对象是指那些对人们主观意愿产生影响的事件，涉及范围比较广，但是物体种类比较单一，因此也可以按照行政区域划分评价对象。

2.“可恢复性”评价模型

在应急管理过程中，应急资源的量通常是有限的，完全满足需求的情况只有在特殊情形下才有可能实现。因此，应急管理中一个重要的问题就是对于不同区域和部门的优先级作出评价，并以此来确定恢复工作的先后顺序。

（1）恢复过程分段。随着应急管理恢复工作的开展，恢复对象的状态不断好转，恢复目标也应该随之由低目标逐渐转为高目标。一般而言，可以按前面恢复目标将过程分为两阶段：快速恢复和全面恢复。每阶段又可以根据对象的状态信息将目标更加细化，进一步分为不同的子阶段。例如，地震发生后，快速恢复的目标就是要为灾民提供必需的食品和临时住所，而全面恢复的目标是受损的建筑物、企业、生命线工程等。全面恢复显然是一个复杂的工程，因此应该进一步划分为不同的子阶段。

（2）评价指标。当评价是基于整个恢复区域时，指标应选取建筑物、生命线工程、水利工程、土木工程等的破损比例。指标的具体数据由相关部门提供。当评价是关注单个受灾体时（如建筑物或者电力设施），指标应根据受灾体的特征来选取。

（3）模型建立。这里暂且只考虑以区域为对象来选取指标建立模型。假设一个区域共有 m 项恢复指标，每种指标均有其恢复目标和即时状态。考虑到即时状态距离目标状态越远越难恢复，于是定义该区域某状态点 A 的可恢复性的表达式为

$$\mathrm{Recov}(A) = \sum_{i=1}^{m} w_i (G_{ij} - S_{ij})^2$$

式中 w_i——第 i 项恢复指标的权重，表示该项指标在恢复过程中的重要程度；

G_{ij}——指标 i 在子阶段 j 的恢复目标；

S_{ij}——指标 i 在状态点 A 第 j 阶段的即时状态。

"可恢复性"评价为应急管理事中及时评价提供了一种新的思路，但是由于突发事件的情况复杂多变，已有的评价模型还处在非常初步的阶段，各类评价指标有待细化，模型方程仍需要修正与完善。

8.4 事后应急评价

事后应急评价是在事件结束以后进行的，主要是对突发事件影响的整体性评估，目前的研究多侧重于损失评价。损失评价的方法有很多，在评价过程中最重要的就是受灾体价值损失核算。

8.4.1 价值损失核算方法

灾害经济损失主要是由受灾体价值损失形成的，所以核算受灾体价值损失是灾害经济损失评价的基础。人作为特殊的受灾体，其损失评价具有特殊性，这一节中的受灾体主要指人以外的受突发事件影响的客体。由于不同受灾体遭受灾害破坏后的价值损失形式不同，所以价值损失核算的途径也不同。

1. 成本价值损失核算

房屋、铁路、公路、桥梁、生命线工程、水利工程、设备等绝大多数受灾体在突发事件中的损失基本取决于其成本。可以受灾体成本价值为基数，根据其灾损程度、防灾成本投入核算受灾体的价值损失。核算的基本模型有两种：

受灾体价值损失 = 受灾体成本价值 × 受灾体价值损失率

这个模型主要适用于已经建成的而没采取专门性防灾措施的工程和已经制造的设备、物品的价值损失核算，式中的受灾体成本价值为受灾前的现实价值。

对于已经建成并采取了专门防灾措施，而且保障能达到防灾效果的工程设施、设备、物品的价值损失核算，或者没有建成或制造的工程设施、设备、物品，但为了有效防灾而增加了建设生产成本或防灾的专门投入的则可用下式计算：

受灾体价值损失 = 实施有效防御措施情况下的受灾体成本价值 - 无灾害破坏情况下同一受灾体的成本价值

2. 修复成本价值损失核算

对于一些灾损程度较低，且易于修复的受灾体的价值损失核算，可以用修复成本代替受灾体价值损失。但是，有些受灾体遭到灾害破坏后，经过修复可基本恢复灾前的性状和功能，此时，修复成本即相当于受灾体价值损失；而有些受灾体遭到某种程度的灾害破坏后，经过维修只能部分恢复性状和功能，此时，其价值损失除维修成本外，还应包括维修后因没有恢复原有性能而形成的价值损失。因此，在具体核算时应根据核算对象以及具体情况来选择核算内容，简化的核算模型为

受灾体价值损失 = 受灾体修复成本

3. 潜在收益损失核算

有时灾害带来的损失往往不只是表面的直接损失，而是影响未来的潜在收益。以受灾体的可能收益为基数，根据其灾损程度核算受灾体价值损失，一般核算模型为

受灾体价值损失 = 无灾害破坏情况下受灾体收益价值 × 减产比率

8.4.2 人员伤亡损失评价

在突发事件中，人员伤亡是灾害损失的另一个重要方面，在自然灾害中，一般在事后直接以核算人员的死亡数、伤残数、失踪人口来统计灾害人员损失，而在事故灾难、安全生产事件、公共卫生事件中，不仅有直接的由人员伤亡所带来的损失，死亡和伤残人员的健康寿命也会因此终止或受损。

人员伤亡所带来的直接损失主要包括以下几方面。

（1）医疗费用：指用于伤亡人员急救、治疗和护理等费用。

（2）丧葬费用：指用于补助死亡人员丧葬费。

（3）抚恤费用：指对伤亡人员直系亲属的抚恤费用。

（4）伤亡赔偿费用：指一次性的伤亡赔偿费用。

（5）歇工工资。

（6）补助及救济等其他费用。

在事故中受影响人员本身的寿命缩减是灾害损失中的一项衡量要素。美国哈佛大学的疾病负担研究小组在进行全球疾病负担（global burden of disease，GBOD）的研究中提出了伤残调整寿命年（disability - adjusted life year，DALY）这一新概念。目前，国际上采用 DALY 作为统计指标已在疾病负担领域进行了较为广泛的应用，DALY 将伤残所致的生命年损失转换成相当于死亡所致的生命年损失后，再与真实死亡所致的生命年损失相加，计算出某一伤残所造成的综合生命年损失。在生产安全事故领域的应用中，也有部分学者应用伤残寿命损失估计来阐明伤残人员在健康寿命的损失，为进一步合理计算赔偿标准提供依据。

DALY 的计算可采用下列算法：

$$DALY = YLL + YLD$$

式中 YLL——years of life lost，事故死亡所致的寿命损失年；

YLD——years lived with disability，伤残所致的寿命损失年。

8.5 风险评估预测模型

风险评估预测是指在工作之前对工作过程中以及工作结果可能出现的事物异常进行预测。风险预测是风险管理的重要组成部分，它是风险规避即控制的基础。任何风险事件的发生，都是在外界各种因素的综合作用下进行的。因此，在对风险事件进行预测中，需要综合考虑这些不确定的、随机的因素可能造成的破坏性影响。

安全生产及其事故规律的变化和发展是极其复杂和杂乱无章的，但在杂乱无章的背后往往隐藏着规律性。工业事故的发生表面上具有随机性和偶然性，但其本质上更具有因果性和必然性。对于个别事故具有不确定性，但对大样本则表现出统计规律性。概率论、数理统计与随机过程等数学理论是研究具有统计规律性的随机现象的有力工具。风险评估预测的成败，关键在于对系统结构特征的分析和预测模型的建立。

8.5.1 直观预测模型

直观预测法以专家为索取信息对象，是依靠专家的知识和经验进行预测的一种定性预测方法。它多用于社会发展预测、宏观经济预测、科技发展预测等方面，其准确性取决于专家知识的广度、深度和经验。专家主要是指在某个领域中或某个预测问题上有专门知识和特长的人员。直观预测典型的代表方法有头脑风暴法、德尔菲法等。在工业生产事故预测中，中长期安全发展规划、系统安全评价指标等可依靠专家知识，参考头脑风暴法、德尔菲法等直观预测方法确定。

8.5.2 回归预测模型

除预测对象随时间自变量变化外，许多预测对象的变化因素之间是相互关联的，它们之间往往存在着互相依存的关系，将这些相关因素联系起来，进行因果关系分析，才可能进行预测。回归预测方法就是因果法中常用的一种分析方法，它以事物发展的因果关系为依据，抓住事物发展的主要矛盾因素和它们之间的关系，建立数学模型，进行预测。回归预测方法有直线回归、曲线回归、二元线性回归及多元线性回归等。同时间序列预测模型类似，使用回归预测模型时，预测对象与影响因素之间必须存在因果关系，且数据量不宜太少，通常应多于20个，过去和现在数据的规律性应适用于未来。

8.5.3 马尔科夫链模型

如果事物每次状态的转移只与互相接引的前一次有关，而与过去的状态无关，则称这种无后效性的状态转移过程为马尔科夫（Markov）过程。具备这种时间离散、状态离散的无后效随机过程称为马尔科夫链。通常用概率来计算和分析具有随机性质的马尔科夫链状态转移的各种可能性大小，以预测未来特定时刻的状态。该方法对过程的状态预测效果较好，可考虑用于生产现场危险状态的预测，不适宜于系统中长期预测。

8.5.4 灰色预测模型

灰色系统（grey system）理论是我国著名学者邓聚龙教授于20世纪80年代初创立的一种兼备软硬科学特性的新理论。该理论将信息完全明确的系统定义为白色系统，将信息完全不明确的系统定义为黑色系统，将信息部分明确、部分不明确的系统定义为灰色系统。由于在客观世界中，诸如工程技术、社会、经济、农业、环境、军事等许多领域，大量存在着信息不完全的情况，要么系统因素或参数不完全明确、因素关系不完全清楚，要么系统结构不完全知道、系统的作用原理不完全明了等，从而使得客观实际问题需要用灰色系统理论来解决。十余年来，灰色系统理论已逐渐形成为一门横断面大、渗透力强的新兴学科。

灰色预测则是应用灰色模型 GM(1,1) 对灰色系统进行分析、建模、求解、预测的过程。灰色建模理论应用数据生成手段，弱化了系统的随机性，使紊乱的原始序列呈现某种规律，规律不明显的变得较为明显，建模后还能进行残差辨识，即使较少的历史数据，任意随机分布，也能得到较高的预测精度。因此，灰色预测在社会经济、管理决策、农业规划、气象生态等各个部门和行业都得到了广泛的应用。

一般考虑到事故变化趋势属于非平稳的随机过程，选用具有原始数据集需求量小、对分布规律性要求不严、预测精度较高等优点的模糊灰色预测模型 GM(1,1)，同时考虑到减小预测误差，可将其与时间序列自相关预测模型 AR(n) 相结合使用。

8.6 其他风险评价方法

8.6.1 区域脆弱性及其评价

不同领域对脆弱性有各自的理解和认识，因而对脆弱性也有不同的定义。例如，从生态系统角度来说，脆弱性是指生态系统在面临外界各种压力和干扰，可能导致区域出现损伤和退化特征的程度的一个衡量。在综合了对于脆弱性的不同理解的基础上，脆弱性的核心概念主要包括以下几个方面：

（1）脆弱性表征了区域被突发灾难事件破坏的可能性。

（2）脆弱性是一种事前预测，可靠性依赖于事后检验。

（3）脆弱性对于区域发展起负面影响，脆弱性越高对区域发展越不利。

（4）脆弱性是一个相对概念，而不是一个衡量绝对损害程度的度量单位。

（5）脆弱性由区域特征、灾难事件及其预测预警三大要素组成。

因此，可以将区域脆弱性（region vulnerability）定义为来自自然界和人类自身的威胁和破坏而导致区域在自然环境和社会环境中表现出不利于其可持续发展的可能性。

1. 区域脆弱性的特征分类

脆弱性有多种不同的表现形式，按照不同的划分标准，可以从以下几个方面考虑区域脆弱性的特征分类：

（1）从区域所面对的事件影响层面，可以分为政治维度的脆弱性、经济维度的脆弱性、文化维度的脆弱性。

（2）从受直接损害的承灾体，可以分为以人身伤害程度表征的脆弱性及可以用财物受损状况衡量的脆弱性。

（3）从破坏及恢复情况，可以分为易破坏易恢复类型的脆弱性、易破坏难恢复类型的脆弱性、难破坏易恢复类型的脆弱性及难破坏难恢复类型的脆弱性。

（4）从灾害的来源，可以分成单一灾害来源的脆弱性、多灾害聚合条件下的综合脆弱性。

（5）从城市区域管理部门组织结构，可以分为单指挥中心的脆弱性及多头管理下的脆弱性；再从突发事件条块治理结构方面，还可以分为多层次治理机构的兼容脆弱性及多平行职能部门产生的交叉脆弱性。

（6）从灾害处置的阶段，可以分为单一处置阶段的脆弱性及多阶段应对下的脆弱性。

2. 区域脆弱性的影响因素

区域作为一个巨大的复杂系统，在其运行过程中，所有相关状态都是开放的、动态的，因而不可避免地会受到各种安全问题的干扰和侵袭。区域脆弱性的影响因素，大体分为系统内部因素和系统外部因素两大类。

系统外部因素包括两个方面：一是冲击区域防御能力的“进攻者”，即各种突发事件，包括自然灾害、事故灾难、公共卫生事件、社会安全事件等四大类。它们可能造成重大人员伤亡、财产损失、生态环境破坏和严重社会危害。事件发生的规模、时间、地点不同，其性质与危害程度也不同。这些事件的发生具有随机性和不确定性，这都在一定程度上增加了区域的脆弱性。二是与这些事件一一对应的预测预警强度。突发事件的有效预测预警对于识别潜在的灾害风险并提早进行防范与应对具有重要作用。预测预警方式与事件类型紧密相关，自然灾害主要通过气象预报、地震预报等，事故灾难主要靠生产现场监测，公共卫生事件由医院与疾病控制中心的统计监测来预警，社会安全事件通过公安部门、城市监察大队、其他各类行业检查人员等实施预警任务。

系统内部因素主要是指区域内部的各项基本参数，包括资源与能源的承载与供给、基础设施的承载及安全、救援机构的保障能力、社会人员规模与组成因素、民众灾害教育等。这些都是衡量区域应对突发事件能力的主要考察项目。

3. 区域脆弱性的评价模型

区域脆弱性是个复杂的度量对象，很难对其给出一个唯一的、确定的评价，所以可以先从多个不同维度着手来衡量脆弱性。这样，可以发现城市脆弱性的本质特征，并可以通过对单一分类标准下的脆弱性状况进行评价，然后在此基础上再进行综合性评价。

为了对区域脆弱性进行粗略评估，定义区域脆弱性指数（region vulnerability index，RVI）来表征脆弱性程度。RVI 越高说明区域的脆弱性越强，即抵御风险事件的能力越差。区域脆弱性的组成因素很多，主要将着眼点放在之前提到的各项关键影响因素上，希望通过因子分析，将区域脆弱性拆分为三个主要影响因子：灾害脆弱性指数（HAZVI）、人造环境脆弱性指数（BEVI）、社会脆弱性指数（SOVI）。

HAZVI 主要反映了区域应对各类突发事件的经验，考察城市区域的灾害源时空分布、预测预警准确程度、次生灾害关联等。BEVI 表征了区域中各类基础设施的抗灾能力，考察诸如交通网络发达程度、资源能源供给稳健性、应急避难场所覆盖率、电力与通信流畅度等。SOVI 反映了区域的社会结构抵抗突发事件冲击的能力，综合考虑救援机构能力、社会人员规模与分布、民众灾难知识储备等因素。将三大影响因子指数加权求和就大致表征了区域的脆弱性，得到以下评价表达式：

$$\mathrm{RVI} = w_1\mathrm{HAZVI} + w_2\mathrm{BEVI} + w_3\mathrm{SOVI}$$

式中　w_1——灾害脆弱性指数（HAZVI）的权重系数；

w_2——人造环境脆弱性指数（BEVI）的权重系数；

w_3——社会脆弱性指数（SOVI）的权重系数。

使用该模型进行具体的评价时，还需要完成以下两项工作。

（1）指标体系的构建。首先考虑评价要素的完备性，即将三大影响因子分别展开，考虑所有各自下属的次级指标，由次级指标再进一步向下拓展，不断循环往复，形成树型指标结构。根据经验，科学的评价体系至少应该包含三级以上的指标。其次是评价要素的独立性，即各个指标所考察的内容不能有重合或交集；否则，评判误差经过层级指标体系的传递会使信息失真放大。

（2）评价算法的选择。评价规则的筛选对于评价结果影响重大。首先是权重设置，目前比较常用的经典方法是层次分析法，即通过专家打分和一致性检验来得到各个指标的归一化权重。其次是要素打分，即定义各个指标的不同级别并用定序型数据来代表不同的水平。例如，用1表示很差，用10表示很好。需要提及的是，模糊综合评价法是绕开权重设置问题直接得到定性数据的方法。

8.6.2 区域机构弹性及其评价

机构弹性（institutional resilience）是指一个风险事件管理机构应对与处置突发事件并再度恢复到初始正常运行状态的能力。一般而言，机构处置突发事件的过程越出色（处置时间短、资源消耗少），则恢复至正常运行状态的代价就越小。两者的高度相关性决定了恢复能力的强弱，几乎涵盖了过程能力的所有信息。机构弹性与单纯的过程能力评价的区别在于强调了对机构恢复能力的考察，不仅从侧面衡量了机构的过程能力，而且形成了以面向未来突发事件的视角来评估机构应急管理水平的思路。

一般而言，可以将机构弹性分解为抵抗弹性和适应弹性两部分。

抵抗弹性（resistive resilience）是指机构遭受突发事件袭击后，免于系统崩溃的能力。

适应弹性（adaptive resilience）是指机构从受损的低运行水平状态恢复至或逼近初始正常运行水平的能力。可以进一步分为静态的瞬时适应弹性（instantaneous adaptive resilience，IAR）和动态的连贯适应弹性（coherent adaptive resilience，CAR）。

1. 机构弹性的影响因素

在考虑应急系统特征与过程细节的前提下，机构弹性主要受到两大先决因素的影响。

第一个影响因素是机构自身的结构特征。不同的应急机构有不同的人员构成、设备配给、技术条件及资源调度成本等。在其他条件不变的情况下，人员充足、设备完善、技术先进、资源非稀缺的机构往往可以更好地应对突发事件，同时也较易从中恢复至初始正常运行状态。

第二个影响因素是突发事件的特征。在此基础上又可以粗略地分为两个次级影响因素。其一是突发事件类型。比如火灾与地震本身就存在很多截然不同的特征，应急处置机构相应的处置过程就必然存在很大的不同，因而简单地横向比较消防队与地震救援队的机构弹性显然是没有意义的。其二是突发事件的影响范围与危害程度。同一个消防队，在面临森林火灾、化工厂火灾、普通住宅火灾时可能就会得到完全不同或至少有显著差异的机构弹性评估结果。

为了将机构特征与事件特征联系起来考察机构弹性，这里需要引入一个“保障率”

的概念。保障率（safeguard rate）是指应急处置机构在应对突发事件时可充分调度的有效资源量（assignable resource）与化解该突发事件所需的最少资源量（required resource）之比。这是最为宽泛的定义形式，然而却很好地整合了之前所提到的机构弹性两大先决影响因素。可调度资源量依赖于机构自身的特征，而所需最少资源量则由突发事件的特征来确定。

可调度资源大致有人力资源、设备装置、救援物资等。下面定义变量 A_j^i 代表机构 i 在应对突发事件时第 j 种资源的可调度量；R_j^k 代表化解突发事件 k 时所需要的第 j 种资源的最少量。假设机构与突发事件之间至少具有弱对应性，即单个机构可以对应多个突发事件，单个突发事件也可以对应多个机构。在此基础上就可以分别得到以下 4 种常用的保障率表达式。

单一机构、单一突发事件、单一资源的保障率为

$$S = \frac{A_j}{R_j}$$

这是基本的保障率单元，其他的保障率表达式都是其演化形式。

单一机构、单一突发事件、多种资源的保障率为

$$S_k = \sum_j w_j S = \sum_j w_j \frac{A_j}{R_j}$$

式中　w_j——第 j 种资源在全体资源中的权重。

单一机构、多个突发事件、多种资源的保障率为

$$S_i = \sum_k w_k S_k = \sum_k \sum_j w_k w_j \frac{A_j}{R_j}$$

式中　w_k——第 k 个事件在多个相同类型的突发事件中的权重。

多个机构、多个突发事件、多种资源的保障率为

$$S_{ik}^j = \sum_i w_i S_i = \sum_i \sum_k \sum_j w_i w_k w_j \frac{A_j}{R_j}$$

式中　w_i——第 i 个机构在多个相同性质的机构中的权重。

保障率考察了在机构特征和事件特征的联合影响下，机构弹性的部分预期信息。然而，只有这些先验信息是不够的，机构弹性的评估应该更关注对实际处置过程与恢复情况的考评。毕竟机构的内部特征和突发事件的特点千差万别，而真正能反映其恢复弹性大小的还是几个关键的表现变量。因此，除保障率以外，恢复时间、资源补给率、恢复水平等外在表现因素也应该被重点关注。

2. 机构弹性的评价模型

考虑所有决定机构弹性大小的关键表现变量后，就可以给出一个评价机构弹性的粗略模型。机构弹性指数（RI）应是保障率（S）、恢复时间（T）、资源补给率（RS）、恢复水平（RL）的函数。根据几个参数与 RI 的正负相关关系，可以写出如下的简单函数表达式：

$$\mathrm{RI} = \frac{S \times RL}{T \times RS} = \frac{S}{RS} \times \frac{RL}{T} \qquad (8-2)$$

其中，S/RS 可以被理解为事前与事后资源匹配程度的一种对比，可以认为是机构对事件处置过程能力的一种考察；而 RL/T 可以被理解为状态恢复速率，可以衡量机构的恢复能力。因此简单来说，机构弹性指数综合了对机构应急处置过程能力与事后状态恢复能力的考察。

对式（8-2）两边取对数，并定义 BRI 表示基准弹性指数，PAI 表示过程能力指数，RAI 表示恢复能力指数，则

$$\mathrm{BRI} = \ln \mathrm{RI} = \ln \frac{S}{RS} + \ln \frac{RL}{T} = \mathrm{PAI} + \mathrm{RAI}$$

这样可以对原评估公式实现以下三个方面的改进：

（1）削弱各个参数的量纲影响（由乘法形式变为加法形式）。

（2）扩充指数的取值范围（由非负值扩展为全体实数）。

（3）压缩数据样本的取值分布，减少异常值的影响（对数函数的固有性质）。

8.6.3 其他方法

对于应急管理全过程评价方法，选择合适的风险评估技术和方法，有助于组织及时高效地获取准确的评估结果。在实践中，风险评估活动的复杂及详细程度千差万别。风险评估的形式及结果应与组织的自身情况适合，并在明确环境信息时确定。一般来说，合适的技术应具备适应相关的情况或组织，得出的结果应加深人们对风险性质及风险应对策略的认识，应能按可追溯、可重复及可验证的方式使用等特点。其他各类风险评价方法的特征归纳见表 8-5。

表 8-5 各类风险评价方法的特征

风险评估方法与技术说明		影响因素			能否提供定量结果
		资源与能力	不确定性的性质与程度	复杂性	
头脑风暴法及访谈法	一种收集各种观点及评价并将其在团队内进行评级的方法。头脑风暴法可由提示、一对一以及一对多的访谈技术所激发	低	低	低	否
德尔菲法	一种综合各类专家观点并促其一致的方法，这些观点有利于支持风险源及影响的识别、可能性与后果分析以及风险评价。需要独立分析和专家评价	中	中	中	否
情景分析法	在想象和推测的基础上，对可能发生的未来情景加以描述。可以通过正式或非正式的、定性或定量的手段进行情景分析	中	高	中	否
检查表法	一种简单的风险识别技术，提供了一系列典型的需要考虑的不确定性因素。使用者可参照以前的风险清单、规定或标准	低	低	低	否
预先危险分析（PHA）	一种简单的归纳分析方法，其目标是识别风险以及可能危害特定活动、设备或系统的危险性情况及事项	低	高	中	否

表8-5（续）

<table>
<tr><th colspan="2" rowspan="2">风险评估方法与技术说明</th><th colspan="3">影响因素</th><th rowspan="2">能否提供定量结果</th></tr>
<tr><th>资源与能力</th><th>不确定性的性质与程度</th><th>复杂性</th></tr>
<tr><td>失效模式和效应分析（FMEA）</td><td>一种识别失效模式、机制及其影响的技术</td><td>中</td><td>高</td><td>高</td><td>否</td></tr>
<tr><td>危险与可操作性分析（HAZOP）</td><td>一种综合性的风险识别过程，用于明确可能偏离预期绩效的偏差，并可评估偏离的危害度</td><td>中</td><td>高</td><td>高</td><td>否</td></tr>
<tr><td>危险分析与关键控制点（HACCP）</td><td>一种系统的、前瞻性及预防性的技术，通过测量并监控那些应处于规定限制内的具体特征来确保产品质量、可靠性以及过程的安全性</td><td>中</td><td>中</td><td>中</td><td>否</td></tr>
<tr><td>保护层分析法</td><td>也被称作障碍分析法，可以对控制及其效果进行评价</td><td>中</td><td>中</td><td>中</td><td>是</td></tr>
<tr><td>结构化假设分析</td><td>一种激发团队识别风险的技术，通常在引导式研讨班上使用，并可用于风险分析及评价</td><td>中</td><td>中</td><td>中</td><td>否</td></tr>
<tr><td>风险矩阵（risk matrix）</td><td>一种将后果分级与风险可能性相结合的方式</td><td>中</td><td>中</td><td>中</td><td>是</td></tr>
<tr><td>人因可靠性分析</td><td>主要关注系统绩效中人为因素的作用。可用于评价人为错误对系统的影响</td><td>中</td><td>中</td><td>中</td><td>是</td></tr>
<tr><td>以可靠性为中心的维修</td><td>实现维修策略优化技术，其目标是在满足安全性、环境技术要求和使用工作要求的同时，获得产品的最小维修资源消耗</td><td>中</td><td>中</td><td>中</td><td>是</td></tr>
<tr><td>业务影响分析</td><td>分析重要风险影响组织运营的方式，同时明确如何对这些风险进行管理</td><td>中</td><td>中</td><td>中</td><td>否</td></tr>
<tr><td>根原因分析</td><td>对发生的单向损失进行分析。以理解造成损失的原因以及如何改进系统或过程以避免未来出现类似的损失</td><td>中</td><td>低</td><td>中</td><td>否</td></tr>
<tr><td>潜在通路分析</td><td>潜在通路是指能够导致出现非期望的功能或抑制期望功能的状态</td><td>中</td><td>中</td><td>中</td><td>否</td></tr>
<tr><td>因果分析</td><td>综合运用故障树分析和事件树分析，并允许时间延误。初始事件的原因和后果都要予以考虑</td><td>高</td><td>中</td><td>高</td><td>是</td></tr>
<tr><td>决策树分析</td><td>对于决策问题的细节提供了一种清楚的图解说明</td><td>高</td><td>中</td><td>中</td><td>是</td></tr>
<tr><td>蝶形图分析（Bow-tie）</td><td>一种简单的图形描述方式，分析了风险从危险发展到后果的各类路径，并可审核风险控制措施。可将其视为分析事项起因</td><td>中</td><td>高</td><td>中</td><td>是</td></tr>
<tr><td>层次分析法</td><td>定性与定量分析相结合，适合于多目标、多层次、多因素的复杂系统的决策</td><td>中</td><td>中</td><td>低</td><td>是</td></tr>
</table>

表8-5（续）

风险评估方法与技术说明		影响因素			能否提供定量结果
		资源与能力	不确定性的性质与程度	复杂性	
在险值法	基于统计分析基础的风险度量技术，可有效描述资产组合的整体市场风险状况	中	低	高	是
均值—方差模型	将受益和风险相平衡，可应用于投资和资产组合选择	中	低	中	是
资本资产定价模型	清晰地阐明了资本市场中风险与收益的关系	高	低	高	是
累积频率—死亡人数曲线（FN）	FN曲线通过区域块来表示风险，并可进行风险比较，可用于系统或过程设计以及现有系统的管理	高	中	中	是
马尔科夫分析法	通常用于对那些存在多种状态的可维修复杂系统进行分析	高	低	高	是
蒙特卡罗模拟法	用于取得系统内的综合变化，能用于那些可将不同输入数据之间相互作用计算确定的模型。风险评估中常用的是三角分布或贝塔分布	高	低	高	是
贝叶斯分析法	利用先验分布数据来评估结果的可能性，其推断的准确程度依赖于先验分布的准确性	高	低	高	是

8.7 风险监测与防控

风险辨识、风险评价是风险管理的基础，风险控制才是风险管理的最终目的。风险控制是在现有技术和管理水平上以最少的消耗达到最优的安全水平。其具体控制目标包括降低事故发生频率、减少事故的严重程度和事故造成的经济损失程度。

8.7.1 风险监测

风险监测是利用量化的关键风险指标来统计、分析风险的发展趋势，进行风险的预测与预警。企业所面临的某类事故的威胁有时是难以预测的，而有时又是可以准确预测的。例如，人操作失误造成的生产事故，除与操作人员的基本安全素质、生产工艺过程和周围环境等有关外，还受到人员情绪的影响，很难准确预测在什么时候、什么地点（场所）发生操作失误。所以，对风险进行监测，可以达到对风险进行预警的目的，从而达到避免危险的发生。

风险管理包括风险辨识、风险评价、风险控制三个过程。风险监测就是基于风险管理的三个过程进行的。首先进行工作场所风险预警预控要素的辨识，然后对每个预警要素进行评价，得出其风险等级、预警等级，最后是预警信号的发布和风险控制。所以，风险监测的目的就是进行风险预警，避免风险的发生，提高生产单位的安全等级。

（1）预警要素的选择和辨识。某个特定场所的实体类危险源是客观存在的，在一定时期内、一定条件下不会有变化、不能完全消除；但是危险态的存在是实时变化的，并导致工作场所安全风险等级的实时变化，对危险态的实时监测能准确、有效地得出作业场所的安全状况。

(2) 风险等级的确定。不同行业可根据自身的行业特点和安全记录给出严重度、可能性的具体且相对定量化的等级划分，以满足风险监测所达到的预警目的，并根据实际情况制定风险控制措施。

(3) 预警信号的发布和风险控制。根据风险等级发布不同的预警信号，可根据预警信号直接了解工作场所的风险水平。

风险监测的过程是动态的、变化的，需要在具体工作实践中不断完善和改进。随着风险监测的进行，对风险进行预警预防控制，可以为各行各业的预警预防控制管理制定统一的标准和规范，对安全生产保障和事故预防发挥更有效的作用。

8.7.2 风险控制的基本原则

为了控制系统存在的风险，必须遵循以下基本原则。

(1) 闭环控制原则。系统应包括输入、输出、通过信息反馈进行决策并控制输入这样一个完整的闭环控制过程。显然，只有闭环控制才能达到系统优化的目的。搞好闭环控制，最重要的是必须要有信息反馈和控制措施。

(2) 动态控制原则。充分认识系统的运动变化规律，适时正确地进行控制，才能取得预期的效果。

(3) 分级控制原则。根据系统的组织结构和危险的分类规律，采取分级控制的原则，使得目标分解，责任分明，最终实现系统总控制。

(4) 多层次控制原则。多层次控制可以增加系统的可靠程度。

8.7.3 风险控制的方法

风险控制包括策略性方法和技术性方法。

1. 策略性方法

风险控制的手段除风险管理计划中预定的规避措施外，还应有根据实际情况确定的权变措施。

(1) 减轻风险。该措施就是降低风险发生的可能性或减少后果的不利影响。

(2) 预防风险。包括工程技术法、教育法和程序法，增加可供选用的行动方案。

(3) 转移风险。借用合同或协议，在风险事故一旦发生时将损失的一部分转移到第三方身上。转移风险的主要方式有出售、发包、安全责任合同、保险与担保。

(4) 回避风险。回避是指当风险潜在威胁发生可能性太大，不利后果也太严重，又无其他规避策略可用，甚至保险公司亦认为风险太大而拒绝承保时，主动放弃或终止项目或活动，或改变目标的行动方案，从而规避风险的一种策略。

(5) 自留风险。即企业把风险事件的不利后果自愿接受下来。

(6) 后备措施。有些风险要求事先制定后备措施，一旦项目或活动的实际进展情况与计划不同，就动用后备措施。主要有费用、进度和技术后备措施。

2. 技术性方法

风险控制是指采取风险控制方法降低风险程度，使风险的程度降至在生产作业中可以接受的程度，并对风险进行有效控制。

(1) 排除。排除风险就是消除作业中的隐患。

(2) 替换。当隐患无法消除时，可采取替换的方法降低风险程度。替换是指用无风险代替低风险、用低风险代替高风险的风险控制方法。

(3) 降低。是指采取工程设计等措施来降低风险程度。

(4) 隔离。是指将人的生产作业活动与隐患隔开的风险控制方法。

(5) 程序控制。是指针对风险制定工作程序，使企业的生产活动严格在工作（作业）程序的控制下。

(6) 保护。是指对人员进行保护，如为职工配备劳保用品等。

(7) 纪律。是指加强劳动纪律，对违反劳动纪律的人员进行必要的处罚。

思考与练习题

1. 风险管理的概念是什么？
2. 什么是事故概率风险？简述事故概率风险的作用。
3. 什么是生产系统的事故风险？该风险的表达式是什么？表达式的含义是什么？
4. 简述风险的分类。
5. 什么是风险的偶然性？
6. 风险管理的基本程序包括哪几个部分？
7. 简述风险控制的方法。
8. 简述风险矩阵法的概念、步骤。
9. 简述“可减缓性”评价的概念、特点和步骤。
10. “可挽救性”评价的着眼点是什么？
11. 简述“可恢复性”评价的概念、特点。
12. 成本价值损失、修复成本价值损失和潜在收益损失的核算模型分别是什么？
13. 人员伤亡所带来的直接损失主要包括哪几方面？
14. 区域脆弱性的影响因素主要有哪几方面？
15. 简述区域机构弹性的影响因素。
16. 简述常用风险评价方法的特征。

9 面向应急管理应用的方法与技术

学习目标：

(1) 熟悉文中介绍的面向应急管理应用的方法与技术。

(2) 理解应急管理应用技术的基本概念及分类。

(3) 了解各类应急管理方法与技术的主要内容。

面向应急管理应用的技术与工具（图9-1）可以是包罗万象的。实际上几乎所有技术都可能在应急管理的不同阶段获得不同程度上的应用。从系统的角度来看，每个行业、地区、领域对应急管理技术和工具都有自己独特的需求。但是，也有许多共性需求，针对不同领域行业存在的共性需求，本章系统地介绍了监测与检测技术、应急通信技术、定位与遥感技术、物流运输技术、事故调查分析技术、数据处理与分析计算技术、决策支持技术、心理干预及行为矫正技术。

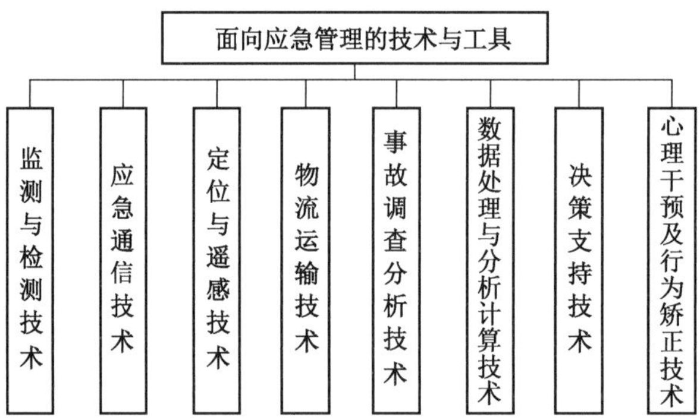

图9-1 面向应急管理的技术与工具

9.1 监测与检测技术

任何突发事件的发生都是有先兆或原因的，有的先兆或原因很明显，例如，地震前动物的异常反应，交通事故时的违法驾驶和交通堵塞；而有的先兆并不十分明显，需要通过一些仪器监测和技术分析才能了解。通过对突发事件发生的先兆和相关因素进行监测分析，在风险较大时进行预警，可以让社会公众提前作出应对准备，避免或降低突发事件及其造成的损失。

在应急管理中，监测与检测是指运用传感器、全球定位系统、地理信息系统、视频技术、通信技术网络以及其他监测技术，获得突发公共事件及受灾对象的全方位信息，并综合运用各种智能数据分析技术，及时作出应急响应从而达到防灾减灾的目的。应急监测与检测的常用关键技术包括数据库技术、3S 技术、通信技术、视频监控技术、RFID 技术、传感器及雷达技术等。本节将简要介绍视频监控技术、传感器监测与检测技术、光谱监测与检测技术、色谱监测与检测技术、舆情监测技术。

9.1.1 视频监控技术

视频监控是安全防范系统的重要组成部分，传统的监控系统包括前端摄像机、传输线缆、视频监控平台。视频监控系统是指利用视频监控技术探测、监视设防区域，实时显示、记录现场图像，检索和显示历史图像的电子系统或网络系统。视频监控技术作为一种传统视频技术与现代通信技术相结合的技术，广泛应用于安防领域，是协助公共安全部门打击犯罪，维持社会安定的重要手段。随着宽带的普及、计算机技术的发展、图像处理技术的提高，视频监控正越来越广泛地渗透到教育、政府、娱乐、医疗、酒店、运动等其他各种领域。视频监控的功能包括：保存一定时间段内的本地视频监控录像资料；远程视频监控；接收报警信号，进行处罚与联动等。智能化是视频监控系统的一个发展趋势。图像的智能分析包括运动检测、目标跟踪、生物识别等，其中生物识别技术通过计算机与光学、声学、生物传感和生物统计学原理等高科技手段密切结合，利用人体固有的生理特征（如指纹、脸像、虹膜等）和行为特征（如笔迹、声音、步态等）进行个人身份的鉴定。通过识别可以发现监控画面中的异常情况，以最快和最佳的方式发出警报，并提供有用信息，从而更加有效地协助安全人员处理危机，并最大限度地降低误报和漏报现象。

9.1.2 传感器监测与检测技术

传感器是指将感受到的物理、化学量等信息，按照一定规律转换成便于测量和传输的信号的装置，一般由敏感元件、转化元件和测量电路三部分组成。传感器能将被测物体的参量转换为电信号，从而成为检测系统的基础。在应用方面，传感器与检测系统是密不可分的。传感器监测技术是指根据传感器工作所依据的物理效应、化学反应、生物反应等机理，对信号采集、处理的技术。应急监测与检测中常用的几种传感器包括温度传感器、压力传感器、流量传感器、生物传感器、气体传感器等。传感器在监测方面的用途非常广。例如，借助温度传感器可以感知和测定几百摄氏度到几千摄氏度的温度，借助红外线和紫外线传感器可以感知和测定不可见光。传感器还是构成互联网的核心组件。

9.1.3 光谱监测与检测技术

光谱是复色光经过色散系统（如棱镜、光栅）分光后，被色散开的单色光按波长（或频率）大小而依次排列的图案，全称为光学频谱。光谱中最大的一部分可见光谱是电磁波谱中人眼可见的一部分，在这个波长范围内的电磁辐射称作可见光。光谱并没有包含人类大脑视觉所能区别的所有颜色，如褐色和粉红色。根据物质的光谱来鉴别物质及确定其化学组成和相对含量的方法叫光谱分析，其优点是灵敏、迅速。常用的光谱分析技术有红外光谱法、紫外－可见分光光度法、分子荧光光谱法、原子吸收分光光度法等。光谱分析技术在应急监测与检测中有重要的作用，可以用来定性和定量测定某种物体中某种物质含量的多少，因此可以应用在疫情、环境、建筑与工程、食品安全等方面的监测与检测。

9.1.4 色谱监测与检测技术

色谱分析法又称色层分析法或层析法，是一种物理化学分析方法，它利用不同溶质

（样品）与固定相和流动相之间的作用力（分配、吸附、离子交换等）的差别，当两相做相对移动时，各溶质在两相间进行多次平衡，使各溶质达到相互分离。色谱分析是指按物质在固定相与流动相间分配系数的差别而进行分离、分析的方法。其按流动相的分子聚集状态可分为液相色谱法、气相色谱法及超临界流体色谱法等。常用的色谱分析技术包括高效液相色谱法、离子色谱法、气相色谱法。色谱分析法在监测与检测中有重要作用，可以用来检查药物化合物的质量和数量，因此可以应用在法律医学、食品安全、环境、石油化工等方面的监测与检测。

9.1.5 舆情监测技术

舆情是舆论情况的简称，是指在一定的社会空间内，围绕中介性社会事件的发生、发展和变化，作为主体的民众对作为客体的社会管理者、企业、个人及其他各类组织及其政治、社会、道德等方面的取向产生和持有的社会态度。它是较多群众关于社会中各种现象、问题所表达的信念、态度、意见和情绪等表现的总和。

网络舆情监测是指整合互联网信息采集技术及信息智能处理技术，通过对互联网海量信息自动抓取、自动分类聚类、主题检测、专题聚焦，实现用户的网络舆情监测和新闻专题追踪等信息需求，形成简报、报告、图表等分析结果，为客户全面掌握群众思想动态，作出正确舆论引导，提供分析依据。

舆情监测技术包括信息采集技术及数据分析技术两个方面。

1. 信息采集技术

近年来，互联网技术与大数据、人工智能技术的迅速发展，带动了网络舆情监测分析系统的发展，网络空间不断扩大，网民数量不断增加，随着数据呈爆炸式的指数级增长，网络空间中每天将产生超过 5×10^8 TB 的数据量，随着大数据技术及人工智能技术应用于网络舆情监测分析系统，舆情监测分析系统从人工阶段趋于智能化和自动化。网络舆情的数据采集可以通过舆情智能采集系统实现。

所谓舆情采集，就是根据用户信息需求设定主题目标，使用人工参与和自动信息采集结合的方法完成信息收集任务。用户只需输入一个待采集的目标网址，即可将图文结合采集到本地服务器。可以对这些不断采集的新闻信息统一加工、过滤、自动分类，保存新闻的标题、出处、新闻相关图片等信息，经过手工配置还可以获得本条新闻的点击次数。

为保证舆情数据具有代表性，采集舆情数据的目标网站需要具有日常活跃用户多、涵盖话题领域广泛等特点。一般而言，微博数据覆盖范围广、信息更新快、数据产量大，是研究网络舆情的优质信息源。近年来，随着社交软件数量大范围、大幅度地提升，也有学者对微信、知乎、贴吧、论坛等平台使用网络爬虫等相关技术来进行数据采集和舆情分析。用于舆情信息采集的技术主要有搜索引擎技术、Web 数据挖掘技术、网络爬虫技术等。

2. 数据分析技术

数据分析技术有很多种，其中常用的数据挖掘是指从大量的存储数据中利用统计、情报检索、模式识别、在线分析处理和专家系统（依靠过去的经验）等方法或技术，发现隐含在其中、事先不知道但又是潜在有用的信息和知识的信息处理过程，而 Web 挖掘是数据挖掘在 Web 的应用。

舆论数据的分析主要包括话题发现与追踪和网络舆情倾向性分析等步骤。话题发现与追踪是将报道组织成话题的技术。它在来自多个新闻媒体的新闻报道流中，将关于相同事件的报道聚合在一起，形成一个个话题。网络舆情倾向性分析是指通过倾向性分析，可以明确网络传播者所蕴含的感情、态度、观点、历程、意图等主观反映。

行业化、服务化是网络舆情监测分析的发展趋势，将文本分类、文本聚类、文本摘要、倾向性分析等结合语料库和知识库，建立基于 SaaS 模式的舆情语义分析基础设施，可更好地实现人机结合，提高舆情研判的准确率。

9.2　应急通信技术

应急通信，顾名思义，是处于紧急情况时使用的通信手段。一般情况下，网络搭建前无法确定地点及环境，同时也无法判断目标对网络的具体应用需求，所以作为应急方式搭建网络时使用的技术手段往往是多种相结合的，即应急通信技术并不是一种全新的技术，而是各种通信技术及通信手段在紧急情况下的综合运用。应急通信涉及的通信系统和通信技术手段很多，具体包括卫星通信、数字通信、微波通信、短波通信、计算机网络通信、无线传感器网络通信、物联网、应急通信指挥车等多个技术领域。本节将对其中几种主要的应急通信技术进行简要介绍。

9.2.1　卫星通信

卫星通信简单地说就是地球上的无线电通信站间利用卫星作为中继而进行的通信。卫星通信系统由卫星和地球站两部分组成。卫星通信的特点是：通信范围大；只要在卫星发射的电波所覆盖的范围内，从任何两点之间都可进行通信；不易受陆地灾害的影响；只要设置地球站电路即可开通；同时可在多处接收，能经济地实现广播、多址通信；电路设置非常灵活，可随时分散过于集中的话务量；同一信道可用于不同方向或不同区间。但是卫星的使用成本高，且信道受外界天气影响，传播时损耗大，信号易被干扰，传输中的时间延迟较大，接收设备相对来说仍然不够便捷。

目前国内外的卫星通信系统很多，具体包括 VSAT 卫星通信系统、Iridium 卫星通信系统、Inmarsat 卫星通信系统、全球定位系统、全球导航卫星系统和北斗卫星导航定位系统。

1. VSAT 卫星通信系统

VSAT 是 very small aperture terminal 的缩字，直译为甚小口径卫星终端站。VSAT 卫星通信系统由一个主站及众多分散设置在各个用户所在地的远端 VSAT 组成，可不借助任何地面线路，不受地形、距离和地面通信条件限制。一般情况下，其天线口径小于 1.4 m，G/T（天线增益/天线温度）值低于 19.7 dB/K。

2. Iridium 卫星通信系统

Iridium 卫星通信系统简称铱星系统，属于低轨道卫星移动通信系统，由 Motorola 提出并主导建设，由分布在 6 个轨道平面上的 66 颗卫星组成，这些卫星均匀地分布在 6 个轨道面上，轨道高度为 780 km，是一种典型的低轨道卫星通信系统（LEO）。主要为个人用户提供全球范围内的移动通信，采用地面集中控制方式，具有星际链路、星上处理和星上交换功能。铱星系统最大的优势是覆盖全球，其无线信号能深入到没有陆地通信线路或手机信号覆盖的地区，是目前唯一可以在两极实现通话的卫星通信系统。

3. Inmarsat 卫星通信系统

Inmarsat 卫星通信系统原名国际海事卫星通信系统，由 Inmarsat 通信系统空间段、地面段和卫星移动通信终端组成。Inmarst 通信系统空间段由 4 颗工作卫星和在轨道上随时启用的 5 颗备用卫星组成，每颗卫星位于静止轨道上，含有点波束模式和全球覆盖模式。Inmarsat 通信系统的 4 颗工作卫星覆盖全球 4 个洋区：大西洋西区、大西洋东区、印度洋区、太平洋区。海事卫星通信终端是目前世界上最先进的移动卫星通信设备，能够提供语音、传真、高速数据、Internet 接入功能。

4. 全球定位系统

全球定位系统（GPS）又称全球卫星定位系统，中文简称为球位系，是一种结合卫星及通信发展的技术，利用导航卫星进行测时和测距的中距离圆形轨道卫星导航系统。GPS 系统包括三大部分：空间部分、地面控制部分、用户设备部分。空间部分由 24 颗工作卫星组成，它位于距地表 20200 km 的上空，均匀分布在 6 个轨道面上，轨道倾角为 55°。地面控制部分由 1 个主控站、5 个全球监测站和 3 个地面控制站组成。用户设备部分即 GPS 信号接收机。其主要功能是能够捕获到按一定卫星截止角所选择的待测卫星，并跟踪这些卫星的运行。

5. 全球导航卫星系统

全球导航卫星系统（GNSS）又叫全球卫星导航系统，是能在地球表面或近地空间的任何地点为用户提供全天候的三维坐标和速度以及时间信息的空基无线电导航定位系统。全球导航卫星系统与 GPS 系统相似，也包括空间部分、地面控制部分、用户设备部分三大部分。但在星座卫星数、轨道面个数、轨道高度、运行周期、载波频率、传输方式、时间系统等方面与 GPS 系统均有差异。

6. 北斗卫星导航定位系统

中国北斗卫星导航系统（BeiDou Navigation Satellite System，BDS）是中国自行研制的全球卫星导航系统，也是继 GPS、GLONASS 之后的第三个成熟的卫星导航系统。

北斗卫星导航系统由空间段、地面段和用户段三部分组成，可在全球范围内全天候、全天时为各类用户提供高精度、高可靠定位、导航、授时服务，并且具备短报文通信能力，已经初步具备区域导航、定位和授时能力，定位精度为分米、厘米级别，测速精度 0. 2 m/s，授时精度 10 ns。

9. 2. 2 微波通信

微波通信，是使用波长在 0. 1 mm 到 1 m 之间的电磁波——微波进行的通信。该波长段电磁波所对应的频率范围是 300 MHz 到 3000 GHz。

根据通信方式和确定信道主要性质的传输媒质的不同，微波通信可分为大气层视距地面微波通信，对流层超视距散射通信，穿过电离层和外层自由空间的卫星通信，以及主要在自由空间中传播的空间通信。按基带信号形式的不同，微波通信可分为主要用于传输多路载波电话、载波电报、电视节目等的模拟微波通信，以及主要用于传输多路数字电话、高速数据、数字电视、电视会议和其他新型电信业务的数字微波通信。

微波通信容量大，质量好，传输距离远。但微波经空中传送，易受干扰，在同一微波电路上不能使用相同频率于同一方向，因此微波电路必须在无线电管理部门的严格管理之下进行建设。此外由于微波直线传播的特性，在电波波束方向上，不能有高楼阻挡，所以城市规划部门要考虑城市空间微波通道的规划，使之不受高楼的阻隔而影响通信。

9.2.3 短波通信

短波通信是波长在 10 ~ 100 m 之间，频率范围为 3 ~ 30 MHz 的一种无线电通信技术。

尽管新型无线电通信系统不断涌现，短波这一古老和传统的通信方式仍然受到全世界普遍重视，不仅没有被淘汰，还在不断快速发展，因为它有着其他通信系统不具备的优点。首先，短波是唯一不受网络枢纽和有源中继体制约的远程通信手段，如果发生战争或灾害，各种通信网络都会受到破坏，卫星也会受到攻击。无论哪种通信方式，其抗毁能力和自主通信能力都无法与短波相媲美。其次，在山区、戈壁、海洋等地区，超短波覆盖不到，主要依靠短波。另外，与卫星通信相比，短波通信不用支付话费，运行成本低。

短波通信系统由发信机、发信天线、收信机、收信天线和各种终端设备组成。随着新技术的发展，短波单边带电台的体积、功能、性能、兼容性等都有了很大提高。数字化程度也逐渐提高，美国 SGC 公司推出的 ADSP2 单端消噪器，可以串联在任何无线电台的收信音频放大电路中或做成消噪扬声器，消除信道中的背景噪声，使短波电台的接收质量接近超短波电台的收听水平。

9.2.4 计算机网络通信

计算机网络通信系统是现代信息技术的一个重要组成部分。它是现代计算机技术与通信技术相融合的产物，在军队指挥自动化系统、武器控制系统、信息处理系统、决策分析系统、情报检索系统及办公自动化系统等领域得到了广泛应用。计算机通信网络是计算机技术和通信技术相结合而形成的一种新的通信方式，主要是满足数据传输的需要。它将不同地理位置、具有独立功能的多台计算机终端及附属硬件设备（路由器、交换机）用通信链路连接起来，并配备相应的网络软件，以实现通信过程中资源共享而形成的通信系统。在信息化时代的背景下，计算机网络通信以其先进性和快捷性的优势在指令下达、快捷沟通、业务交流等方面发挥了重要作用。计算机网络分类如图 9 -2 所示。

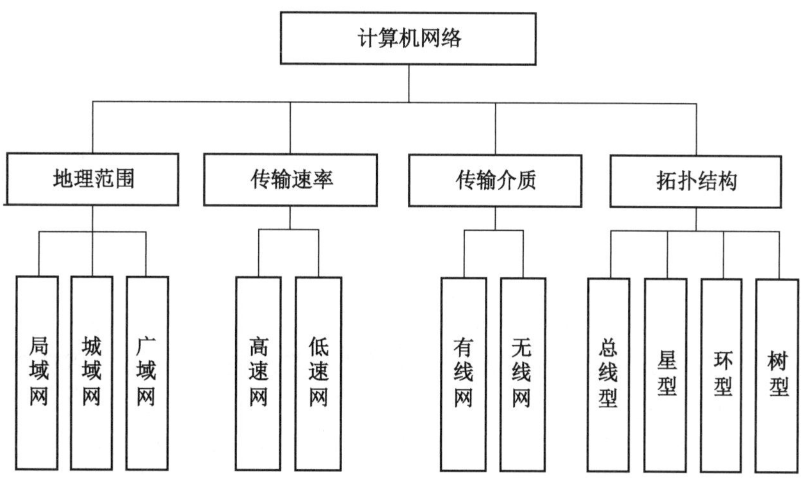

图 9 -2 计算机网络分类

9.2.5 物联网

物联网是指通过各种信息传感器、射频识别技术、全球定位系统、红外感应器、激光扫描器等各种装置与技术，实时采集任何需要监控、连接、互动的物体或过程，采集其声、光、热、电、力学、化学、生物、位置等各种需要的信息，通过各类可行的网络接入，实现物与物、人与物的泛在连接，实现对物品和过程的智能化感知、识别和管理。

物联网的基本特征从通信对象和过程来看，物与物、人与物之间的信息交互是物联网的核心。物联网的基本特征可概括为整体感知、可靠传输和智能处理。

物联网是由感知层、网络层、应用层组成的三层结构体系，各个层次涉及的技术设备及作用见表9－1。物联网是一个基于互联网、传统电信网等的信息承载体，它使所有能够被独立寻址的普通物理对象形成互联互通的网络。

表9－1 物联网体系结构

结构层次	涉及的技术设备	主要作用
感知层	二维码标签识读器。RFID 标签读写器、摄像头，GPS 传感器、Zigbee 等	物体识别、感知和信息采集
网络层	采用互联网无线通信网、卫星通信网与有线电视网等进行通信	信息处理、信息传递
应用层	与行业专业技术的结合	智能应用和信息共享，如智能电力、智能交通

物联网技术应用于应急管理具有非凡的意义。在应急指挥系统中，物联网可以针对突发事件现场多元信息的实时采集报送、应急现场的移动指挥接入以及应急指挥中心的智能数据分析预警等，为辅助决策提供科学依据，有效地协调指挥救援。

9.2.6 应急通信指挥车

通信指挥车主要由 Hanhsx 中控系统、视频系统、广播系统、灯光系统、供电系统等组成，是可以开赴应急现场的车载移动通信平台。应急通信指挥车分为公安通信指挥车、武警通信指挥车、电信通信指挥车、桥梁通信指挥车、建委通信指挥车等。通信系统是应急通信指挥车的主体，包括安全支撑系统、导航定位系统等辅助系统。与应急通信指挥车相关联的业务系统包括地面指挥中心、卫星通信、无线通信、现场应急通信车、多业务作业终端、手持调度终端等。

9.3 定位与遥感技术

对于空间数据的管理、处理和查询功能，以及强大的空间分析和辅助决策功能，使得地理信息系统以及作为其重要信息来源的全球性定位系统技术和遥感技术成为当前应急管理系统开发过程中广泛使用的技术。

地理信息系统（GIS）是一门综合性学科，结合地理学与地图学以及遥感和计算机科学，已经广泛地应用在不同的领域，是用于输入、存储、查询、分析和显示地理数据的计算机系统。GIS 是一种基于计算机的工具，它可以对空间信息进行分析和处理。GIS 技术把地图这种独特的视觉化效果和地理分析功能与一般的数据库操作集成在一起。在应急管理中，GIS 可以实现人员、事件发生地的准确定位，对突发事件的快速应急处置有很大的帮助。由于直接依托电子地图，GIS 已成为重大应急事件指挥决策的重要工具，达到了电子沙盘的效果。

9.3.1 基于图层的空间定位与查询

图层是地理信息系统的基础，也是地图编制、综合制图、专项制图和空间分析的前提，它定义了地理数据间的关系，为地理数据的理解提供了一种通用的语言和结构。一个图层引用一个数据集，并指定如何利用符号和文本标注绘制该数据集。向地图添加图层时，要指定它的引用数据集并设定地图符号和标注属性。由于海量空间数据具有多时空性、多尺度性、多源性等特征，根据数据的特点和类型将数据分层存储，便于管理和查询。在此基础上，可以对各种不同的空间信息进行综合分析和解释。

首先必须认真分析已有的数据，阅读有关专题图件，了解分层数据属性和几何特征，对整个图形主要结构有一个全面的了解，然后按照一定的用户目的，从既满足 GIS 空间分析，又满足地图编制、制图综合、专题制图的需求出发，根据 GIS 分层原则对空间数据进行分层。分层 GIS 可以为用户提供直观的概念模型，从而以专题图集的形式使得地理特征形象化。因此，GIS 操作人员可以利用图层空间连接、叠置和属性操作等功能获得新的地理专题信息。

空间查询是一种由地理数据库与空间数据库支持的特殊查询，是 GIS 最基本和常用的功能，也是其与其他数字制图软件相区别的主要特征。对空间实体的查询是通过空间实体间的拓扑关系来进行的，利用逻辑表达式对当前矢量图层中的地物进行查询。

叠加分析是 GIS 的一项非常重要的空间分析功能，是指在统一空间参考系统下，通过对两个数据进行一系列集合运算，产生新数据的过程。图层叠加有简单叠加和合成叠加两种。简单叠加是不同图层合并的过程，不需要经过复杂的运算，一般适用于点与点、线与线、点与线、点与区、线与区之间的叠加。合成叠加主要采用区与区的叠加，产生许多新的多边形，每个多边形内部具有两种以上的属性，结果属性可通过数学运算和逻辑运算等方法求得。

图层叠加分析功能被广泛应用于城建、环境、灾害、测绘、土地、地质等各个领域。在应急管理中，利用图层的叠加分析可以对某区域或国家的灾害风险进行综合评估。

9.3.2 数值模拟与空间决策功能

应急管理系统将决策支持架构在空间数据上，通过空间数据库和模型库实现基础设施的显示、查询和分析，为决策者提供直观的信息服务和决策支持。各类灾害危机的空间分析模型是系统的重要支撑。在应急管理系统中，空间分析模型要根据灾害事故的变化实时地作出相应调整，即其空间分析模型需要动态生成，主要有事故蔓延分析模型、空间定位分析模型、路径分析模型和疏散模型。

数值模拟又叫计算机模拟。依靠电子计算机，结合有限元或有限容积的概念，通过数值计算和图像显示的方法，达到对工程问题和物理问题乃至自然界各类问题研究的目的。实现数值模拟的基本思路为：

（1）输入模型参数，建立模型计算模块。

（2）计算模块调用实时输入参数进行计算，将结果反馈到系统中。

（3）根据空间分布结果生成实时图层。

（4）空间叠加分析。

（5）评价结果显示。

灾害事故应急救援的目的是最大限度地减少灾害事故造成的损失。立即开展应急响应，救人优先，抢救财物，组织应急救援。在灾害事故发生时，通过事故蔓延分析模型可以模拟预测事故的发展趋势；应用空间定位分析模型确定事故发生地点，找出合适的救援机构；应用路径分析模型寻找最快到达事故发生地的路径，以及从受灾区到疏散地的最快路径；依据系统优化的疏散策略，根据事故区域人员疏散的模拟模型快速生成应急救援方案的专题图。

9.3.3 3S 技术的集成

3S 技术的集成是一种一体化整体集成技术。由全球定位系统（GPS）、遥感（RS）和地理信息系统（GIS）三种技术或其中任意两种技术，与通信、专家系统等相关技术有机结合而成。通过在线的连接组合成能自动实时地采集、处理和更新数据，智能式地分析和运用这些数据，为各种应用提供科学决策咨询，并回答用户可能提出的各种复杂问题。由于在空间数据信息储存及图像显示方面的优点，GIS 成为应急系统开发过程中最常用的使用技术，大大完善了应急系统的信息结构，增强了系统的分析能力。

一个现代应急管理系统应该以地理信息系统为平台，融合现代通信技术、全球定位技术、遥感技术，实现基于因数及图像为一体的应急管理信息网络。GIS 具有采集、储存、管理、运算、分析、显示和描述各种空间数据的能力，在应急管理体系中占据核心地位，能够实现对应急基础数据和专业数据的动态管理，模拟各种分析方法作用于空间数据，产生高层次的信息，快速、准确、综合地对复杂空间现象进行动态和过程分析，将各种信息及分析结果以多种形式输出。

9.4 物流运输技术

物流是物品从供应地向接收地的实体流动过程中，根据实际需要，将运输、储存、装卸搬运、包装、流通加工、配送、信息处理等功能有机结合起来实现用户要求的过程。应急物流是指为应对严重自然灾害、突发性公共卫生事件、公共安全事件及军事冲突等突发事件而对物资、人员、资金的需求进行紧急保障的一种特殊物流活动，与普通物流一样，由流体、载体、流向、流程、流量等要素构成，具有空间效用、时间效用和形质效用。应急物流主要关注以下几个方面：应急物流机制、应急物流系统和应急物资管理。其中，应急物流机制是驱动力，而应急物流系统和应急物资管理则是整个应急物流体系的核心。三者相互联系、相互作用、相互影响进而构成一个完整的框架体系。

9.4.1 应急物流机制

应急物流机制主要包括多层次多方动员机制、多机构协调机制、法律保障机制、快速通道机制等。

1. 多层次多方动员机制

一般来说，面对突发灾害，许多需求具有相当的压迫性，单靠当地政府的力量难以在短时间内迅速筹措，此时能否充分调动多层次多方的现有物资储备将决定救灾的效率。多层次多方动员既可以通过社会责任感驱动，也可以通过特定类型的企业来主动完成。

2. 多机构协调机制

一般来说，应急协调主体为政府相关机构。各类社会力量在突发事件应急管理中各具特点互相补充。只有充分调动各类社会力量共同参与到应急管理中来，发挥各自的功能，分工合作，协调联动，才能高效地应对突发事件。

3. 法律保障机制

法律保障对应对处理重大自然灾害、突发性公共卫生事件及安全事件有着至关重要的作用，它可以规范个人、社团和政府部门在非常时期法律赋予的权利、职责和应尽的义务。

4. 快速通道机制

在救灾时期，建立并开通一条或者是多条应急保障专用通道或程序，可有效简化作业周期和提高速度。

9.4.2 应急物流系统

应急物流系统是指为了完成突发性的物流需求，由各个物流元素、物流环节、物流实体组成的相互联系、相互协调、相互作用的有机整体。物流系统的直接目的是实现物资的空间效益和时间效益，实现物流活动中各环节的合理衔接，并取得最佳的经济效益，而应急物流最大的一个特点就是“急”字，一般是以时间效益最大化和灾害损失最小化为根本目标，物流的经济效益原则将不再作为一个物流活动的中心目标加以考虑。应急物流系统从不同的角度可以划分成不同的结构，从功能实现的角度，可以将其划分为指挥系统、采购系统、物资储备系统、运输系统、配送系统和信息系统 6 个部分。

在发生突发事件时，政府迅速成立应急指挥机构，实时监控事态发展，能根据事件的性质、影响范围、季节等因素，对所需应急物资作出初步的需求分析，然后启动应急物流信息系统，查询应急资源情况的详细信息，在设置物流节点后确定应急物流实施方案。在应急物流实施过程中，应急指挥机构工作过程产生的信息和物流节点收集的信息都输入到应急物流系统中，经系统处理后反馈给应急指挥机构，用于辅助决策。

9.4.3 应急物资管理

应急物资管理是应急物流体系的重要组成部分。应急物资种类复杂多样，根据不同的分类原则，可以把应急物资划分成不同的类别。如按照优先级可分为救助物资、工程保障物资等。无论何种类别，应急物资管理的整个流程都包括应急物资的筹措、调度、运输等环节。

1. 应急物资的筹措

应急物资的筹措是国家在紧急状态下依法对应对突发事件所需物资的紧急筹集，一切与突发事件相关的生产资料和生活资料都为筹集的内容，如药品、粮食、设备、维修器材等。应急物资的筹措具有一定的强制性和社会性，主要运用以下几种方式进行：

（1）动用储备。直接调用应急物资储备是应急物资筹措的首选方式，可以缩短物资筹集的时间，而且不对人民群众的正常生活和经济秩序造成过大的影响。

（2）征收征用。在紧急情况下，政府或相关部门可以依照相关法律对一些生产流通企业生产、经销的物资进行紧急征收征用，满足突发事件对物资的需求。

（3）紧急采购。在应急准备中潜在生态能力调查的基础上，对动用储备、征收征用不能满足需求的物资，实行政府紧急采购。

（4）紧急扩产。由于突发事件具有一定的不确定性和未知性，有些物资需要组织突击研制、生产，在已有生产线的基础上，快速进行转产、扩产，最大限度地满足突发事件对物资的需求。

2. 应急物资的调度

资源调度研究的是在突发事件爆发时，如何尽快运用各种运输工具，把特定数量与种类的救援物资从仓库或中转站运送到指定的灾害或事件发生地的问题。应急物资调度的目标就是保证应急物资的合理有效分配和充分及时供应。应急管理的有效展开提供物资保障，最大限度地减轻突发事件带来的损失。

3. 应急物资的运输

应急物资的运输方式主要包括铁路运输、公路运输、航空运输、水路运输、管道运输和人力运输。各运输方式的主要特点见表9-2。应急物资运输过程中要遵循高速、安全、可靠、高效和准确的原则。

表9-2　各类应急物资运输方式的特点

运输方式	适用距离	运载规模	运输速度	应急物资类型
铁路运输	长途	大	快	一般级、严重级和紧急级
公路运输	中短途	小	快	一般级、严重级
航空运输	中长途	小	较快	严重级、紧急级
水路运输	长途	大	慢	一般级
管道运输	长途	大	慢	严重级、紧急级
人力运输	短途	小	慢	一般级、严重级和紧急级

9.5　事故调查分析技术

目前，在事故调查领域有多种经典的事故分析方法，如变更分析、失效模式与影响分析等。

9.5.1　变更分析

1. 变更分析方法概述

在大多数事故中变更（或变化）问题有时是事故的主要原因。虽然，变更是体系持续改进的必要组成，但是如果没有处理好，它也可能变成负面的影响。变更是可以计划、预测或要求的，也可以是不需要的或意外的。变更分析是一门分析导致事故变化的技术，可单独应用，也可与其他的分析技术结合应用。

变更分析可以是被动或主动地进行。当变更分析是被动地进行时，调查人员将分析导致事故的原因，这些原因可能是那些非计划的或意外的变更所导致的。而主动的变更分析，则是变更管理的一部分。管理人员对某个项目所计划的、预期的或要求的变更进行管理，应用变更分析技术，识别潜在的危险或由于变化可能引发的情况。变更分析也可以用于评审程序，或评价执行一个新程序或工艺方法时可能潜在引发的后果。许多安全专业人员根据工艺安全管理的要求进行变更分析。

2. 变更分析技术

变更分析技术始于第二次世界大战前，由美国空军的 Charles Kepner 和 Benjamin Tregoe 在 1950 年进行了完善。

变更分析适用于执行常规作业时发生的事故。对急救事件、险情和简单作业中发生的事故，应用变更分析方法可以确定事故的原因。

变更分析方法就是将导致事故的事件或状态顺序与类似的无事故的事件或状态顺序进行比较。其主要观点是，运行系统中与能量和失误相应的变化是事故发生的根本原因，没有变化就没有事故，人们能感觉到变化的存在，也能采用一些基本的反馈方法来探测那些有可能引起事故的变化。而且对变化的敏感程度，也是衡量各级企业领导和安全管理人员安全管理水平的重要标志。

变更分析的基本方法是以现有的、已知的系统为基础，研究所有计划中和实际存在的变化的性质，分析每个变化单独或者和若干个变化共同对系统产生的影响，并据此提出相应的防止不良变化的措施。

变更的类型很多，常见的变更主要有时间变更、技术变更、社会变更、组织机构变更和操作参数变更。

变更有两个最基本的性质：一旦发生变更，绝大多数情况下将不断发展，不可能恢复到原来的状态；变更所产生的影响随时间呈指数变化，这也说明只有在变更的早期阶段采取措施，才能尽可能地减少不良变更造成的损失。

9.5.2 失效模式与影响分析

失效模式与影响分析（failure modes and effects analysis，FMEA）是指分析设备故障或操作不当发生的方式（简称失效模式），以及这些失效模式对工艺过程导致的结果。它为失效模式分析人员提供了一种依据，根据失效模式与影响决定需对哪些地方进行修改以提高系统的设计。在 FMEA 过程中，分析人员只分析设备故障及其后果，很少分析系统正常操作情况下可能出现的破坏或伤害情况。

FMEA 认为单个故障是单独发生的，与系统的其他故障无关，除非可能产生连续的后果。但是，在某些特殊情况下可能要考虑同一原因产生多个设备故障的情况。FMEA 的分析结果常常以表格的形式列出，一般作为定性的分析方法。

FMEA 分析过程包括三个步骤，即确定分析问题、完成分析、编制分析结果文件。

1. 确定分析问题

确定 FMEA 的分析项目及它们在何种条件下进行分析，包括确定合适的分析水平和确定分析的边界条件。详细确定分析问题是完整和有效的 FMEA 的前提。分析水平决定了 FMEA 的详细程度。如果已找出在装置水平上的危险，FMEA 则应主要对单个系统的失效模式及后果进行分析。

确定分析的边界条件包括：确定装置和（或）系统的分析主题，建立FMEA的物理系统边界，建立系统分析边界，包括失效模式、后果、原因、已有安全保护和初始操作条件或设备位置，收集最新的参考资料。

2. 完成分析

以仔细、系统的方式完成FMEA，保证FMEA的完整性。为保证完整、有效地进行FMEA，可准备一套记录FMEA的分析结果表格，使用标准的记录表格使得FMEA工作表中的内容完整并保持在确定的分析水平，见表9－3。另外的一些信息，如失效模式原因也可以放入表格中，以便分析组很容易地对所得结果进行排序而用于某些特殊目的。

表9－3　典型的FMEA工作表式样

<table>
<tr><td colspan="2">日期：</td><td colspan="2"></td><td colspan="3">页号：</td></tr>
<tr><td colspan="2">装置：</td><td colspan="2"></td><td colspan="3">系统：</td></tr>
<tr><td colspan="2">参考资料：</td><td></td><td></td><td colspan="3">分析人员：</td></tr>
<tr><td>项目</td><td>标识符</td><td>说明</td><td>失效模式</td><td>后果</td><td>安全保护</td><td>建议措施</td></tr>
<tr><td></td><td></td><td></td><td></td><td></td><td></td><td></td></tr>
<tr><td></td><td></td><td></td><td></td><td></td><td></td><td></td></tr>
<tr><td></td><td></td><td></td><td></td><td></td><td></td><td></td></tr>
</table>

3. 编制分析结果文件

FMEA分析结果为一张表，在表中包括设备失效模式以及这些失效模式对系统的影响（后果）。此外，还包括建议措施，这些建议措施由决策者决定是否实施。FMEA分析结果表中的设备标识用于设备和图纸之间的查阅。

9.6　数据处理与分析计算技术

目前，突发事件即便是瞬时发生的，也因为发生地本身会有很多的静态数据而使得数据不是完全未知的，而随着时间的演进，获得数据的途径和渠道越来越多，数据量也越来越大，那么，应急管理就必然会对数据处理有特别大的需求。这里介绍几种数据处理的技术。

9.6.1　数据处理技术

1. 数据仓库

数据仓库（data warhoe，DW）是在数据库的基础上提出的一种新的数据存储和处理方法，通过对数据进行集成、转化和综合，重新组织成面向主题的数据视图，为决策支持提供数据存储和组织的基础。

一般来说，数据仓库由数据库、数据抽取工具、元数据、数据访问工具、数据集市、数据仓库管理、信息发布系统等组成。数据库是数据仓库的核心，支持海量数据的存储和快速检索技术；数据抽取工具用于数据获取、转化、整理和装载；元数据描述数据仓库内数据的结构和建立方法的数据；数据访问工具为用户访问数据仓库提供手段；数据集市是从数据仓库中独立出来的面向特定的应用目的或应用范围的一部分数据；数据仓库管理主要包括安全和特权管理，跟踪数据更新，数据质量检查，管理和更新元数据，审计和报告数据仓库的使用和状态，删除、复制、分割和分发数据，备份和恢复等；信息发布系统则是将数据仓库中的数据发送给不同的用户。

2. 联机分析处理技术

联机分析处理（on－line analytical processing，OLAP）是针对特定问题的联机数据访问和分析的技术，通过对信息多种可能的观察形式进行快速、稳定、一致和交互性的存取。

联机分析处理的特点是预先建立多维数据模型，满足用户在多维环境下特定的查询和报表需求。例如，销售数据的维度可以是时间、产品类别、分销渠道、地理分布、客户群类等。多维数据模型建立后，用户可以快速地从各个分析角度获取数据，也能动态地在各个角度之间切换或者进行多角度综合分析。

3. 数据挖掘技术

数据挖掘（data mining，DM）是从大量数据中获取有效的、新颖的、潜在有用的、最终可理解的模式的过程。数据挖掘可以处理海量数据，在用户查询要求不精确的情况下，将大量原始数据转化为有价值的信息，从而为用户提供决策支持。

数据挖掘的功能大致包括预测验证功能和描述功能两类。前者指用数据的若干已知属性预测或验证其他未知属性值，后者从数据中发现可理解的模式和规则。利用数据挖掘，可以完成数据的分类与预测、关联分析、序列模式分析、聚类分析、偏差分析等任务。

数据挖掘融合了人工智能、统计及数据库等多种学科的理论、方法和技术。例如，统计分析中的多数方法，包括概率分布、估计、一致性、不确定性、假设检验、回归分析、相关分析、主成分分析、马尔科夫链、时间序列分析及预测方法等都可以被用于数据挖掘。另外，信息论（如决策树）、集合论（如粗集方法等，覆盖正例和排斥反例方法）、机器学习（如神经网络、支持向量机）、进化算法（如遗传算法）、模糊论、可视化技术等都在数据挖掘中得到广泛的应用。

4. 可视化技术

可视化是利用计算机图形学和图像处理技术，将数据转换成图形或图像在屏幕上显示出来并进行交互处理的理论、方法和技术。

可视化技术涉及计算机图形学、图像处理、计算机视觉、计算机辅助设计等多个领域，成为研究数据表示、数据处理、决策分析等一系列问题的综合技术。可视化有多种表示方法，如几何线条表示法、色彩表示法、多媒体表示法。

可视化技术可以用在数据挖掘的各阶段。在数据准备阶段，可视化方法可以用于显示数据，使用户对数据有一个初步的理解，为更好地选取数据奠定基础。在数据挖掘阶段，可视化工具可以帮助用户选择适合的挖掘算法。在结果表示阶段，利用相关的可视化方法显示挖掘结果，利于用户作出最后决策。

可视化技术可以更直观地展现应急管理过程中各种因素的变化，使应急决策的制定更加准确和高效。多元图是一种常用的数据表示形式，可将多维数据映射到二维空间，常用的有散点图、雷达图、平行坐标图、脸谱图等。在应急管理中，多元图能够表示反映突发事件的直观信息。此外，可视化技术在应急预案方面也有重要应用。

5. 规则推理与案例推理技术

规则推理（rule-based reasoning，RBR）是指把某一领域权威专家的经验精选出来或者利用数据挖掘从历史数据中发现规律，并归纳成一定形式的规则。各规则相互独立，具有很强的模块性，容易实现解释功能。

案例推理（case-based reasoning，CBR）是一种基于知识的问题求解和学习方法，具体步骤是先搜索知识库中的以往案例，选择一个或多个与当前的问题最相似的案例，再对所选案例进行调整和改写，获得当前问题的求解结果。目前，案例推理在预警系统中的应用比较广泛，具有案例表达、案例库检索、修正相似案例的解、问题案例的学习等功能。

在应急管理中，规则推理与案例推理的主要功能包括应急预案的生成、突发事件的案例推理、应急决策的制定等。这两种技术的结合，不仅能够增强系统的灵活性及综合推理能力，还减轻了案例检索与案例库的负担。

9.6.2 RFID数据与数据挖掘

射频识别技术（radio frequency identification，RFID）是一种利用电磁信号进行双向通信，对信息进行快速、实时、准确地采集与处理，从而自动识别物体的无线传感技术。

一般来说，RFID应用系统由标签、阅读器、天线、数据库、应用软件和中间件构成。标签含有电子产品编码，附贴于物品上；阅读器可以在一定距离内识别物品的位置；天线在标签和阅读器间传递射频信号；数据库保存读取的数据；应用软件对物品信息进行处理和分析；中间件则负责处理阅读器和应用软件之间的命令及数据信息的传输，并提供事件处理，数据过滤、压缩、计算和转播，路由选择，错误恢复，资源定位等服务。

图9-3所示为RFID数据挖掘的基本流程。

（1）RFID采集的源数据存入本地数据库，经过抽取、清洁和集成，按照给定的数据模型装载到RFID数据仓库中。

（2）用户通过界面输入查询要求，提交给数据挖掘引擎。

（3）经过数据的获取、选择、转换，将数据表示为挖掘算法所要求的数据格式。

（4）调用数据挖掘任务模块，完成挖掘任务。

（5）将得到的结果以适当的形式反馈给用户。

RFID的数据挖掘一般有频繁路径序列挖掘、轨迹的相似性查询、基于路径的分类和聚类、数据流分析、异常分析等多种方法。

9.6.3 云计算与应急管理

云计算是分布式处理（distributed computing）、并行处理（parallel computing）和网格计算（grid computing）的新发展阶段。其原理是将大量用网络连接的分布式计算机作为一个计算资源池，进行统一管理和调度，通过对计算任务的分布使用系统，根据需要来获取计算力、存储空间和信息服务。

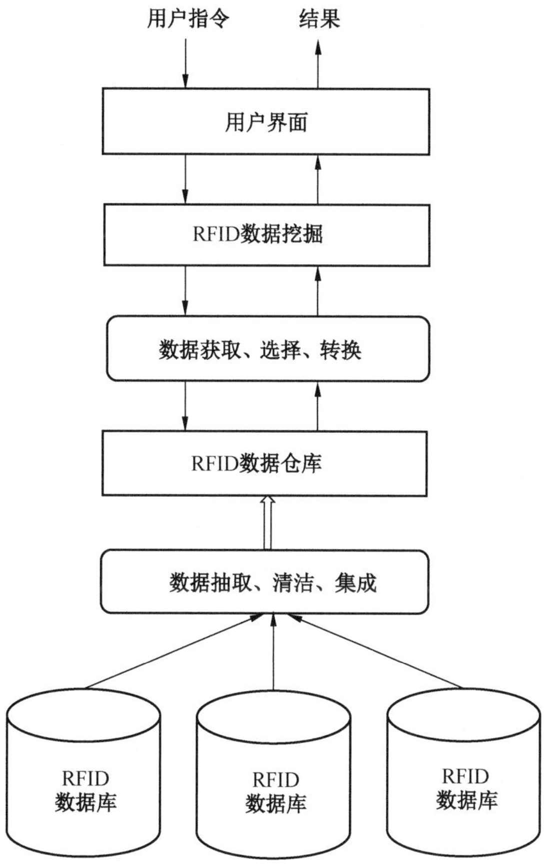

图 9－3　RFID 数据挖掘的基本流程

云计算所具有的战略意义和垄断特征，已经引起了各国政府的高度重视。美国、英国、欧盟和日本等国家都特别重视云计算的开发与设计。在云计算技术的应用方面，在获得社会各行业的广泛重视下，云计算正从概念化走向实用，在医疗、电力等领域，已有云计算应用的报道。值得一提的是，云计算技术也已经进入公共安全和应急管理领域，IBM为政府部门提供了云平台解决方案以更好地集成政府应急管理各部门的数据。

在实际的应急管理中，经常存在信息不通，信息管理和处理能力弱，信息不联动、不一致，难以得到实时准确的全局视图，以及多部门难以有效即时协同形成合力等问题。例如：在人流密集的交通枢纽发生了一起恐怖事件，事态迅速演化，出现了火情、电力中断、人员踩踏、交通堵塞等系列连锁反应。这就需要来自可能不断加入的多个部门、跨管理域（区域）或行业的数据，应根据整体态势作出综合决策。

现代应急管理要求对事件完成监测、仿真、方案生成、模拟和实时决策等，这些都对底层基础设施的存储、计算和数据管理能力提出了很高的要求。同时，当前的应急系统往往以地理信息系统为核心，各部门的专业数据实时上传到应急指挥中心，这就需要对带有时间、空间属性的海量、实时数据进行管理、并行处理和高效查询。在监测预警与应对决策对信息处理层面，都有对于资源联动的需求。

在应急管理中，如何打通信息交换与更新、信息汇聚、应用协同、人机协作、地域资源共享等层面的屏障，实现信息处理层面的资源联动，正是施展云计算能力的舞台。此外，经过一系列的国家和地方的应急平台建设，已积淀下来大量的数据、知识、应用和服务，云计算可以将这些资源的巨大潜在价值挖掘和释放出来。

在我国，由于地区、部门间发展不平衡，各地区、部门的应急机构在资源和信息之间存在严重的不对称，云计算还可以促进资源在大区域内的共享。还有，云计算支持用户对资源使用数量的动态调整，无须用户安装、部署并运行峰值用户请求所需的资源，有利于应对应急管理中具有突发性的用户请求。

9.7 决策支持技术

突发事件具有事发突发性、时间紧迫性、后果严重性，且人们的处置经验和理性有限，因而有必要建立决策支持系统来辅助管理者及时作出正确的决策。由于自然环境数据具有多源（数据来源不同）、异类（数据类型不同）、海量（数据量大）、时变（数据随时间变化）等特点，传统的数据分析与决策支持系统在信息采集的完备性、信息处理的有效性和信息分发的及时性等诸多方面面临新的挑战。

1. 决策与应急决策

决策从20世纪40年代开始被当成一门学科。以统计学为基础，从20世纪70年代开始，出现了若干计算机辅助决策支持系统。

应急决策是在应急管理过程中需要进行的决策，具体是指当突发事件发生时，应急管理人员采用科学理论、方法和手段，结合预期的目标，制定若干可供选择的应对方案，确定评价准则，从待选方案中选择最满意的方案加以实施，并不断跟踪和监督方案的实施情况，及时纠正决策过程中的失误，直至突发事件得到解决或有效控制等一系列的决策活动。

应急决策是决策规划的动态过程。应急决策通常是在应急预案的基础上，根据应急目标和态势动态地制定应急处置方案。

应急决策问题的特殊性表现为以下几点：

（1）应急决策的对象一般都比较复杂，事件的影响范围及危害程度较大。

（2）应急决策是由多个部门、单位或个体参与的组织、决策、协调的过程，往往需要综合多个专家的判断及经验才能作出最后的决定。

（3）应急决策过程是根据应急态势发展进行多阶段、不确定性决策的动态过程。

（4）应急决策受到各种条件的约束。

（5）决策者的心理一般都会承受比较大的压力，可能会造成仓促决策的情形。

目前有许多决策方法。常用的决策方法可分为定性决策方法和定量决策方法两大类。前者主要有经理人员决策法、专家会议法、头脑风暴法等。定量决策技术则包括一系列科学的处理过程，即决策模型的运用，常用模型有规划、重置问题模型、等待线问题模型、马尔科夫过程、存量控制、网络分析、博弈问题模型等。应急决策中常采用的决策方法主要有不确定性决策、多目标决策、空间决策等。突发事件及其处置中存在大量的不确定性因素。事件的不确定性主要有两种不同的表现形式，即模糊性和随机性。模糊决策和贝叶斯决策分别是处理这两类不确定问题的常用方法。另外，决策方案的选择是个多目标决策问题，层次分析法可有效解决该问题。

2. 决策支持系统

决策支持是系统应急管理信息系统的重要组成部分，它将数据分析技术与传统的数据存取检索功能结合，通过人机交互接口为决策者提供辅助决策。决策支持系统（decision support system，DSS）最初由 Scott Morton 在《管理决策系统》中提出，是以运筹学、管理科学、控制论和行为科学为基础，以计算机技术和信息技术为手段，面向半结构化的决策问题，支持决策活动的、具有智能作用的人机交互系统。

应急决策支持系统是以各种信息为基础，以先进信息技术为支持，以预警分析、事件和机构的分类分级、预案评估、资源的布局等问题为对象，提供相应的分析功能，为决策提供快速、科学且有效的辅助决策服务的智能系统。目前，比较有代表性的应急决策支持系统有雅典经济与商业大学开发的危险材料运输决策支持管理系统，荷兰提耳堡大学和美国新泽西工业大学开发的复杂决策支持交互协作信息系统等。

从采用的技术方法角度来说，应急决策支持系统大致分为基于空间技术的决策支持系统、基于人工智能的决策支持系统和基于多智能体的决策支持系统三类。

3. 应急决策支持系统功能设计

决策支持系统的总体框架包括决策主体、决策对象、决策目标、决策环境、约束条件及决策方案。

① 决策主体。即决策者，是指参与应急决策的人或组织的集合，是决策动作的发出者，也是决策的责任承担者。当突发事件规模不同时，决策主体也会随之改变。

② 决策对象。是指各类突发事件的集合。不同类型、规模的突发事件对社会造成的影响不同，对决策的效率、质量要求也各不相同。

③ 决策目标。是指应急决策支持系统预期实现的结果或目的。决策目标是应急决策的基础，只有先明确决策目标，才能针对性地制定出合理有效的应急决策方案。

④ 决策环境。是指与决策问题相关的自然环境和社会环境，是直接或间接作用于决策活动的各种客观因素的总和。决策的环境因素可划分为宏观与微观，国际与国内，政治、经济、文化与生态资源等多种类别，各要素之间往往也互相关联，不可分割。

⑤ 约束条件。影响决策主体制定决策的因素，主要有时间约束、信息约束、资源约束、决策能力约束等。其中，时间约束、资源约束是由突发事件本身所决定的，决策主体无法改变这些条件。决策主体的决策能力取决于决策者的知识水平和素质，该类约束可以通过决策主体本身的学习以及决策支持系统协助而弱化。信息约束是突发事件发生后，决策者在现有技术、人员能力等条件下所能获得的信息有限，可见信息约束是由突发事件本身和应急能力共同决定的。

⑥ 决策方案。决策主体对突发事件的处理活动集合，包括人员物资的调度方案、车辆路径的安排、救援人员及受灾人员的处置等。决策方案是决策支持系统的最终结果，由方案优劣可对系统性能作出判断。

如图9-4所示，应急决策支持系统应具备的功能包括事前的预警分析、分类分级、预案管理，事中的应急资源管理、决策信息获取、决策方案生成，以及事后的决策绩效评定等。

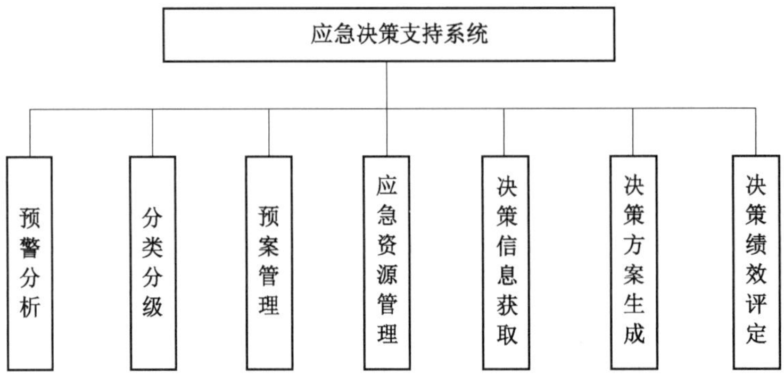

图9-4 应急决策支持系统功能图

① 预警分析。应急决策支持系统可对突发事件实施监测，对获取的监测信息进行科学合理的处理与风险分析，然后发布预警信息，尽可能使应急组织和社会公众做好应对突发事件的准备。

② 分类分级。分类分级包括对突发事件和应急机构的分类分级。对突发事件的分类分级是应急管理工作的基础，是制定各种应急预案的前提。应急机构综合保障能力的分类分级也需加以重视，便于应急管理启动时，选择与灾害级别相适应的应急组织进行处置。

③ 预案管理。目前，我国从中央到各级政府、从企业到学校均有相适应的应急预案。预案管理包括预案评估、预案选择与预案调整三个方面。对于预案评估，应急决策支持系统应该从预案文件体系、内容描述的逻辑性、整体的可操作性以及应急决策目标的指导性等方面对预案进行评估。突发事件是随环境和处置措施不断变化的，因此应在实施过程中对应急预案进行动态调整，提高处置速度和处置效果。

④ 应急资源管理。应急决策支持系统既要考虑应急资源的数量和质量，还要考虑应急资源的布局和调用，因而必须建立应急资源配置、优化、维持、调用的管理决策系统，使应急资源尽量一直处于最佳配置状态。

⑤ 决策信息获取。应急管理对于时间的要求很高，一般需要在短时间内作出正确有效的决策。应急决策系统中应包含有效的信息资源共享机制，以保证决策信息的快速准确获取。

⑥ 决策方案生成。经过对突发事件的分析与预测和对应急资源的调度规划，应急决策支持系统能够自动生成决策方案，并对决策方案进行解释，使方案易于理解与操作。

⑦ 决策绩效评定。应急管理过程终止后，处置者可使用应急决策支持系统对各种处置对策、措施的效果进行全面评价。

9.8 心理干预及行为矫正技术

9.8.1 心理干预技术

1. 处理躯体和情绪不适的技术

1）放松训练

放松训练是指使有机体从紧张状态松弛下来的一种练习过程，它包含肌肉松弛和消除紧张。放松训练的直接目的是使肌肉放松，最终目的是使整个机体活动水平降低，达到心理上的松弛，从而使机体保持内环境平衡与稳定。放松训练对于应付紧张、焦虑、不安、气愤的情绪与情境非常有用，可以帮助人们振作精神，恢复体力，消除疲劳，稳定情绪。放松训练主要分为三种：呼吸放松、渐进式的肌肉放松和想象放松。

2）系统脱敏疗法

系统脱敏疗法（systematic desensitization）又称交互抑制法，是由美国学者沃尔帕创立和发展的。该疗法主要是诱导求治者缓慢地暴露出导致神经症焦虑、恐惧的情境，并通过心理的放松状态来对抗这种焦虑情绪，从而达到消除焦虑或恐惧的目的。

3）延时想象和视觉暴露疗法

延时想象和视觉暴露疗法是一种情绪加工的过程，让当事人通过想象、回忆或者观看图片等方式，体验那些不可能在现实生活中再次设置的创伤情景，帮助当事人意识到自我认识上的误区，并建立正确的认知。该疗法来自条件反射理论，对于习得性恐惧、消除（或习惯化）恐惧的概念援引了经典的操作条件作用原理。这种矫正过程的本质是情绪加工，需要通过恐惧刺激激活恐惧网络，这种方法通过暴露让当事人认识到与他们的错误认识相反的想法。

4）眼动脱敏和再加工疗法

眼动脱敏和再加工疗法（eye movement desensitization and reprocessing，EMDR）由 Francine Shapiro 于 1987 年创造。EMDR 能帮人接通与创伤记忆有关的联想渠道，迅速同认知神经网络相连接，使得被阻断的信息得到加工。同时在心理工作者的引导下，导入正常情绪，最终使受灾者产生正面的视像，并在大脑中保存下来。EMDR 是一种整合的心理疗法，它借鉴了控制论、精神分析、行为、认知、生理学等多种学派的精华，建构了加速信息处理的模式，帮助患者迅速降低焦虑，并且诱导积极情感、唤起患者对内在的洞察、观念转变和行为改变以及加强内部资源，使患者能够达到理想的行为和人际关系改变。这种治疗对于抑郁、焦虑、多梦以及多种创伤后的恐惧等心理问题具有良好的治疗效果。

5）安全岛技术

安全岛技术是一种尝试让来访者逐渐拥有掌控感的方法。受灾者通过想象寻找一个使自己感到绝对舒适和惬意的地方，可以改善情绪，并且处理自己不愿面对的负面情绪。安全岛技术是稳定化技术中的一种。在震后的心理援助中，它发挥了很大的作用。稳定化技术是创伤治疗的基本技术。

6）保险箱技术

保险箱技术主要是通过对心理上的创伤“打包封存”，有意识地对其进行处理，从而使个体在比较短的时间内，从痛苦的情绪中解脱出来，实现个体心理功能的恢复。保险箱技术是一种常见的负面情绪处理技术，是靠想象方法来完成的。这一技术不仅可以用于严重的心理创伤的处理，更能有效地处理一般的压力和情绪困扰。

2. 合理情绪疗法

合理情绪疗法（rational emotive therapy，RET）又称理性情绪疗法，是阿尔伯特·艾利斯（A. Ellis）于20世纪50年代在美国创立的。它是帮助求助者解决因不合理信念产生的情绪困扰的一种心理治疗方法。RET是认知心理治疗中的一种疗法，它的基本理论主要是ABC理论，在ABC理论模式中，A是指诱发性事件；B是指个体在遇到诱发事件之后相应而生的信念，即该个体对这一事件的看法、解释和评价；C是指在特定情景下，个体的情绪及行为结果。通常人们认为，人的情绪的行为反应是直接由诱发性事件A引起的，即A引起了C。ABC理论指出，诱发性事件A只是引起情绪及行为反应的间接原因，而人们对诱发性事件所持的信念、看法、理解B才是引起人的情绪及行为反应的更直接的原因。

3. 接受与实现疗法

接受与实现疗法（acceptance and commitment therapy，ACT）主张拥抱痛苦，接受“幸福不是人生的常态”这一现实，然后再建立和实现自己的价值观。该疗法是由斯蒂文·海耶斯（Steven Hayes）开创的一种心理和精神疾病的新疗法。ACT疗法在治疗抑郁症、上瘾症、癫痫病等精神类疾病方面都取得了很好的效果。

4. 表达性干预技术

1）绘画治疗

绘画治疗是让绘画者通过绘画的创作过程，利用非言语工具，将潜意识内压抑的感情与冲突呈现出来，并且在绘画的过程中获得疏解与满足，从而达到诊断与治疗的良好效果。

2）游戏治疗

游戏治疗是基于心理分析学派的理论发展而成的，它是指透过游戏这种小朋友最自然的表达自我的方式，来协助小朋友（一般是3～11岁）去表达他们的感受和困难，从而达到治疗效果，如沙盘游戏治疗方法。

3）音乐治疗

音乐治疗是一个系统的干预过程，在这个过程中，治疗师利用音乐体验的各种形式，以及在治疗过程中发展起来的、作为治疗的动力的治疗关系来帮助治疗对象达到健康的目的。音乐治疗是运用与音乐相关的手段，如听、唱、演奏、创作、律动、音乐其他艺术形式等方法技术，使治疗对象达到健康的目的。它包括的基本要素有：一个有明确治疗需求的病人，一位受过训练的音乐治疗师，一段有目标导向的音乐历程、音乐素材，以及一份有关治疗效果的评估。

4）心理剧治疗

心理剧治疗（psychodrama）是集体心理治疗的方法之一，于20世纪20年代由维也纳精神病学家雅各布·莫雷诺首创。它是通过让来访者在表演的情境中扮演不同的角色来发泄内心的压抑情绪、体验角色的思想情感，从而产生新的领悟和建立起恰当的行为模式（引起行为的改变）的疗法。

5）舞蹈治疗

舞蹈治疗，又称动作治疗，是利用舞蹈或即兴动作的方式治疗社会情感、认知及身体方面的障碍，以及增强个人意识，改善人们的心智。

9.8.2 行为矫正技术

1. 用于行为形成和增加的行为矫正技术

1）强化

强化是行为矫正技术中的一种主要技术，这里的强化是指通过某一事物增强某种行为的过程。依据操作学习原理，强化可以分为4种类型。

（1）正强化：给予一种好刺激。为了建立一种适应性的行为模式，运用奖励的方式，使这种行为模式重复出现，并保持下来。例如，企业对积极提出合理化建议的职工颁发奖金。

（2）负强化：去掉一个坏刺激。为引发所希望的行为的出现而设立。例如，企业不允许在工作时间打个人电话，一位员工有这种习惯，这种行为一出现就受到指责，但一旦他停止这种行为，就应立即停止对他的指责。

（3）正惩罚：施加一个坏刺激。这是当不适当的行为出现时，给予处罚的一种方法。

（4）负惩罚：去掉一个好刺激。这种惩罚比正惩罚更常用。当不适当的行为出现时，不再给予原有的奖励。

2）代币制

代币制作为一种行为矫正技术常在教育情境及临床治疗中被使用，而且都具有较好的干预效果，即使是对普通的教育和治疗方法具有抵抗力的不良行为，也具有一定的效果。所谓代币制，是指运用代币对个体行为进行强化的一套行为改变系统，这个系统通常由三部分组成：

（1）一张目标行为的详细清单。

（2）与目标行为有关的代币数，代币指的是可以累积起来交换其他强化物的物体。

（3）代币可以交换的支持性强化物清单，如喜欢的东西、活动或其他奖励。

3）行为契约

行为契约指的是这样一份特殊的合同，这份合同对特定行为完成与特定奖励物的获得与发放两者之间的关系进行了约定。行为契约可以用于多种行为的矫正，如用于改善个体的学习习惯和学业成绩、体重控制、生活作息习惯等，同时也有利于个体自我管理能力的提高。从其应用的范围来说，可以是应用于学校环境的行为契约、应用于家庭的行为契约及应用于临床干预的行为契机。从其合同的形式来看，行为契约可以有两种形式，一种是单向契约，另一种是双向契约。不管是单向契约还是双向契约，绝大多数的行为契约都包含三部分的内容，即任务、奖励物和任务完成的记录。

2. 用于行为减少和停止的行为矫正技术

1）惩罚

惩罚是一个具有特定含义的术语，指的是某一行为的结果导致这个行为未来发生的频率减少了，行为的结果就是惩罚。行为矫正学中“惩罚”包含三个组成部分：一是一个具体的行为发生了，二是这个行为之后立即跟随一个结果，三是将来这个行为不大可能发生（行为被弱化了）。这里特别需要注意的是，当某人发生了一个“具体的行为”后，对其施加的作用是否是“惩罚”，不能够以施加的作用结果让某人感觉不快或厌恶来定义，只有施加的作用确实能够使某人在将来“具体的行为”发生的可能性减少，施加的作用才能够被定义为“惩罚”。

2）消退

行为矫正中的消退指的是，在某个情境或刺激条件下，行为者产生了以前被强化的反应，但反应之后并没有跟随通常的强化，那么在下一次遇到类似情境时，该行为的发生率就会降低。消退是对以往强化过的和行为不再进行强化的过程，通过这一过程可以使得行为的发生率逐渐降低。消退技术中导致行为减少甚至消失的关键在于撤离原先维持行为的结果即撤离强化。消退包括4种主要类型：

（1）由正强化维持的行为的消退。

（2）由负强化建立的行为的消退。

（3）由间歇强化建立的行为的消退。

（4）由自动强化维持的行为的消退。

思考与练习题

1. 面向应急管理应用的技术与工具有哪些？
2. 应急监测与检测的常用关键技术有哪些？
3. 简述全球定位系统。
4. 应急物资的筹措具有一定的强制性和社会性，主要运用哪几种方式进行？
5. 应急通信涉及的通信系统和通信技术手段有哪些？
6. 简述变更分析技术的含义。
7. 简述失效模式与影响分析的含义、步骤。
8. 常用的数据处理与分析计算技术有哪些？
9. 应急决策支持系统应该具备哪些功能？
10. 心理干预及行为矫正技术主要包括哪些？

图书在版编目（CIP）数据

应急管理概论／刘音，陆继锋主编．－－北京：应急管理出版社，2023（2023.12 重印）

煤炭高等教育“十四五”规划教材

ISBN 978－7－5020－9253－5

Ⅰ.①应…　Ⅱ.①刘…　②陆…　Ⅲ.①突发事件—公共管理—高等学校—教材　Ⅳ.①D035

中国版本图书馆 CIP 数据核字（2021）第 262669 号

应急管理概论（煤炭高等教育“十四五”规划教材）

主　　编　刘　音　陆继锋
责任编辑　唐小磊
编　　辑　梁晓平
责任校对　张艳蕾
封面设计　罗针盘

出版发行　应急管理出版社（北京市朝阳区芍药居 35 号　100029）
电　　话　010－84657898（总编室）　010－84657880（读者服务部）
网　　址　www.cciph.com.cn
印　　刷　河北鹏远艺兴科技有限公司
经　　销　全国新华书店

开　　本　787mm×1092mm 1/16　**印张**　11 1/2　**字数**　265 千字
版　　次　2023 年 11 月第 1 版　2023 年 12 月第 2 次印刷
社内编号　20211444　**定价**　30.00 元